2022年一流本科专业经济学建设经费
江苏师范大学博士学位教师科研支持项目（21XFRX020）
2023年江苏省决策咨询研究基地课题（23SSL054）资助

污染背景下的
健康人力资本
投资理论与实践

劳动力流动视角

张 义◎著

中国财经出版传媒集团
经济科学出版社
Economic Science Press
·北 京·

图书在版编目（CIP）数据

污染背景下的健康人力资本投资理论与实践 ： 劳动
力流动视角／张义著．－－ 北京 ： 经济科学出版社，
2025.3.－－ ISBN 978 － 7 － 5218 － 6391 － 8

Ⅰ．X503.1；\ tF241

中国国家版本馆 CIP 数据核字第 2024ZL4204 号

责任编辑：王　娟　李艳红　徐汇宽
责任校对：杨　海
责任印制：张佳裕

污染背景下的健康人力资本投资理论与实践
——劳动力流动视角
WURAN BEIJING XIA DE JIANKANG RENLI ZIBEN TOUZI LILUN YU SHIJIAN
——LAODONGLI LIUDONG SHIJIAO
张　义　著
经济科学出版社出版、发行　新华书店经销
社址：北京市海淀区阜成路甲 28 号　邮编：100142
总编部电话：010 － 88191217　发行部电话：010 － 88191522
网址：www. esp. com. cn
电子邮箱：esp@ esp. com. cn
天猫网店：经济科学出版社旗舰店
网址：http：//jjkxcbs. tmall. com
北京季蜂印刷有限公司印装
710 × 1000　16 开　17 印张　290000 字
2025 年 3 月第 1 版　2025 年 3 月第 1 次印刷
ISBN 978 － 7 － 5218 － 6391 － 8　定价：68.00 元
（图书出现印装问题，本社负责调换。电话：010 － 88191545）
（版权所有　侵权必究　打击盗版　举报热线：010 － 88191661
QQ：2242791300　营销中心电话：010 － 88191537
电子邮箱：dbts@ esp. com. cn）

前　言

　　环境清洁、健康水平提升与劳动力要素合理流动是"美丽中国""健康中国"和"高质量发展"以及中国式现代化战略目标实现的关键。《中华人民共和国国民经济和社会发展第十四个五年规划和2035年远景目标纲要》（以下简称《"十四五"规划纲要》）则进一步指出"把保障人民健康放在优先发展的战略位置，坚持预防为主的方针，深入实施健康中国行动，完善国民健康促进政策……"。在环境污染与健康问题突出的背景下，劳动力的流动可被视为一种健康人力资本投资行为。近年中国空气质量持续改善，但污染问题仍较为严重，且造成的健康冲击所带来的负面影响仍具有普遍性和广泛性。在此背景下，众多研究表明，空气污染显著影响着劳动力流动。而我国流动人口规模庞大，且呈持续增长态势，健康服务需求正日渐增强，人口老龄化和劳动资源错配问题持续加剧，使得在以新生代劳动力为主力军的经济新常态时期，人口红利开始向健康红利转变。因此，从劳动力流动视角研究中国污染背景下的健康人力资本理论与实践意义重大。

　　鉴于此，本书重点研究：（1）在环境与健康问题正成为影响人们美好生活追求的重要因素的背景下，从健康人力资本投资视角看，我国劳动力的流动正处于什么样的阶段？（2）当劳动力微观个体面临空气污染时，是否存在以流动方式进行健康人力资本投资的动机？（3）健康人力资本投资行为主导下，空气污染、健康与劳动力流动分别在空间和行业宏观层面存在什么样的关系?(4)目前中国健康人力资本投资实践主要存在哪些问题?(5)实现空气环境、公众健康与劳动流动管理间协调发展的新型健康人力资本投资模式的路径有哪些?为此,基于相关研究的梳理,本书选择从劳动力流动视角,采用"总-分-总"和"递进式"的结构,深入探究我国污染背景下的健康人力资本投资理论与实践。

首先,从环境健康人力资本投资视角,考察劳动力流动演变的根本动因,以此对劳动力流动演变的不同阶段及特征进行识别,发现我国正处于健康型流动的早期阶段。此阶段的劳动力流动受到健康和收入的双重影响。其次,对存在的现象进行抽象性的理论分析。率先从健康冲击视角,分析空气污染影响劳动力流动的主要路径,然后基于舒尔茨关于迁移也是一种人力资本投资的观点,以及基于克罗珀(Cropper,1981)的环境健康人力资本投资模型的拓展,分析劳动力面临空气污染时是否具备选择流动方式进行健康人力资本投资的动机。最后,借鉴肖挺(2016)、陈素梅和何凌云(2017)、克罗珀(1981)以及哈里斯—托塔罗分析框架等研究,构建空气污染健康冲击下的劳动供给模型,分析空气污染通过健康冲击对劳动流动产生的综合影响。基于此,建立本书的理论分析框架。

其次,经验研究。第一,罗伊范式下健康人力资本投资动机的经验评估。基于罗伊研究范式,从健康人力资本投资视角,参照温忠璘等(2004)的中介效应分析方法等,利用微观样本,证明扩展模型的结论,即劳动力面临空气污染风险时,可通过流动来改善健康状况,提升自身健康人力资本;并进一步基于劳动力异质视角,分析了不同特征劳动力面临空气污染健康冲击时如何做出流动行为,从而证明文中的相关假设。这为刘易斯拐点到来的原因和流动人口与本地人口健康水平差异原因(拉丁移民健康悖论现象)的争议找到了额外的证据。第二,空间范式下健康人力资本投资的经验评估——跨区流动视角。基于空间经济模型研究范式,锁定健康冲击视角,同样利用中介分析方法以及肖挺

（2016）、林理升和王晔倩（2006）变量相关处理方法，并结合可得数据，利用主成分-熵权法，创新测度空气污染健康冲击效应，从省域空间给出了空气污染对劳动力流动影响的直接证据，从而验证前文相关假设，也进一步从宏观视角为刘易斯拐点论是否到来的争议和流动群体与本地群体健康水平差异原因（拉丁移民悖论现象）的争议找到了额外的证据回应。第三，空间范式下健康人力资本投资的经验评估——跨行业流动视角。基于空间经济模型研究范式，从工业行业异质性视角，参照赵细康（2003）、王丽萍和夏文静（2019）利用工业三废污染排放综合测算结果，并结合可得数据，将圈定的29个工业行业划分为高、中、低三种污染健康冲击等级；然后，借鉴赵德昭（2009）、肖挺（2014）的研究思路，计算各类别行业或产业的劳动力就业净流入量，将其作为因变量，利用面板模型的分组回归法进行实证研究，从而捕捉到健康冲击视角下的空气污染影响劳动力跨行业流动的经验证据和验证相关假设。

接着，基于前文的现象识别、理论分析和经验验证，探究污染背景下流动式健康人力资本投资模式。主要是基于制度理论分析和政策分析，找到当前健康投资实践存在的主要问题，并以实现空气环境、健康和劳动力流动供给三者间的协调发展为目标，尝试构建系统、有效的新型健康人力资本投资模式。

最后为总结与展望。在对全书把控的基础上，对所研究的内容进行总结，提炼出主要研究结论，并进一步为劳动力个人、行业企业和地方政府等提供一些关于空气环境、健康与劳动力流动供给管理三者间协调发展的政策启示，并得出研究展望。

CONTENTS 目录

第 1 章

绪　　论

1.1　研究背景及意义

1.1.1　研究背景

就业是最大的民生，而劳动力流动决策是就业选择最直接、最生动的表现。党的十九大报告和"十四五"规划纲要均强调了要实现更充分、更高质量就业的重要性。老百姓从过去"盼温饱""求生存"变成了现在的"盼环保""求生态"。[①] 人们的当务之急是要降低环境污染。严重的环境污染不仅会破坏生态，还会损害劳动者的健康，降低劳动供给质量。在此背景下，"健康中国 2030"战略、健康型企业建设意见和《"十四五"规划纲要》则进一步凸显了以人为本，人民健康优先发展的战略地位。这本质上是跳出了西方社会将人时刻异化为资本附庸的物本发展逻辑的范畴。2024 年 7 月 19 日，国家卫健委等颁布《关于印发健康中国行动——慢性呼吸系统疾病防治行动实施方案（2024 – 2030 年）的通知》进一步强调了要加强环境卫生和职业卫生工作，加强大气污染治理。[②] 可见，环境与健

---

① 王敬文. 习近平诠释环保与发展：绿水青山就是生产力 [EB/OL]. （2014 – 08 – 15）. 中国经济网，http：//www.ce.cn/xwzx/gnsz/szyw/201408/15/t20140815_3360500.shtml.

② 国家卫健委等. 关于印发健康中国行动——慢性呼吸系统疾病防治行动实施方案（2024 –2030 年）的通知 [EB/OL]. （2024 – 07 – 19）. 中华人民共和国中央人民政府网，ht-tps：//www.gov.cn/zhengce/zhengceku/202407/content_6964998.htm.

康发展已成为影响人民日常生活和就业选择的重要因素。就劳动力流动来看，第七次全国人口普查显示，我国流动人口规模庞大，达到约 3.76 亿人，且连年呈持续增长态势。[①] 在中国部分区域的环境污染仍未得到彻底解决之际，尤其是空气污染，仍威胁着人民的身心健康，影响着人们的生活，妨碍了人们对美好生活的追求，导致了流动人口对健康服务需求日渐强烈。基于舒尔茨（Theodore W. Schultz）等人观点，劳动力迁移或流动也是一种人力资本投资。在污染严重的背景下，健康不仅是一种疾病的对立终点，更是一种人力资本。因此，污染背景下的劳动力流动行为在一定程度上可视为一种健康人力资本投资行为。围绕此命题的一系列问题亟待进行全面、深入地研究。

具体来看，习近平总书记在党的十九大报告中提出的"建设现代化经济体系"这一战略目标，是党中央从党和国家事业全局出发，着眼于实现"两个一百年"奋斗目标、顺应中国特色社会主义进入新时代的新要求做出的重大决策部署。[②] 这一战略目标的提出正值我国面临着形势依旧严峻的污染与健康问题之时。2013 年 9 月，习近平总书记在纳扎尔巴耶夫大学就环保问题指出："我们既要绿水青山，也要金山银山。宁要绿水青山，不要金山银山，而且绿水青山就是金山银山。"人们从"盼温饱"转变为"盼环保"，从"求生存"已转变为"求生态"。[③] 在环境污染严重的背景下，继"健康中国 2030"战略以及健康型企业建设意见出台之后，《"十四五"规划纲要》进一步明确把保障人民健康放在优先发展的战略位置。2022 年，生态环境部印发了《"十四五"环境健康工作规划》，强调要加强环境健康风险监测评估，大力提升居民环境健康素养，持续探索环境健康管理对策，环境健康专业人才队伍。[④] 可见，环境和健康发展问题是影响民生发展的重要问题。健康本身就一种人力资本（Grossman，1972；Bleakley，2010）。然而，粗放型增长所造成的影响最为广泛和最为普遍的

---

① 数据来源：我国仍是世界第一人口大国，约占全球总人口 18% [EB/OL]. (2021 - 05 - 12). 中国政府网，转载自《人民日报》，https://www.gov.cn/xinwen/2021 - 05/12/content_5605914.htm.

② 新华记者赵银平. 习近平强力部署建设现代化经济体系 [EB/OL]. (2018 - 02 - 06). 新华网，http://www.xinhuanet.com/politics/2018 - 02/06/c_1122373759.htm.

③ 王敬文. 习近平诠释环保与发展：绿水青山就是生产力 [EB/OL]. (2014 - 08 - 15). 中国经济网. http://www.ce.cn/xwzx/gnsz/szyw/201408/15/t20140815_3360500.shtml.

④ 中华人民共和国生态环境部. 生态环境部发布《"十四五"环境健康工作规划》[EB/OL]. (2022 - 07 - 29). https://www.mee.gov.cn/ywgz/fgbz/hjjk/zcgh/202207/t20220729_990340.shtml.

环境问题——空气污染，严重威胁着居民健康，数亿人被迫应对周期性的"红色预警"，空气污染持续远超 WHO 指导标准（IHME，2017；张义，2019）。从颗粒物（PM）与二氧化硫（SO_2）浓度看，中国已变成全球空气污染最严重的国家之一（Liu et al.，2017）。2013 年，由亚洲开发银行和清华大学发布的《中华人民共和国国家环境分析》报告显示，在中国 500 个城市中，空气质量符合世卫组织指导标准的不到 5 个。[①] 2017 年，中国仍有 70% 以上的城市没有实现空气质量达标。[②] 截至 2019 年，中国空气环境中 PM2.5 的平均浓度为 $48\mu g/m^3$，这远高于世界卫生组织规定的空气环境中 PM2.5 平均浓度 $5\mu g/m^3$ 的标准。[③] 与此同时，国际著名医学期刊《柳叶刀》发表的《2010 年全球疾病负担评估》报告进一步证实，室外空气污染在中国已跃升为排名第四的致死风险因子。同时空气污染也是多种重大疾病（如心血管、呼吸道和癌症等）的重要诱因，尤其近年 PM2.5 等空气污染物在不同区域范围内对人们的身心健康造成了不同程度的损害（Cohen et al.，2017；马丽媛等，2022）。例如，据相关学者估算，在 2000 ~ 2016 年间，中国归因于 PM2.5 长期暴露的超额死亡人数约为 3000 万人，年超额死亡人数为 150 万 ~ 220 万人（Liang et al.，2020）。在此期间，我国流动人口呈现两大特点：一是流动规模庞大，且持续增长。2019 年流动人口规模约为 2.36 亿人，第七次全国人口普查显示，2020 年流动人口约为 3.76 亿人，人口流动趋势更加明显，流动人口规模进一步扩大。[④] 二是流动人口结构悄然转变。健康意识较强的以 20 世纪八九十年代出生为主的新生代流动人口所占比例越来越大，流动人口的健康需求正日益增强且呈多样化发展趋势。因此，空气污染的健康冲击对劳动力流动的影响也在逐渐显现，特别是污染严重的东部地区，劳动力流动受到的影响更加明显。人们被迫将自身劳动供给置于健康投资与社会投资、劳动收入与闲暇替代以及物质生活与绿色生活追求之间，权衡利弊，甚至出现了"逃离北京"和"逆城市化"的现象。再加上我国人口老龄化问题日渐突

---

① 全球 10 大严重污染城市，7 个在中国？［EB/OL］.（2013 - 01 - 16）. http：//views. ce. cn/view/ent/201301/16/t20130116_24031271. shtml.
② 法制网. 专家报告：近五年已出台与大气治理相关政策法规等 280 余项［EB/OL］.（2018 - 04 - 19）. http：//baijiahao. baidu. com/s？id = 1598154646537476959&wfr = spider&for = pc.
③ 根据世界银行数据库相关数据整理得到.
④ 国务院第七次全国人口普查领导小组副组长、国家统计局局长宁吉喆. 第七次全国人口普查主要数据情况［EB/OL］.（2021 - 05 - 11）. 国家统计局网站，http：//www. stats. gov. cn/xxgk/sjfb/zxfb2020/202105/t20210511_1817195. html.

出，人口红利逐渐消失，当人们（尤其中老年人）面临或遭受健康冲击时，其在保证收入不下降的情况更容易发生流动，这可能进一步加剧地区劳动资源错配问题，进而妨碍健康中国建设战略的推进和区域高质量发展目标的实现。

　　近年来，尽管环境健康经济学的发展势头是方兴未艾，突破了传统经济体系的束缚，更加重视环境和健康人力资本因素在现代经济体系中的作用。但从现有研究来看，学界更多地从环境污染视角研究其对劳动力的收入、闲暇消费等的影响，进而研究劳动力的劳动供给决策或经济活动行为。尽管从要素利用与生产效应下行视角进行解释存在一定的合理性，[①] 但仍忽视了环境污染损害健康人力资本，进一步影响劳动力流动决策的具体路径的研究，使得当前研究不仅直接跳过或弱化了健康人力资本投资问题，也掩盖或模糊了劳动力因遭受污染健康冲击而发生流动等行为这一根本性的影响路径，大有舍近求远或舍本求末之嫌，从而不利于现代经济体系的构建。中国式现代化的推进必然是以健康优先发展为主导的现代化发展，而现代经济体系的构建必将是一个围绕社会突出问题，契合国家发展战略，对传统经济体系调整和颠覆式突破与创新并重的过程。因此，选择从劳动力流动视角，探究污染背景下的健康人力资本投资理论与实践，有利于应对污染健康冲击所引致的劳动供给短缺和资源错配而造成的发展瓶颈，解决环境、健康与劳动流动供给发展的不协调问题，促进现代经济体系的建设，有效地推动健康中国发展战略和高质量发展战略稳步前进。

1.1.2　研究的意义

　　本书研究的主要目的为：识别我国劳动力流动的不同阶段及特征，并基于罗伊研究范式，证明劳动力面临空气污染时，存在以流动方式进行健康人力资本投资的动机；然后，锁定健康冲击视角，基于空间经济模型研究范式，从空间与行业两个层面评估空气污染对劳动力流动的影响，并进一步深入探究异质条件下的不同结果。在此基础上，进一步分析当前污染背景下劳动力以流动方式进行健康人力资本投资存在的主要问题，并围绕

---

　　① 要素利用是指环境经济学研究将环境视为一种生产要素，具备生产功能，但会产生环境污染的副产品；生产效应下行是指环境健康经济学研究认为，环境污染可降低劳动力生产率、减少工作总时数，等等。这都将减少企业和劳动力自身净收益，进而影响劳动力经济活动行为。

以健康人力资本水平提升和空气环境、健康与劳动力流动供给协调发展的目标，构建出新型的健康人力资本投资模式。研究的现实意义和理论意义具体如下。

1.1.2.1 现实意义

我国已进入中国特色社会主义新时代。党的十九大报告明确提出，我国社会的主要矛盾已从"人民日益增长的物质文化需要同落后的社会生产之间的矛盾"转化为"人民日益增长的美好生活需要和不平衡不充分的发展之间的矛盾"。因此，区域生态健康会吸引劳动力迁入（张海峰等，2019）。鉴于当前环境污染问题仍然存在，尤其是影响广泛、易感知、危害大的空气污染仍时常影响着居民生活，不能满足人们美好生活的强烈需求，政府在进一步部署城市圈、城市群、经济发展带等战略规划，致力于提高人们经济生活水平的同时，不忘围绕"金山银山不如绿水青山""坚持共抓大保护、不搞大开发"的高质量发展，殚精竭虑地带领着人们为之奋斗。为此，在中央统一指导下，各地政府纷纷积极参与污染防治。针对空气污染，中国空气污染防治政策可追溯到《关于防止厂、矿企业中矽尘危害的决定》（1956），这是为改善工厂内部工作环境临时出台的规章办法。2000 年左右，我国城市空气保护正式进入法律化和标准化的政策制定阶段。《中华人民共和国大气污染防治法》（1987 年制定）得到进一步修订。随后，相继出台了《工业"三废"排放试行标准》《中华人民共和国环境保护法》《中华人民共和国大气污染防治法》《中华人民共和国国家环境空气质量标准》《大气污染物综合排放标准》等标准化政策文件。但在粗放增长的背景下，空气污染问题十分突出。自"十五"规划开始，国家针对各地政府因"GDP 赶超效应"和"环境竞次破坏效应"而对空气污染治理的不协同问题，又发布了《关于推进大气污染联防联控工作改善区域空气质量的指导意见》，提出"解决区域大气污染问题，必须尽早采取区域联防联控措施。"此后，《国家环境保护"十二五"规划》（2011）、《重点区域大气污染防治"十二五"规划》（2012）、《大气污染防治行动计划》（2013）等促进空气污染协同治理的综合性文件相继出台。从以上内容可看出，空气污染严重影响居民美好的生活追求已是匪伊朝夕，尤其是近年我国流动人口规模庞大，且呈不断上升趋势，其健康发展需求更是日益增强。① 部分污染严重地区更是出现了劳动力外逃现象，在"民工荒"和"老龄化"问题的基础上，又加剧了"用工荒"问题，尤其是劳动力因空气污染而主动或被动地发生流动，加剧了高层次人才短缺（张抗私和周晓蒙，2018）。因而，我国的劳动力政策也从限制（1979～1983）—促进（1984～1988）—控制（1988～1991）—规范（1992～2001）—强化（2002～）等，逐渐向引导转变。综上所述，基于健康人力资本投资理论，科学、系统地研究空气污染对劳动力流动的影响，既有助于政府对空气污染防治工作的深入推进，也有助于对劳动力流动的合理引导，更加有助于"健康中国 2030"战略目标和区域高质量发展目标的实现，现实意义重大。

具体应用价值包括：（1）空气的健康冲击影响大，深刻影响着劳动力经济活动，对国民经济发展造成了一定的冲击，研究空气污染、健康与劳动力流动供给之间的关系及其内在的影响机制，便于政府制定空气与环境、健康与劳动供给管理协调发展的对策；（2）锁定健康冲击视角，科学、全面地评估空气污染对劳动力在空间和行业两个层面流动的影响，为家庭、企业、政府等部门单位相关决策提供重要参考。

1.1.2.2 理论意义

空气污染与劳动力流动关系的研究正在逐渐兴起，但目前仍存在以下不足：（1）目前该主题研究仍较少，呈碎片化特征，且很少有学者同时从空间、行业层面充分考虑劳动力流动的影响因素，全面、系统地研究空气污染对劳动力在不同层面流动的影响。（2）目前研究大多仅用空气污染浓度作为影响劳动力流动的替代变量，未真正纳入健康冲击效应，分析结果存在一定局限。（3）目前学界针对国内部分区域劳动供给下降，对我国劳动供给的刘易斯拐点是否到来仍存在着争议（马忠东，2019），缺少空气污染对劳动供给冲击性影响的经验证据。（4）目前学界对劳动力流入后的流动人口群体与本地人口群体间的健康人力资本水平差异（拉丁移民悖论）的分析也仍局限于健康移民效应、健康损耗效应以及三文鱼偏误效应的争论（尚越，2019），均缺少对污染健康冲击过滤机制的影响进行深入探究的额外经验证据。例如，空气污染健康冲击的过滤机制是指空气污染健康冲击严重的地区将显著阻碍流动人口中健康状况相对较差的个体流

---

① 王培安. 我国流动人口健康服务可及性亟待提高［N/OL］. 经济日报，2019 – 12 – 19. https：//baijiahao. baidu. com/s? id = 1653350222785704894&wfr = spider&for = pc.

入，从而使得流入的流动人口平均健康水平较高；而空气污染健康冲击严重的地区的本地人口健康风险暴露时间较长，会产生感冒、呼吸道感染等急性病和一系列慢性病等，将大幅威胁本地居民的健康，尤其严重影响本地居民的自评健康等；同时，这也会导致流动人口健康状况变差从而发生返乡潮，形成三文鱼偏误效应。此外，空气污染健康冲击加剧还会影响经济发展、产业结构调整等，原本健康较差的劳动力更是无法提供合适的劳动技能匹配岗位需求，导致其预期净收入水平大幅下降，遂发生进一步过滤，使得健康较好的劳动力流入，健康较差的劳动力发生回流等。本书将以上效应统称为空气污染健康冲击的过滤机制。因此，这必然会增大"拉丁移民健康悖论"出现的可能。（5）目前从劳动力流动视角来看，系统探讨健康人力资本投资理论与实践的研究尚少，也很少有以环境、健康与劳动力流动供给协调发展为目标来构建出新型的健康人力资本投资模式的尝试。

本次研究的具体学术价值体现在：（1）本书将劳动力在污染背景下的"流动"视为一种公共品消费行为，其目的是获取健康人力资本，以此识别劳动力流动的不同阶段与特征。（2）在污染严峻的背景下，将劳动力流动这一公共品消费行为和健康冲击因素拓展性地纳入克罗珀（Cropper）环境健康人力资本投资模型和哈里斯—托达罗模型分析之中，有利于拓展环境迁移理论、托达罗流动理论等劳动力流动的相关理论。（3）分别基于罗伊研究范式和空间经济模型研究范式，充分考虑微观个体的自选择特征和宏观整体的影响状况，全面分析我国劳动力面临空气污染进行健康人力资本投资的动机和空气污染对劳动力在空间和行业不同层面流动的影响机制，有助于找到存在的主要问题，并给出刘易斯拐点是否到来的争论和流动健康人力资本差异原因（拉丁移民悖论原因）探讨的额外的经验证据。（4）国内环境健康经济学对劳动力市场的研究尚处于起步阶段，呈碎片化特征，且大多侧重于分析环境污染尤其是空气污染对劳动力出勤、生产效率、医疗支出、股票投资等经济行为的影响，结合中国实际国情，从健康人力资本投资视角出发，全面探讨空气污染对中国劳动力流动的影响机制，进一步丰富环境健康经济学理论。（5）从劳动力流动视角，全面系统分析污染背景下的健康人力资本投资理论与实践，并以环境、健康与劳动力流动供给协调发展为目标，尝试构建新型的健康人力资本投资模式，丰富了健康人力资本投资理论的发展。（6）个别学术观点较为新颖。比如，在健康权缺失的情况下，污染背景下的劳动力流动容易导致流入地清洁空气资源利用的公地悲剧的发生，会加剧流入地的空气污染等。

1.2　相关概念内涵的界定

1.2.1　环境与空气污染内涵的界定

空气环境是人类赖以生存的重要的环境资源，是构成自然环境的重要方面。为了下文能够从环境与健康人力资本作用视角切入，识别出劳动力流动变迁的不同阶段，依据人类对社会与环境发展关系的认知演化，率先对环境内涵进行识别。人类对社会与环境发展关系认知的主要过程形成了绿色发展理论。从绿色发展理论形成的演化视角来看，人类赖以生存的环境内涵先后经历了侧重生存空间（1977 年以前），自然资源利用（1977～1990 年）和生存空间与资源利用综合内涵（1991 年至今）三个演化阶段。首先，注重环境生存空间阶段（1977 年以前）。20 世纪 60 年代美国学者博尔丁的宇宙飞船理论和《寂静的春天》（Carson，1963）一书唤醒了人们对自身生存环境的关注。1972 年，在瑞典斯德哥尔摩召开了全球首次人类环境会议，开启了全球环境合作治理的先河。同年，罗马俱乐部发起了一项关于增长极限的研究，其被认为是可持续性研究的基石之一（Meadows and Randers，1972），强调了当环境遭受破坏时，人类增长空间将大大受限。同时，这一时期的人口环境迁移现象开始愈演愈烈，环境难民、环境移民等概念相继被提出，人口环境迁移理论也取得发展（向华丽，2018）。因此，此时期的环境内涵更多注重的是自然环境生存空间的发展。其次，注重自然资源利用阶段（1977～1990 年）。该阶段以重视自然资源价值，将环境成本内部化的稳态经济学（Daly，1977）的形成作为标志，伴随着可持续发展理论等相继形成，更加注重新资源的开发和有效利用，以提升原有资源使用效率，达到可持续发展的目的。这一时期的环境概念内涵更侧重于自然资源的利用。最后，注重综合内涵发展阶段（1991 年至今）。以环境库兹涅茨曲线（EKC）假说的提出（Grossman and Krueger，1991，1995）为标志，为环境污染与经济发展间的脱钩关系问题的研究打开了大门，有效地把环境生存空间的发展与自然资源的利用紧密地联系在一起。但这一脱钩关系的演变在不同研究中所得出的结论也不尽相同。如德布鲁恩和奥普肖（deBruyn and Opschoor, 1997）研究表明，环境压力与福利之间并非倒"U"型关系，而是"N"型关系，即社会经济发展与环境之间存在着从强连接到强脱钩，再到脱钩回弹的变化关系。随后，绿色经济和绿色发展等理论的相继提出进一步丰富了环境内涵。尽管环境综合内涵涵盖了社会环境、自然环境等内容，可将影响人类生存发展的一切外在空间或事物构成的集合均视为环境，且在理论发展的不同阶段，环境概念内涵的侧重可以有所不同，但其内涵均未脱离侧重强调自然环境的重要性。因此，本书的环境内涵主要为自然环境的综合内涵，即在劳动力流动的不同阶段，强调不同的自然环境（包括空间发展与资源利用，如灾害、污染、土地利用等）与社会发展间的依赖（脱钩）关系。

而空气是自然环境的重要组成部分。空气主要是由78%的氮气、21%的氧气，以及很多稀有气体与杂质构成的混合物，其中具体成分比例随着高度和气压的改变而改变。总的来说，空气一般是指人们赖以生存的气体，而大气一般是指地球表面上的空气层。但是，空气和大气是同一物质，只是所指情况不同而已。按照国际标准化组织（ISO）的定义，大气污染通常是指由于人类活动或自然过程引起某些物质进入大气中形成足够的浓度，达到足够的时间，并因此危害了人体的舒适、健康和福利或环境的现象。与此同时，只要是某一种气体物质随着其存在的量、性质及时间的变化，足够对人类等生物产生负面影响，就可以称其为空气污染物。由此，本书不严格区分空气污染和大气污染，统一表述为空气污染。本书的空气污染内涵是指人类的生产活动与自然环境相互作用，产生的空气废物达到一定浓度后，危害了人体的舒适、健康和福利的现象，且这种现象能够通过主观感知和客观测量来描述。因此，在后文分析过程中，本书利用微观个体对空气污染认知问题的回答程度来表示感知到的空气污染，利用排放的主要相关的空气污染物以及来源综合测度空气污染指数，表示真实的空气污染。

1.2.2 健康人力资本内涵的界定

世界卫生组织（WHO）指出"健康是一种身体上和精神上的福利，并不仅仅指没有疾病"，好的健康状况有助于提升劳动力劳动供给水平（李琴和谭娜，2019）。因此，健康不仅是疾病的终点，更可被视为一种人力资本。从健康人力资本演化视角来看，健康概念内涵的资本化过程先后大致历经了格罗斯曼型健康人力资本、福格尔型健康人力资本和环境健康型人力资本三个阶段。首先，依据舒尔茨观点，教育、健康、移民等投资形成的资本均可视为一种人力资本（Schultz，1961）。随后，格罗斯曼（Grossman，1972）首次基于健康和医疗服务需求构建了健康人力资本生产函数，这标志着医疗服务需求等投资的格罗斯曼型健康人力资本的形成。其次，随着环境问题逐渐突出，克罗珀（1981）首次基于格罗斯曼（1972）模型中人们有意识地投资和发展健康资本的潜在假设，进一步假设每个人具有同等健康存量，环境污染（空气污染）会加速健康资本折旧，构建了环境污染健康生产函数，表明了环境也是影响健康人力资本投资的重要因素。而格金和斯坦利（Gerking and Stanley，1986）则将健康同时视为消费品和投资品，建立了一个以健康为导向的选择模型，证明了为防止空气质量下降，个人会根据各自的支付意愿，调整其医疗消费。这进一步证实了，人们会为了提高或保证自身的健康人力资本而改变其支付意愿。这标志着环境健康人力资本的形成。最后，1980年以后，世界频频发生大饥荒，人们愈加关注食物与营养短缺问题，经济学家更加关注营养健康的人力资本发展问题。于是，福格尔（Fogel，1994，1997）基于食物和营养消费构建了健康人力资本生产函数，这标志着福格尔型健康人力资本的形成。虽然，环境健康人力资本出现较早，但是因紧接着的食物和营养短缺问题加剧，福格尔型健康人力资本研究迅速兴起，抑制了环境健康人力资本投资的研究热潮，直至21世纪初，环境健康型人力资本研究才更加受到重视。因此，人们对医疗、教育等的投入、足够营养摄取以及追求拥有良好且安全的生活环境均是为了发展健康人力资本。所以，健康不单是疾病的终点，更是一种可以提升收入、获得营养和实现拥有良好且安全的生活环境等目标的人力资本。中国学者也纷纷基于上述内涵分别进行了相关研究，如突出教育和医疗等投入的格罗斯曼型（赵忠和侯振刚，2005）、注重营养摄取的福格尔型（王弟海，2012）、关心环境改善的克罗珀型（王玉泽和罗能生，2020）等研究。

综上所述，结合舒尔茨（Theodore W. Schultz）默认的迁移也可视为人力资本投资行为的观点，劳动力为了基本生存或收入，以及规避身体受到损害抑或满足健康人力资本发展需求而发生的流动，均可视为一种健康人力资本投资行为。由此，从广义视角来看，健康人力资本是指一切能够保持或提升健康水平的投入或能力。从狭义视角来看，健康人力资本是指保持或提升的人类身体的健康水平。广义内涵上的投入或能力最终目的还是为了狭义内涵上的健康保持或提升。因此，本书中的健康人力资本内涵侧重于狭义的内涵，如劳动力发生迁移或流动的重要目的之一是为了保持或提升自身的健康水平。此时环境健康则特指自然环境污染与人类身体健康变化间的关系内涵，如下文的"健康型流动"特定阶段的识别。特别的，下文分析过程中所涉及的健康损害或冲击内涵不仅包括了劳动力身体健康受到污染损害或冲击的实际结果内涵，也包括了身体健康受到污染损害或冲击的潜在风险内涵，表现为一种综合影响的内涵。[1] 本书在实证分析过程中将其近似代指健康人力资本受损的综合内涵。

1.2.3 劳动力流动内涵的界定

1.2.3.1 劳动力流动概念的兴起

劳动力流动概念的兴起主要源自两个方面：一是对劳动力在社会经济中作用的肯定；二是对劳动力在供给与需求关系互动过程中发展变化的关注。

第一，劳动力在社会经济中作用的肯定。工业革命以前，社会发展落后，经济水平低，生产工具匮乏，劳动力对经济生产的作用不够突出，以往的众多发展中国家及落后的贫穷国家仍处于小农、半农甚至狩猎等自给自足的经济模式下，劳动力对经济的作用根本无法得以充分发挥。自 18 世纪 60 年代英国发动第一次工业革命以来，随着生产工具的革新与使用，劳动力价值才被凸显。18 世纪 70 年代，以亚当·斯密为代表的古典经济学派将劳动力视为经济增长的重要因素之一。随后，新古典经济增长等理论对这一观点一直沿用至今，尤其是内生增长理论，基于人力资本理论分析框架，更加凸显了劳动力在社会经济发展中的作用，但此时这一作用仅局限于被剥夺的剩余价值层面。随着工业革命推动西方市场经济快速发展，劳动力剩余价值进一步被剥夺，社会贫富分化加剧，使得资产阶级与工人阶级形成对立。直至 19 世纪 40 年代后期，马克思主义理论应

---

[1] 因为从宏观视角来看，并不能区分劳动力流动到底是被迫还是主动，但无论是被迫还是主动选择流动，均是产生健康人力资本投资行为的动机，因此，本书的健康损害或冲击是损害或冲击的结果与风险的一种综合内涵。

运而生，其对商品的使用价值和社会劳动决定的交换价值作出了肯定（马克思和恩格斯，1848），使得劳动力在经济生活中的作用进一步得以发挥与肯定。由此，劳动力在社会经济中的发展状态便成为了社会各界关注焦点。

第二，对劳动力在供给与需求关系互动过程中发展变化的关注。自拉文斯坦提出人口迁移理论以来（Ravenstein，1885，1889），人口迁移概念逐渐成为学界关注焦点。人口迁移概念是社会学的产物，它强调一般性的人们为谋生计或生存而永久地变更以往生活地方的现象。用现代界定的方法就是人们为谋生计或生存改变户籍所在地而发生的流迁。基于人口迁移理论，新古典经济学理论（Neoclassical theory）学者将供求因素引进人口迁移探究之中，认为劳动力的供求互动关系是劳动力跨区调整的根源，人口迁移是此调整的重要体现。舒尔茨认为，个体迁移可被视为一种人力资本投资，这种投资可增强自身的经济效益，改善自己生活水平。新古典经济学以个人作为迁移最小的研究单位。而新家庭迁移理论则认为个体的迁移行为是由家庭成员共同决定而做出的一种最优化的决策。该理论对家庭观念较重的亚洲区域具有一定的普适性。随后，结合发展中国家跨部门的劳动供给模式，发展经济学理论中以刘易斯和托达罗等为代表的学者则直接关注了劳动力流动在经济发展中的作用。1954年，刘易斯基于农业和工业两部门的划分以及两部门边际收益率的差异的分析，认为劳动力会从农业部门不断地向工业部门流动，直至两部门生产率相等达到均衡。1964年，拉尼斯和费景汉首次提出工农业劳动力流动模型。1969年，托达罗模型也应运而生。随后，劳动力流动概念开始被广泛运用。综上所述，劳动力流动概念是经济学的产物，它专门强调一定年龄段的人们为谋生计而在一定时期内背井离乡的社会现象。

1.2.3.2　劳动力流动概念的辨析与界定

《诗经·大雅·荡》载："人亦有言：颠沛之揭。"尽管古今人们流动或迁移有为"生存"和为"生计"的意味之别，但均为"谋生"而颠沛流离的本质未变。亲朋奔波他乡谋生，进京赶考、外地经商等，"遥怜好兄弟，飘泊两江村"[①] 和"慈母倚门情，游子行路苦"[②] 的怜爱之情生动

---

① 诗句来自宋·范成大的《元夜忆群从》。
② 诗句来自元·王冕的《墨萱图·其一》。

淋漓地描绘出了这一群体在中华民族社会经济发展过程中所处的颠沛状态。劳动力流动从古至今就是一种普遍存在的社会现象。

界定劳动力流动概念的前提是要厘清流动与迁移、劳动力与人口之间的关系。这主要涉及人口迁移、人口流动、流动人口、流民、劳动力迁移和劳动力流动几个近似概念的辨析，可归结为劳动力与人口、流动与迁移、流动人口与流民三个概念关系的辨析。第一，劳动力概念不同于人口概念。劳动力特指 14~65 岁之间的特殊群体。人口概念包含了这一特殊群体。因此，从群体年龄界定来看，劳动力流动与人口流动实质上是存在非包含的交集关系。但在实际研究过程中，很多研究都潜在地假设人口流动或迁移的决策主体就是劳动力（杨晓军，2014）。这也符合新古典经济学理论产生的新家庭迁移理论观点，即劳动力迁移并非简单的个体行为，而是包含着家庭经济利益最大化和风险最小化的集体策略行为。人口流动和劳动力流动的目的均是为了提升人力资本水平，其对经济影响的趋势也基本一致。因此，本书同样不具体区分人口与劳动力的内涵差异。第二，流动不同于迁移，但经常被等价使用。迁移特指户籍地变更等永久性变动，而流动特指常住地变更等短暂性变动。因此，流动和迁移概念内涵有着重要区别，但在实际研究中不乏学者将劳动力迁移视作劳动力流动的子集（李芬，2016），同时迁移和流动的主体、动因、目的均基本一致。因此，本书同样将劳动力迁移视作劳动力流动的子集，按照劳动力流动一般化内涵进行研究。第三，流动人口与流民有着重要区别。流民是在流出原居地与放弃原谋生手段而形成的过渡性和临时性的特殊人口群体。流动人口群体则并未放弃谋生手段，而是为了寻找或维持谋生手段（池子华，2001）。流民多见于古代或战祸时期的流动群体之中，实际研究中很难区分这一群体中每个个体的具体属性，因为是否放弃谋生手段取决于个体意愿，这种意愿变更的随机性很强。因此，本书并不严格区分流动人口与流民内涵，默认其均为流动人口，且为劳动力流动，在行业层面特指就业变动情况。综上所述，为便于后续研究，且在不影响主要结论的前提下，本书将人口流动、劳动力迁移等概念均视为劳动力流动，下文将统一用劳动力流动或流迁进行表述，均指劳动力流动的一般性内涵。

从劳动力流动的维度看，主要表现为空间和职业流动：空间流动包括跨省、跨县、跨片区等流动。职业流动主要包括行业流动和岗位流动，如农业向工业转移、第二产业向第三产业、高危行业向清洁行业转移等的跨行业流动和低技能岗位向高技能岗位、私企向国企等的跨岗位的流动。从流动的方向看，分为垂直流动和水平流动：如社会上下阶层流动属于垂直流动，相似岗位间的变动属于水平流动等。从流动性质看，基于推－拉理论，可识别为以被动选择与以主动选择为主要特征的两种流动。古代小农经济模式下，更多是因战乱、天灾和巩固统治意图的被动成分，如殷商迁都、安史之乱大迁移等；在以计划为主的经济体制下，主动和被动成分则更加交杂，如我国改革开放初期的单位大院工人分流的下海潮；而在现代市场经济体制下则是谋求收入提升、自身发展状况改善的主动成分更多，如农民工外出打工等。鉴于样本易得性，在经验研究方面，重点评估劳动力的空间流动和行业流动两个方面。

1.2.4 污染的健康冲击对劳动力流动影响的内涵界定

劳动力流动的研究可追溯至对国际移民现象的研究，这延伸出一种关于异质性劳动力区位选择效应的探讨，主要涉及罗伊（Roy，1951）研究范式和空间经济模型研究范式（梁琦等，2018）。从罗伊研究范式到空间经济模型研究范式下的选择效应可分为正向选择（最优逐利）和负向选择（约束条件下的逐利）（Combes et al.，2012）、主动选择和被动选择（Venables，2011）两大类。罗伊提出的自选择效应更倾向于对技能、收入等不平等因素的探讨，更加强调从劳动力自身视角出发的自选择效应，是基于收入或福利最大化的考量；空间经济模型研究范式则更倾向于从空间视角考察劳动力流动过程中的集聚变化，以城市为空间基本单元，更加注重探讨空间均衡视角下的异质性企业和异质性劳动力的空间选择效应的外延特征。但空间均衡的条件同样可归结到期望工资或者收入，抑或效用、福利的均衡。这也体现出了此两种研究范式在本质上的相似之处，即无论何种研究范式，他们均是劳动力流动行为发生后，在某种条件约束下的最优结果。梁琦等（2018）指出，主动选择更类似于正向选择，是微观个体的主动行为；而被动选择更类似负向选择，是宏观环境的影响结果。由此，本书认为区分这两个研究范式主要在于选择何种研究视角。若从微观个体的自选择视角研究其在污染健康冲击下是否存在健康人力资本投资动机则属于罗伊研究范式范畴；若从宏观的整体视角研究空气污染对劳动力流动的影响状况，其包括了劳动力微观个体面临空气污染的健康冲击风险的主动选择和空气污染的健康冲击环境产生的被动选择的综合影响内涵，更倾向于体现出劳动力在负向选择下的正向选择，即约束条件下的次优选择的结果。这主要表现为空气污染的健康冲击对劳动力流动行为影响的综合变化效应，这属于空间经济模型研究范式的范畴。但这些本质都是健康人力资本投资决策行为的结果。

1.3　研究思路、内容与方法

1.3.1　研究思路与技术路线图

1.3.1.1　基本研究思路

本书采用"总—分—总"和"递进式"结构进行研究设计，主要研究思路如下。首先，回顾并梳理相关理论和现有文献，掌握相关理论的分析框架，厘清劳动力流动的动因、空气污染与健康、健康与劳动力流动和空气污染与劳动力流动之间的关系等，为后文的研究提供理论支撑和研究基础。其次，基于现实的现象识别。基于前文影响劳动力流动的重要动因的梳理和对空气污染、健康发展与劳动力流动之间关系变化的把握，从健康人力资本投资视角考察这一关系演变的根源，并基于此识别劳动力流动发展与演变的不同阶段和主要特征；再其次，基于现象的抽象性理论研究。为证明当前特定阶段的存在（健康型流动早期阶段），率先从健康冲击视角，进一步分析我国空气污染对劳动力流动影响的主要路径，这些主要影响路径包含了被动与主动两种成分，主动成分主要体现在劳动力个人流动决策的微观路径，部分被动成分则主要体现在包括了产业调整等经济发展的宏观路径。① 鉴于此，进一步从微观视角，基于罗伊研究范式，拓展克罗珀（1981）的环境健康人力资本投资模型，从理论层面分析当劳动力面临空气污染时会产生以流动的方式进行健康人力资本投资的动机，从而证明劳动力面临空气污染健康冲击时，愿意采取流动的方式进行健康人力资

---

① 这与主动选择和被动选择，以及正向选择和负向选择的内涵本质一致。

本投资。之后从宏观视角，基于空间经济模型研究范式，借鉴肖挺（2016）、陈素梅和何凌云（2017）、克罗珀（1981）以及哈里斯—托达罗分析框架等研究，构建空气污染健康冲击下的劳动供给模型，证明空气污染可通过健康冲击对劳动力流动产生重要影响，并结合各种异质条件的机理性分析，由此提出本书的重要假设。然后，基于理论的经验验证。利用微观样本分析空气污染风险感知对劳动力流动决策的影响特征及影响机制，找到劳动力为环境健康人力资本发展进行投资的经验证据。随后，利用宏观样本，分别从空间和行业不同层面，评估空气污染对劳动力流动的影响，并给出深层的影响机制分析，进而捕捉到空气污染通过产生健康冲击，进一步影响劳动力流动的经验证据，从而验证前文提出的相应假设，进而证明对中国正处于劳动力流动特殊阶段（如健康型流动早期阶段）的判断。最后，基于前三者的新型模式探究。鉴于前文理论层面和经验层面均证实：污染背景下，中国劳动力流动可被视为一种健康人力资本投资实践行为，由此，分析当前中国健康人力资本投资实践存在的主要问题，为进一步能够实现空气环境、健康与劳动力流动供给管理的协调发展，尝试构建出新型的健康人力资本投资模式。最后，提炼结论，给出一些政策启示与研究展望。

1.3.1.2　技术路线图

基于以上研究思路，技术路线图如图 1 – 1 所示。

1.3.2　研究内容与方法

1.3.2.1　研究内容

根据上述研究思路以及技术路线，具体研究内容安排如下。

第 1 章为导论。首先，基于选题的背景提出亟待研究的问题和研究的目的；其次，亮明本研究主题的意义，包括理论意义和现实意义两个方面；再其次，介绍开展本研究的主要研究思路和技术路线图，并以此为基础，介绍本书的主要内容与运用的方法；最后，说明存在的可能创新与不足之处。

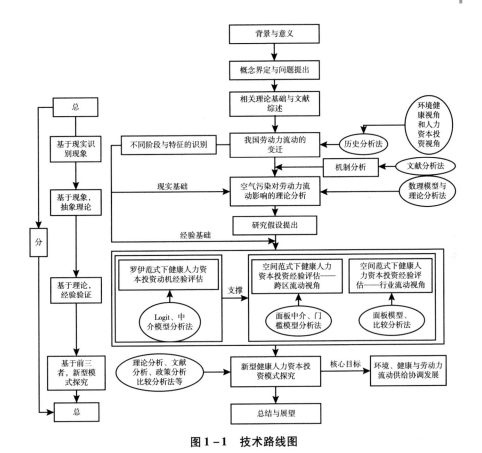

图1-1 技术路线图

第2章为相关理论与研究综述。首先，介绍相关的基本理论，包括：健康人力资本理论、劳动力流动理论、人口迁移理论、环境健康经济学理论，等等。其次，梳理选题相关研究文献，主要包括劳动力流动的动因研究；空气污染对健康影响的相关研究，包括：空气污染对健康冲击效应研究和空气污染对健康冲击的归因方法研究进展；健康对劳动力流动影响的相关研究，包括：健康移民效应相关研究、三文鱼偏误效应相关研究和健康与流动关系的其他相关研究；空气污染对劳动力流动影响的相关研究，包括：一般环境对劳动力流动的影响研究；空气污染对劳动力流动影响的直接研究；空气污染对劳动力流动影响的间接研究和健康人力资本投资模式的相关研究。最后，进行研究述评，总结当前研究成果可能给予的借鉴与启发，以及当前研究存在的不足，找准切入点，为本书研究提供重要的理论支撑与研究基础。

第 3 章为人力资本投资视角下劳动力流动的变迁。首先，基于脱钩理论等剖析环境健康与劳动力流动关系演变的根源；其次，结合我国实情，识别我国劳动力流动的不同阶段及特征；最后，提炼所得到的启示。

第 4 章为理论分析。首先，从健康冲击视角出发，分析空气污染影响劳动力流动的主要路径。其次，基于舒尔茨关于迁移也是一种人力资本投资的观点，以及克罗珀（1981）的环境健康人力资本投资模型的拓展，分析劳动力面临空气污染时是否具备选择流动方式进行健康人力资本投资的动机。再次，借鉴肖挺（2016）、陈素梅和何凌云（2017）、克罗珀（1981）以及哈里斯—托塔罗分析框架等研究，构建空气污染健康冲击下的劳动供给模型，证明空气污染可通过健康冲击对劳动流动产生重要影响。最后，建立本书研究分析的理论框架。这为后文进一步实证探究奠定了重要的理论基础。

第 5 章为罗伊范式下健康人力资本投资动机的经验评估。基于罗伊研究范式，从健康人力资本投资视角出发，参照温忠璘等（2004）的中介效应分析方法等，利用微观样本，证明扩展模型的结论，即劳动力面临空气污染风险时，可通过流动来改善健康状况，提升自身健康人力资本；并进一步基于劳动力异质视角，分析了不同特征劳动力面临空气污染健康冲击时如何做出流动行为，从而证明文中的相关假设。由此，再基于前文结论，从微观视角为流动群体与本地群体的健康水平差异原因的争议找到了额外的证据回应。

第 6 章为空间范式下健康人力资本投资的经验评估——跨区流动视角。基于空间经济模型研究范式，锁定健康冲击视角，同样利用中介分析方法以及肖挺（2016）、林理升和王晔倩（2006）变量相关处理方法，并结合可得数据，利用主成分—熵权法，创新测度空气污染健康冲击效应，从省域空间给出了空气污染对劳动力流动影响的直接证据，从而验证前文相关假设，也进一步从宏观视角为刘易斯拐点论是否到来的争议和流动群体与本地群体健康水平差异原因（拉丁移民悖论现象的原因）的争议找到了额外经验证据的回应。

第 7 章为空间范式下健康人力资本投资的经验评估——跨行业流动视角。基于空间经济模型研究范式，从工业行业异质性视角，参照赵细康（2003）、王丽萍和夏文静（2019）以工业三废污染排放综合测算的结果，并结合可得数据，将圈定的 29 个工业行业划分为高、中、低三种污染健康冲击等级，然后借鉴赵德昭（2009）、肖挺（2014）思路，计算各类别行业或产业的劳动力就业净流入量，将其作为因变量，以利用面板模型的分组回归法进行比较性的实证分析，从而捕捉到健康冲击视角下的空气污染影响劳动力行业间流动的经验证据，以此验证前文相关假设。

第 8 章为污染背景下流动式健康人力资本投资模式探究。基于制度理论分析和政策分析，找到当前健康投资实践存在的主要问题，并以实现空气环境、健康和劳动力流动供给三者间的协调发展为目标，尝试构建系统、有效的新型健康人力资本投资模式。

第 9 章为总结与展望。在对全文把控的基础上，对所研究的内容进行总结，提炼出主要研究结论，并进一步为劳动力个人、行业企业和地方政府等提供一些关于空气环境、健康与劳动力流动供给管理三者间协调发展的政策启示。最后，给出几点研究展望。

1.3.2.2 研究方法

本书主要运用了定性和定量分析相结合、理论分析和经验分析相结合、比较分析等研究方法。具体而言，主要章节内容涉及的具体方法有以下几点。

一是定性和定量相结合的分析方法。定性方法的运用主要体现在：第一，从经济学相关学科概念的演变视角界定环境、健康以劳动力流动的概念，由此，运用脱钩理论等理论分析法定性分析环境健康与劳动力流动之间关系演变的本质，并利用历史分析法识别劳动力流动演变的不同阶段与特征。第二，对影响健康人力资本水平的多种因素进行分析和对影响劳动力流动的诸多因素进行分析。本书运用定量分析主要体现在：第一，采用趋势分析法、聚类分析法等对空气污染指数、健康冲击指数和劳动力流动指数进行特征分析；第二，采用计量分析法实证分析劳动力面临空气污染采取"流动"方式进行健康人力资本投资的动机与影响，以及分析空气污染对劳动力在空间或行业不同层面流动的影响。

二是理论和经验相结合的分析方法。理论分析主要体现在：第一，基于脱钩理论分析环境健康与劳动力流动之间关系演变的本质；借鉴前人研究成果，拓展健康人力资本投资模型和构建空气污染、健康冲击与劳动力供给的理论模型，并结合异质条件作用的机制分析，提出本书的研究假设。第二，基于公地悲剧理论与反公地悲剧理论等，分析健康权缺失可能带来的一系列后果；经验分析主要体现在：分别利用微观和宏观样本，运用 Logit 模型、中介效应模型、门槛模型、面板分组回归等方法，对前文的研究假设进行经验验证。

三是比较分析研究方法。比较分析法的运用主要体现在：第一，每个经验研究中异质条件下的不同影响的比较分析，包括劳动力异质性、空间异质性和行业异质性条件下的比较分析；第二，对当前中国健康人力资本投资实践过程中不同条件下存在的主要问题，以及不同情况下的不同影响的比较分析。

1.4　可能创新与不足

1.4.1　可能的创新之处

第一，首次从人力资本投资视角，基于脱钩理论等，分析了环境健康与劳动力流动关系演变的根源，并将我国劳动力流动的不同阶段进行了粗略的划分，且识别了每一个阶段的主要特征，给出了劳动力流动变迁的一个新的解释。

第二，利用主成分—熵权法，较为全面地对我国空气污染与不同健康终点构成的健康冲击进行了指数化的测度，弥补了以往只对污染进行测度或未消除不同污染物与不同健康终点间的复合影响的缺陷。

第三，拓展了克罗珀（1981）空气污染健康人力资本投资模型，将舒尔茨关于迁移也是一种人力资本投资的观点进行理论模型化；同时鉴于以往研究均将空气污染物浓度视为空气污染对健康的损害效应指标，以此分析其对劳动力流动的影响，将对影响结果造成一定偏差，因此，将健康冲击引入肖挺（2016）空气污染的劳动力供给模型，分析空气污染对居民劳动力流动的影响，更具科学性。由此，也建立了一个较为系统且完备的，关于空气污染、健康与劳动力供给的理论分析框架。

第四，本书从行业和空间流动两个层面着手分析，较为全面、系统地评估了空气污染对劳动力流动的影响。目前该领域的国内外研究仍相对较少，呈碎片化特征，不能够全面、系统地反映出空气污染对劳动力流动影响问题的全貌，比如行业层面流动的研究尚不多见。

第五，证明了劳动力在面临空气污染时，具备以流动方式进行健康人力资本投资的动机，从而提高自身健康水平，也证明了空气污染加剧会通过健康冲击，进一步影响劳动力的流动供给，从而为近年关于刘易斯拐点论的争论与劳动力流动健康水平差异的解释提供了额外的经验证据。

第六，在针对当下中国健康人力资本投资实践问题的研究过程中，基于公地悲剧与反公地悲剧理论框架，分析了健康权缺失所带来的一系列后果。

1.4.2 主要不足

本书以环境健康下的劳动力流动为研究对象，通过客观事实的描述性分析，多角度的实证探究，将环境健康因素纳入劳动力经济活动行为分析之中，为现代经济体系的构建与完善提供了一些有益的尝试。但仍主要有以下几点不足与展望。

第一，劳动力流动的阶段性识别因受限于历史资料而尚未给出精确的划分，只给出了一个粗略的判断性划分，有待进一步研究和探索。

第二，因数据样本所限，以及为排除"十三五"期间实施的如《"健康中国2030"规划纲要》（2016）等一些政策的外生干扰，本书研究期限设定为2007～2015年，且空气污染指数测度也缺少了芳香烃（VOCs）、氮氧化物等指标，缺乏一些微观样本的支撑，以及职业层面的流动证据。同时忽略了更多维度下的异质性因素的深入探究，如没有比较研究在省域、市域和县域等不同空间尺度上实践的差异。这些均是后期深入研究的主要方向。

第三，本书遵循世界卫生组织、肖挺（2016）等认为空气污染是环境污染的主要来源，其影响具备普遍性和广泛性特征等观点，从而只研究了空气污染对劳动力流动的影响，忽略了废水、固体废物等环境污染物的健康冲击对劳动力流动的影响。这是后期进一步利用微观调研样本的主要研究内容。

第四，部分研究表明空气污染存在空间效应（张义等，2019；黄寿峰，2017），但本书主要基于各污染物的排放量数据，未能全面获得空间中各污染物的浓度数据，由于仅采用中介效应等模型进行研究，从而尚未考虑空间效应，这是后期研究的重点内容。

第五，发展管理分析过程中假定企业的劳动需求函数未变，其与实际有一定差距。同时，仅从政策理论分析视角进行了探究，缺乏实证研究。这些均是未来进一步研究的重点。

　　第六，本书虽然主张将环境健康纳入现代经济体系的构建之中，并以此建立了相关的经济模型和分析框架，但笔者不仅忽略了影响劳动力经济活动的其他心理感知因素，也忽略了其他客观影响因素。因此，现代经济体系的构建仍有待进一步深入探究与完善。

　　综上所述，本书从劳动力流动视角出发，研究了中国污染背景下的健康人力资本投资理论与实践，不失为一次有益的尝试，存在的诸多不足也是今后突破的重点内容。

第 2 章

相关理论基础与文献综述

本部分主要从相关理论基础与文献综述两个方面进行梳理：首先，紧扣行文方向和内容。从宏观视角简要梳理相关理论，以此作为本书的理论指导基础。其次，紧扣主题与问题，从微观视角，重点回顾和梳理空气污染、健康与劳动力流动之间关系的相关研究。主要包括：劳动力流动的动因研究、空气污染、健康和劳动力流动三者之间关系的相关研究和健康投资模式等研究。其中，三者关系研究主要涉及：空气污染对健康影响的相关研究，健康对劳动力流动影响的相关研究，以及空气污染对劳动力流动影响的相关研究三个方面。这些为本书提供了对空气污染、健康损害与劳动力流动关系探究的理论基础和影响分析的切入视角，同时也为本书的写作思路选择和研究方法利用提供了重要借鉴和启发。

2.1 相关理论基础

2.1.1 人力资本投资理论

沃尔什（Walsh，1935）首次提出人力资本概念，直至 1960 年左右，舒尔茨和贝克尔（Schultz & Becker）等经济学家则进一步明晰和界定了人力资本概念，为人力资本理论的研究与发展奠定了重要基础。本书为区别和突出健康人力资本理论，将人力资本区分为一般人力资本和健康人力资本两种。一般人力资本是指古典经济学对劳动价值的研究和现代人力资理论研究的综合，而健康人力资本是现代人力资本定义内涵（主要包括教育、健康和能力人力资本等内涵）中的一种。由此，本书将对健康人力资本进行重点阐述。

2.1.1.1 一般人力资本理论

（1）古典经济学对劳动价值的研究。1676 年，古典经济学的先驱威廉·配第关于劳动是财富之父的阐述肯定了"人力"这一劳动要素在经济发展中的重要价值。至 1776 年，经济学家亚当·斯密则第一个将人力－劳动要素真正资本化，并认为劳动能够创造价值，劳动在各种资源要素中的生产利用过程中占据着重要的地位，劳动技能的高低则是影响劳动能力与劳动水平的关键因素，而这可以通过支付一定的时间和金钱成本参加教育培训来改善和提高（亚当·斯密，1972）。后来，大卫·李嘉图则进一步肯定劳动是创造价值并使其增值的源泉。法国经济学家萨伊则将对教育与培训的总投入视为"积累资本"，受过教育培训的人的劳动报酬，应该包含一般工资和前期投入的"积累资本"的利息，教育培训的投入就是资本。他还明确提出了科学知识是生产力的一部分（保罗·A·萨缪尔森，1992）。直至 20 世纪初，经济学家马歇尔将知识和组织视为独立的生产要素，肯定了教育投资在经济增长中的作用价值（马歇尔，1964）。

（2）人力资本投资现代理论。1960 年，美国经济学家舒尔茨演讲《论人力资本投资》报告时，首次将人力资本概念从劳动价值的研究范畴剥离出来，并界定人力资本有别于物质资本，其不仅是未来收入的源泉，还是属于劳动力自身的一部分，这有别于可以属于企业等各个发展单元主体的物质资本。人力资本是劳动力经投资获取的知识、技能及体力等所构成的资本，具体可利用前期的各相关投入进行度量。由此，舒尔茨认为，人力资本投资渠道包括：各种教育培训、健康保健服务和个人与家庭的迁移等项目支出（1990）。

贝克尔（Gary S. Becker，1987）则从微观视角弥补了舒尔茨只侧重宏观解释的缺陷，认为人们的支出可分为现时享受支出和未来获取更高福利支出两种类型，而人力资本投资则属于后者。同时人力资本投资范畴不仅局限于自身劳动技能、知识与才干等的提高，健康与寿命的改善和延长等也是人力资本投资的重要目的。

2.1.1.2　健康人力资本投资理论

家庭人力资本投资差异的最重要来源之一便是健康投资的差异。人体健康是人力资本发展最根本的保障。健康人力资本的发展差异将影响着收入（张玉华和赵媛媛，2015）、教育等人力资本发展的差异（石文霞，2018）。同时随着我国人口年龄老年化趋势加剧和环境污染日益加重，健康人力资本发展将变得更为重要。无论是从这些内在的严峻形势来看，还是从我国健康中国战略建设以及医疗等公共服务均等化外在的政策导向来看，城镇家庭与农村家庭对健康人力资本直接投资的重视程度间的差异将逐渐缩小，健康人力资本投资将成为全民关注的焦点。

健康人力资本理论主要经历了格罗斯曼型、福格尔型和克罗珀型人力资本三种发展形态。第一，格罗斯曼（1972）首次基于健康和医疗服务需求构建了健康人力资本生产函数，标志着医疗服务需求等投资的格罗斯曼型健康人力资本形成。第二，20 世纪 90 年代，全球很多人口严重处在饥饿边缘，人们更加关注食物与营养短缺的问题。于是，福格尔（Fogel，1994，1997）基于食物和营养消费构建了健康人力资本生产函数，标志着福格尔型健康人力资本的形成。第三，随着环境问题逐渐突出，克罗珀（1981）首次基于格罗斯曼（1972）模型中人们有意识地投资和发展健康资本的潜在假设，进一步假设每个人具有同等健康存量，环境污染（空气污染）会加速健康资本折旧，构建环境污染健康生产函数，表明了环境也是影响健康人力资本投资的重要因素。格金和斯坦利（Gerking and Stanley，1986）则将健康同时视为消费品和投资品，建立了一个以健康为导向的选择模型，证明了为防止空气质量下降，个人会根据各自的支付意愿，调整其医疗消费。这进一步证实了人们会为了提高或保证自身的健康人力资本，而改变其支付意愿。这标志着克罗珀型的环境健康人力资本的形成。

总的来看，克罗珀型环境健康人力资本的研究热潮形成较晚，自单独提出的近 20 年后才受到学界重视，正处于研究发展期。而这近 20 年也正是我国环境污染加剧、健康损害持续飙升、环境健康资本不断恶化的阶段，且这一恶化趋势仍有加剧势头。而环境污染物之中暴露风险最高，危害面最广，对生产生活影响最大的污染物当属空气污染。结合我国庞大劳动力流动规模，作为国家经济发展的重要支柱，从宏观视角来看，空气污染都将对劳动力流动产生重要的影响。因此，从健康损害视角（或环境健康人力资本的发展视角）来研究空气污染对劳动力流动的影响十分必要。这对"健康中国2030"战略目标和各区域高质量发展目标的实现的意义重大。

2.1.2 劳动力流动相关理论

劳动力流动或迁移理论最早起源于19世纪前的古典经济学代表学者大卫·李嘉图和威廉·配第，发展于拉文斯坦的人口迁移定律和唐纳德·博格的推拉理论以及系统化于李（E. S. Lee）的人口迁移理论，成熟于20世纪50年代的威廉·阿瑟·刘易斯的二元经济发展理论、拉尼斯—费景汉和后来的哈里斯—托达罗所考虑的城乡就业不足和预期收入的劳动力流动理论，以及到20世纪后期开始发展兴起的人力资本劳动力迁移理论、新经济迁移理论和技术进步决定论等。与本书主题紧密相关，涉及的具体理论主要包括以下几种。

2.1.2.1 一般人口迁移理论

劳动力流动理论的萌芽和发展期体现在一般人口迁移理论的研究与发展。19世纪中期，拉文斯坦从人口学视角探究了人口迁移的原因，总结出了七大人口迁移定律，虽然这是一种饱含抽象性质的总结概括，但其被认为是最早系统研究迁移规律的先驱。随后，唐纳德·博格进一步将迁移规律从推拉因素分析视角，即劳动力迁移总结为一系列推力和拉力权衡作用的结果。李则进一步将其具象化，系统提出推拉理论，认为迁移前后地方的条件因素和人们对地方的熟悉状况会影响到他们的迁移决策。这些影响因素包括推力因素、拉力因素和中间障碍因素，中间障碍因素包括迁移距离、文化背景等。

2.1.2.2 刘易斯劳动力流动理论

1954年，英国经济学家刘易斯（W. A. Lewis）基于发展中国家的农业与工业两个部门构成的二元经济结构，认为经济发展过程就是不断扩大现代工业部门的过程，农业部门中存在着大量等于或小于零边际生产率的剩余劳动力，以至于只要工业部门的平均工资大于农业部门平均工资，就能保证农业部门劳动力向工业部门提供无限供给的可能。

刘易斯模型为发展中国家快速实现工业化提供了重要指导基础，其强调两个部门间的工资报酬差距是诱发劳动力流动的重要因素，现代工业部门的快速扩张，可以吸收农业部门的剩余劳动力，带动农业部门进步，从而使整个国家实现经济发展。但其也存在一定缺陷：一是过度强调现代工业的发展，忽视了农业或其他部门的发展，必将陷入不可持续发展陷阱，因为若忽视农业边际生产率的提高，劳动力不断向工业部门流动，将导致农业产出萎缩，从而失去工业发展的根基。二是只假设农业部门中剩余很多劳动力，并能够向工业部门持续无限地供给，工业部门则能够充分就业。这显然既不符合发展中国家工业部门就业的实际情况，也不符合发展中国家劳动力流动供给的实际情况。三是只依托工资水平，从需求与供给视角考虑了劳动力流动原因，忽视了其他内生和外生的影响因素，如环境、健康以及预期收入和劳动力自身的价值判断等。例如，我国南宋时期，江南大批劳动力从农业部门向商业部门流动，其部分原因则是曲辕犁等工具的发明与使用加剧了人地矛盾，致使大量劳动力剩余性外出（武建国和张锦鹏，2011）。再如污染健康损害因素方面，2010 年后我国出现了大量劳动力因雾霾污染严重而选择逃离"北上广"（肖挺，2016），等等。

2.1.2.3　拉尼斯—费景汉劳动力流动理论

1961 年，美国经济学家拉尼斯和费景汉克服刘易斯模型中忽视农业部门发展的缺陷，提出农业部门不仅有剩余劳动力还有剩余产品，可同时向工业部门输出。由此，二人依据农业部门发展趋势，将劳动力流动划分为三个阶段：一是农业边际生产率近乎为零，传统农业部门有大量剩余劳动力，能够持续无限供给工业部门，此时，农业部门劳动力会大幅减少，农业部门就会出现大量剩余产品，可为工业部门提供扩张的物质保障。二是农业剩余劳动力减少，农业部门边际生产率有所提高，但其值仍介于 0 和不变工资水平之间，此时农业部门显性失业消失，隐蔽失业仍在，继续向工业部门输出劳动供给。但此时农业部门总产出会下降，平均农业剩余低于不变工资，导致农业产品供给小于工业劳动者需求，将引起农产品价格上涨，工业部门的工资由此上升，其对劳动力需求必然将下降，农业剩余劳动力输出因此而受阻。例如，尽管众多学者对于我国 2004 年以后是否出现刘易斯拐点存在较大争议（蔡昉，2008；马忠东，2019），但我国在这一时期，农业生产生活环境确实得到了一定发展，边际生产率有所提高，部分大城市区域确实出现了"民工荒、用工荒"等现象（蔡昉，2008）。三是农业部门没有劳动力剩余，农业边际生产率高于刚性工资水平，农业部门呈现出规模化、商业化经营生产发展特征。此时农业部门的工资取决于劳动边际生产率和市场供需状况，农工两部门将实现共同发展，大规模的二元结构下的劳动力流动模式将消失。

拉尼斯—费景汉模型不单是关注了农工两部门的平衡发展，更是强调了农业部门的发展是实现共同发展的基础，只有保证农业部门生产率的不断提高，才能消除劳动力供给减少对经济发展的负面影响。但其关于工业部门的工资水平不变、充分就业和农业部门的劳动绝对过剩等假设仍然与现实存在一定差距，同时也忽视了劳动力异质性及个人的决策因素。随着农业部门边际生产率的不断提升，工农两部门向平衡发展不断迈进，劳动力的异质性和微观决策因素作用愈加重要，在这一过程中尤其是当两部门实现平衡发展之时，劳动力便更加关注非工资因素。从我国现有经历的粗放发展实情来看，环境污染的不断加剧和巨大健康损害效应的逐年攀升使得劳动力自身健康问题更加突出，自身的健康人力资本发展成为劳动力愈加关注的问题，由此，劳动力流动行为的影响因素必然会变得更加复杂与多元。

2.1.2.4 哈里斯—托达罗劳动力流动理论

20世纪60年代，处于战后恢复时期，许多发展中国家城镇化与工业化速度加快，城镇出现了严重失业问题，但农村劳动力向城镇涌入不减反增。学界开始质疑刘易斯—拉尼斯—费景汉模型中城镇充分就业的假定，1970年，托达罗模型假定城镇工业部门也存在着失业和就业不足，城乡间的劳动力流动取决于其预期收入差距，不仅包含了实际收入差距，还包含了就业概率的考量，从而解释了劳动力流动与城镇失业内在关联的并存现象，较符合发展中国家的实际情况。

但是，托达罗模型却忽视了农业劳动的季节性，在非农忙季节，农村劳动力向城镇转移，并不会导致农业部门产出损失。同时农村和城镇各自内部就业也具备二元属性，非农业产业部门和非正规工业部门的存在使得劳动力预期收入函数存在显著差异，尽管其肯定了个人决策是流动就业的重要因素，但其也忽略了劳动力其他异质性因素的影响。如预期收入函数本身的构成与健康人力资本有着莫大的关系。同时预期货币收入也不是衡量预期收益的唯一标准，当区域或部门面临严重的环境污染健康冲击时，劳动力可能更加关注健康人力资本的预期收益而选择是否流入该片区域或部门，这其中也可能包含了对预期货币收入考量的决策过程。

2.1.2.5 人力资本劳动力流动理论

随着人力资本理论的发展，学界开始关注人力资本投资与劳动力迁移理论间的关系。舒尔茨认为，迁移即是一种人力资本投资行为（Schultz，1961）。这种思想基于劳动力迁移的决策是一个权衡预期收益与成本的过程，以此作为是否迁移和迁移到哪里的决策依据。如吴红宇（2004）基于人力资本投资视角建立了劳动力迁移模型。但该理论将迁移行为视为完全理性决策过于绝对化，对于预期收入和迁移成本的完全货币化度量也存在一定困难。由此可知，人力资本投资的劳动力迁移理论尚不成熟。但人力资本投资模型的研究通常是从供给端出发的供给类劳动力迁移模型，在研究个体迁移模型时，人力资本投资模型可以构成一个有用的组织分析框架（吴红宇，2004）。由此，人力资本劳动力迁移理论的思想能够给本书一定的指导，其研究也存在一定的拓展空间。

2.1.2.6 新迁移理论

新迁移理论代表人物为奥迪·斯塔克（Oded Stark）和爱德·华泰勒（Edward Taylor）。不同于传统理论的个体决策假设，新迁移理论认为家庭是迁移决策的主体。家庭根据预期收入和风险的最优化原则，决定其成员迁移行为。这主要涉及三个核心概念：一是风险转移。为了规避本地收入不稳定的风险和使收入来源多元化，家庭决定其成员发生流迁。二是经济约束，众多家庭面临资金约束和公共服务或制度供给短缺，例如，医保、信贷支持等，为摆脱这一系列约束，家庭决定其成员是否发生流迁。三是相对剥夺，与传统迁移的绝对收入动因不同，新迁移理论不仅考量预期的绝对收入水平，还会参照整个人群的收入水平，如社会地位、所处环境的阶层水平等进行相对地考量，由此决定其家庭成员是否发生流迁。

可见，新迁移理论并不是对传统迁移理论的否定，而是在遵守收益最大化和成本最小化的原则的基础上，将工资差异以外众多因素纳入迁移研究的一个完善的过程。但其产生较晚，考虑因素众多，至今仍尚未形成一种完整和系统的理论。与此同时，对劳动力迁移所获的预期收益仍较多地依托在收入层面，忽视了心理、健康等其他方面的预期收益，如轻松感、公平感、幸福感、健康人力资本发展等。

2.1.2.7 技术进步决定理论

我国改革开放以来，劳动力市场日益完善，市场对劳动力资源的自发配置能力日益增强，学者肖六亿（2008）则基于劳动力流动的深层原因探究，从市场运行视角出发，认为诱发劳动力流动的工资差异性原因可归结为技术进步，即技术进步引致的经济增长、产业结构升级和地区经济差距的扩大都可以增加生产要素流动性。技术进步决定生产率，生产率决定收入，收入差异促使劳动力发生流动，即技术进步决定劳动力的流动。但技术进步决定论仅局限于市场运行视角，忽略了人与自然的根本关系。劳动力是在自然中实践的主体，自然则是人类劳动创造或改造的客观对象，当人类利用工具对自然进行改造时，会融入自身生活的印迹，才能形成社会，当人类社会出现交易，商品经济得到充分发展，才形成了市场经济，因此，技术进步决定论从市场运行视角探讨劳动力流动的动因略显狭隘，仍未触及技术进步如何决定劳动力流动的动因的本质，正如武建国和张锦鹏（2011）认为的，生产工具的发明、技术进步导致的人地矛盾也是劳动力流动的重要原因之一。因此，从人与自然环境的关系视角探讨劳动力流动的动因显得尤为重要。

2.1.2.8 人口环境迁移理论

19 世纪末到 20 世纪初，欧美工业发达国家环境问题日益严重，直至 20 世纪 50 年代以后，全球经战后恢复进入发展期，西方大国粗放的工业化、城市化速度加快，进一步导致了环境污染问题的爆发。例如，1952 年的伦敦烟雾事件和洛杉矶光化学烟雾事件、1953～1965 年日本水俣病事件、20 世纪六七十年代英美核电工程迅速成长导致的核辐射及废料污染等问题（梅雪芹，2000），由此，人口环境迁移现象愈演愈烈，如美国的"阳光地带"迁移等。随后，以沃尔珀特（Wolpert，1966）提出的压力阈值模型将环境等非经济因素纳入迁移分析框架为标志，环境问题与人口迁移的关系研究开始萌芽。20 世纪 70 年代至 90 年代，有学者以压力阈值—居住流动模型和居住满意度—迁移关系模型（Hsieh and Liu，1983）等提出为标志，进一步研究了非经济因素，尤其是环境因素对人口迁移有着重要影响（DeJong and Sell，1977），使得环境迁移研究开始进入缓慢发展阶段。直至 20 世纪 90 年代以后，研究进入快速发展期，尤其是环境污染与劳动力流动的关系问题受到学界热捧。环境人口迁移理论认为，人们生活所处的环境是其迁移决策的重要因素，当环境超过一定压力阈值，将对人类生活带来负面影响，这种负面影响既可能包括基本生存空间的破坏和经济收入的下降，也可能包括健康损害风险的增加等，从而使得有能力的人们从环境差的地区向环境好的地区迁移。尽管人口环境迁移理论发展已久，但环境变化和生态系统压力的相互作用所导致人口迁移或诱导式迁移相关研究仍很少（杨俊等，2017）。环境对人口迁移的影响也存在多种作用机制，但目前人口环境迁移理论大多停留于环境对人口迁移影响大小的研究范畴，缺少了机制研究。例如，环境污染加剧，带来的环境规制对劳动力流动的影响如何？环境污染加剧导致资源枯竭、环境要素生产效应下降，对区域经济增长影响而导致的劳动力流动又如何？环境污染加剧，健康损害冲击加强，对劳动力流动的影响又如何，等等。目前针对某一特定影响机制的研究尚少。

2.1.3　环境健康经济学相关理论

2.1.3.1　环境流行病学理论

环境流行病学（Environmental Epidemiology）起源于对自然因素引起的疾病的研究，是从宏观上研究环境因素与人群健康关系的科学（杨克敌，2007），尤其重点关注环境与健康间的相关、因果关系，如暴露—响应关系，便于为制定环境卫生标准和采取预防措施提供理论依据。杨克敌（2007）总结认为，其基本研究内容主要包括：环境暴露因素下的人群健康反应效应、识别造成健康异常的环境有害因素和暴露剂量—反应关系的探究等。随着我国近年空气污染严重，健康冲击风险加剧，环境流行病学研究方法在空气污染对健康影响研究中应用广泛，如队列、横断面和时间序列研究等。大量研究均表明，空气污染会严重损害人体健康，是多种疾病的重要致病因子（祁毓等，2014；李巍等，2016）。但环境流行病学的研究成果大多只应用于环境医学或健康经济学领域，而对于环境健康经济学领域应用较少，尤其是在环境健康劳动经济学领域更是鲜有应用。因此，有必要借鉴环境流行病学研究成果来研究劳动力参与市场经济建设和从事生产活动的就业决策与居住选择等相关的流动或流迁的问题。

2.1.3.2 环境毒理学理论

环境毒理学（Environmental Toxicology）是环境医学组成的一部分，属于环境科学和毒理学交叉学科范畴，其主要是利用毒理学的方法研究环境污染物，尤其是化学污染物对生物机体，特别是人体健康的影响及其机理的一门学科（孟紫强，2010）。具体而言，就是研究环境对个体、种群和生态系统的损害影响和如何防治。环境毒理学理论的研究与发展，尤其是在空气污染与人体不同健康终点之间的剂量反应关系的研究为本书的研究提供了污染—健康反应关系的识别依据，同时也有助于识别出当前对人体健康造成巨大危害的主要污染物，这将为健康中国 2030 的战略目标的实现，提供针对性强且有效的问题解决思路。

2.1.3.3 环境健康经济学理论

20 世纪中叶，第二次世界大战以后，社会经济得到空前发展，环境与健康问题日益突出，这吸引了环境、健康和经济等多学科学者的研究热潮，也标志着环境健康经济学的诞生。从发展脉络来看，环境健康经济学起源于健康经济学向环境科学的延伸。1970 年以来，以格罗斯曼型（Grossman，1972）和福格尔型（1994）两种健康人力资本的形成为标志，健康经济学的理论分析框架基本形成。同时，自《寂静的春天》一书真正唤醒世人的环保意识（Carson，1963）以后，人们开始更加关注自身生存环境的发展，直至强调可持续发展的增长极限理论（Meadows et al.，1972）和将环境成本内部化的稳态经济学（Daly，1977）等理论的相继发展，环境经济学理论发展也日渐成熟。这为环境健康经济学的发展奠定了重要基础。

在环境流行病学、环境毒理学、健康经济学和环境经济学等相关理论发展的综合基础上，部分学者率先量化分析了环境污染损害健康所产生的经济成本，如空气污染对医疗服务消费（Bhagia and Stoevener，1978）和工作日损失的影响（Hanna and Oliva，2015）等。但是，他们均停留在因果论证阶段，没有深入机制视角，考虑个人对健康风险会采取防御性行动，而克罗珀（1981）则进一步基于格罗斯曼（Grossman，1972）模型中人们有意识地投资和发展健康资本的潜在假设，假设每个人具有同等健康存量，环境污染（空气污染）会加速健康资本折旧，构建了环境污染损害健康生产函数，并通过支付意愿法估计了经济效应。这潜在地表明了环境污染会影响健康，进而影响经济产出。格金和斯坦利（Gerking and Stanley, 1986）则将健康同时视为消费品和投资品，建立了一个以健康为导向的选择模型，证明了为防止空气质量下降，个人会根据各自的支付意愿，调整其医疗消费。至此，人们正式推开了环境健康经济学的研究大门。

以克罗珀（1981）等为研究起点，学者开始注重从人力资本累积的内生视角，发展了环境健康经济学理论。例如，斯马尔德斯和格拉迪（Smulders and Gradus, 1996）则将影响环境质量的污染因素纳入卢卡斯模型，认为环境污染会影响人力资本折旧，间接影响经济发展。范埃韦克和范温伯根（Van Ewijk and Van Wijnbergen, 1995）则进一步利用扩展的卢卡斯模型，分析表明环境污染会损害劳动者的健康，直接影响其生产率；还会损害劳动者的学习能力，间接影响其生产率，最终影响经济的发展。

随后，鉴于健康人力资本存在生命周期演化特征，众多学者则从代际视角出发，构建重叠世代交替模型发展了环境健康经济学理论。在以往人力资本积累动态增长模型中，部分学者认为，污染损害健康，降低了学习能力，对经济长期增长产生影响（Withagen and Vellinga, 2001）。但是，他们并没有解释清楚污染影响学习能力的机制和方式，只是简单地认为污染会影响人力资本折旧，阻碍人力资本积累。部分学者则从代际视角解决了此问题，他们认为污染会影响人们预期寿命，阻碍人力资本积累，影响经济发展，并证明了积极的环境政策对经济增长的重要性（Pautrel, 2008, 2009；Palivos and Varvarigos, 2017）。例如，波特雷尔（Pautrel, 2008）认为，当污染加剧时，公众健康受损，进而影响个人的预期寿命，加速了濒死一代的消失，其伴随的知识损失减少了人力资本在总水平上的积累。波特雷尔（2009）进一步认为，只有当代理人的寿命有限且污染影响健康时，合理的环境政策才有助于经济增长，这取决于环境政策的健康效应与税赋的资本拖累效应间的相对大小。以上文献中均将污染视为一种流量，缺乏了污染累积的动态过程分析，一些学者将污染视为一种动态变化的库存变量进行研究（Raffin and Seegmuller, 2014, 2017；Wei and Aadland, 2022）。例如，拉芬和西格慕勒（Raffin and Seegmuller, 2014）分析表明，提供卫生服务和环境维护两项政策确实能够提高预期寿命，但二者对稳定的高增长均衡水平和环境贫困陷阱的影响是相反的；同时，二者对稳态的增长率的影响均是消极的。魏和阿德兰（Wei and Aadland, 2022）则认为污染不仅可通过影响代理人的预期寿命，进一步影响其物质资本累积，还可通过影响代理人的童年教育，进一步影响其人力资本累积，进而将物质资本与人力资本比例引入模型，在世代交叠模型（OLG）框架内的分析表明最优增长出现了两条稳定的平衡路径（BGPs）：一种是经济增长快、污染小的 BGP，另一种是经济增长慢、污染大的 BGP。政府可通过税收政策引导经济走向理想的 BGP。个别学者还从环境质量对死亡率的影响视角出发，研究了经济增长下的最优福利效应。例如，儒韦等人（Jouvet et al.，2010）研究认为，环境质量影响着死亡率，在个体无法内部化储蓄和卫生支出的决策对自然环境的影响情况，要实现环境质量的最大健康效应必须要对资本收入征税以降低污染的影响，要保证最优福利获得发生最小拥挤效应，必须要对医疗支出征税以约束个体行为。

目前，众多学者还从健康不平等视角发展着环境健康经济学理论，认为污染导致地区健康不平等，其适应性政策影响着经济发展（祁毓和卢洪友，2015；陈素梅和何凌云，2017；Constant，2019）。如祁毓和卢洪友（2015）构建了含有两部门生产模块的世代交替模型，探讨了环境、健康和不平等之间的关系，认为环境污染损害健康，会通过影响劳动生产率和人力资本积累，扩大收入不平等，并通过影响公共人力资本投资，使得不平等与污染暴露进入恶性循环。陈素梅和何凌云（2017）将环境对健康的影响引入世代交叠模型，通过分析认为，在既定税率情形下，能源税收在居民收入与减排活动之间存在着能够使产出、福利最大化和降低"环境—健康—贫困"陷阱风险的最优分配比例。康斯坦特（Constant，2019）假设人力资本与污染水平（流量水平）共同决定着健康（预期寿命长短）状况，基于三期世代交叠模型（OLG）分析表明，在人力资本初始不平等不太严重的情况下，更严格的环境政策可以使经济摆脱不平等的陷阱，同时提高长期增长率。至此，环境健康经济学理论实现了进一步丰富和发展。

从环境健康经济学发展脉络来看，学界普遍认为环境、健康与经济发展三者间的关系紧密相关，尤其是环境污染可以损害健康，而健康损害将严重影响劳动力的生产率、工作时数等，从而影响收入或经济发展。由此可见，环境污染造成的健康人力资本损失不容忽视。劳动力个体或家庭必然会发生防御健康人力资本水平下降或进行健康人力资本投资行为。因此，当劳动力或家庭面临严重的环境污染之时，极大可能将预期收益和成本的权衡纳入自身流迁之中。但目前环境健康经济学理论涉及的健康人力资本投资方面大多侧重于对代际间投资行为的研究，忽视了劳动力在不同空间和不同行业层面对健康人力资本投资行为的研究。

2.1.4 其他相关理论

2.1.4.1 绿色发展理论

绿色发展是实现我国"两型社会"建成的重要途径，也是我国实现粗放的传统工业文明向集约发展的新型工业文明转型，并向"生态文明"迈进的唯一战略途径。从学术史的角度来看，自 20 世纪 60 年代初，从蕾切尔·卡逊（Rachel Carson）在《寂静的春天》一书中真正唤醒世人的环保意识以来，将环境发展乃至社会和生态的发展内部化到经济发展之中的研究成为热点。因此，绿色发展理论可主要划分为两个阶段：1962 ~ 1989年，绿色发展理论的基本形成；1990 年至今为理论发展阶段。

绿色发展的概念可以追溯至 20 世纪 60 年代的西方学者博尔丁（K. E. Boulding）的宇宙飞船经济理论，以及后来戴利（Herman E. Daley）、皮尔斯（David Pierce）等人有关稳态经济、绿色经济、生态经济的一系列论述（中国科学院可持续发展研究组，2010）。《寂静的春天》一书让人们开始更加关注自身生存环境的发展。1972 年，联合国在瑞典首都斯德哥尔摩召开了人类历史上第一次人类环境会议，标志着全球环境合作治理的开端。同年，罗马俱乐部发起了一项关于增长极限的研究，被认为是可持续性研究的基石之一（Meadows et al.，1972）。在这项研究中，一组研究人员建立了一个全面的世界模型，通过几个复杂的系统相互作用模拟了人口密度、食物资源、能源和环境破坏之间的相互关系。结果表明，若环境破坏按目前趋势持续下去，世界人口及人们生活水平将在一个世纪内出现灾难性的下降。这进一步引起了以戴利为代表的一大批环境经济学家的研究热潮，并齐声批评增长会计中环境成本的外部化。戴利（1977）则进一步认为自然资源的价值低估归因于其他生产要素、资本和劳动力的社会主导地位，并提出稳态经济学的概念，即经济不能无限制地增长，要在有限资源和生态保护性约束下实现经济系统的长期平衡发展。此时，绿色理念主要集中在污染的末端治理方面。直至 1987 年，世界环境与发展委员会向联合国提交布伦特兰报告使得可持续发展理念在全球范围内又达到一个里程碑式传播，报告提出环境和发展是不可分割的，强调通过新资源的开发和有效利用，提高现有资源的利用效率，同时降低污染排放，并将可持续发展定义为满足当前的需要，且不危害后代满足自己需要的能力（Brundtland, 1987)。由此，能够协调经济发展与资源环境间矛盾的绿色增长、绿色发展模式受到国际社会越来越多的关注。针对多尺度全球经济危机的蔓延，"绿色经济"随即被环境经济学家皮尔斯（David Pierce）于 1989 年出版的《绿色经济蓝皮书》中开创性提出，并将其定义为：从社会及其生态条件出发，建立一种"可承受的经济"，即经济发展必须是自然环境和人类自身能够承受的，强调通过对资源环境产品和服务进行适当的估价，实现经济发展和环境保护的统一，不会因盲目追求生产增长而造成社会分裂，从而实现可持续发展（大卫·皮尔斯等，1996）。至此，以绿色经济发展为核心的绿色发展理论基本形成。

1992 年，联合国在巴西的里约热内卢召开环境与发展大会，第一次把经济发展与环境保护结合起来，提出了可持续发展战略。人类的幸福是由许多 GDP 无法体现的因素决定的，比如健康、教育、治理和政治声音、社会联系和关系、社会公平、环境质量、有意义的工作、休闲时间和精神等。二十多年来，围绕"共同但有区别的责任"，各国开始共同应对减贫、环境保护、应对全球气候变化的难题。因此，为优先解决贫困和环境污染突出的首要问题，绿色增长（GG）作为一种新的经济增长方式，在 2005 年被首次提出，它被定义为促进双赢的策略和政策，以协调关于减贫和环境可持续性的两个重要千年发展目标之间的冲突（ESCAP，2006）。2008 年 10 月，联合国环境规划署在近 20 年后提出了发展"绿色经济"的倡议，呼吁实施"全球绿色新政"。随着人类面临的问题及其认识的演进，绿色发展也不断被赋予新的内涵（中国科学院可持续发展战略研究组，2010）。2011 年，联合国环境规划署发布了《绿色经济报告》，阐明绿色经济是全球经济增长的新引擎，并进一步将绿色经济界定为一种促成提高人类福祉和社会公平，同时显著降低环境风险、生态稀缺性的环境经济（UNEP，2011）。2015 年，我国进一步深入推进绿色发展的实践，于十八届五中全会把绿色发展作为五大发展理念之一，并将其内涵延伸为一种突出环境保护为主题的将环境资源内部化，通过把经济活动过程和结果的"绿色化""生态化"作为绿色发展的主要内容和途径，以集约型发展方式来实现经济、社会和环境综合系统可持续发展的一种新型发展模式（中国共产党第十八届中央委员会，2015）。在 2016 年召开的 G20 杭州峰会和在 2017 年召开的"一带一路"国际合作高峰论坛等国际会议，进一步将中国绿色发展理念推向全球（黄茂兴和叶琪，2017）。随后，绿色发展理论进一步得到了蓬勃发展。

综上所述，从绿色发展理论的演化发展来看，绿色发展理论为本书提供了重要的理论指导，即为本书围绕如何将空气污染健康冲击内部化到现代经济体系的研究之中，如何实现空气环境、健康与劳动力流动供给三者间的协调发展，提供了重要的指导思想。由此，从健康冲击视角深入浅出地探究空气污染对劳动力流动的影响是一个影响绿色可持续发展的重要问题。

2.1.4.2　环境库兹涅茨理论与脱钩理论

格罗斯曼和克鲁格尔（1991，1995）基于北美自由贸易的经济发展与环境变化关系向全球空间的经济发展与多种污染类别的环境变化关系进一步进行拓展性研究，提出了环境库兹涅茨曲线（EKC）假说，其认为大多数污染物的水平与人均 GDP 的变化呈倒"U"型关系，这表明了经济发展与环境污染之间存在着从"强连接"到"强脱钩"的变化关系。德布鲁恩和奥普舒尔（de Bruyn and Opschoor，1997）则发现二者关系并非倒"U"型，而是"N"型，这表明环境退化下降到一定程度后又开始增加，出现了脱钩回弹效应。但是，无论经济发展与环境污染呈何种曲线关系，都表明二者之间存在一定的相互作用关系。尽管涉及此关系的研究很多，但他们大都停留在关系的表层的研究，并没有进一步研究环境污染与经济发展间的内在作用机制（张义，2019）。因此，一些学者开始注重研究二者关系的内在机制。例如，斯马尔德斯等（Smulders et al.，2011）基于熊彼特的内生增长模型，研究了内生经济与污染关系，ECK 所呈现的经济发展下的污染水平的上升和下降可以通过政策导致的技术转移和内部变化来解释，这表明经济发展会通过创新激励机制所带来的技术变革，对污染水平产生一定的影响。王等（Wang et al.，2016）则基于强度环境库兹涅茨曲线（IEKC）分析了北京 2006 年污染强度与经济增长开始脱钩的主要驱动因素，如产业结构的调整、合理的城市规划、空气污染的强控制和技术进步等。

为深入探究环境污染与经济关系，尽量能够将经济发展与环境污染剥离开，脱钩概念由此产生，脱钩理论也开始得到充分发展。世界银行提出，脱钩是一种去物质化和去污染化，使经济活动受到环境冲击逐步减少的过程（de Bruyn and Opschoor，1997）。脱钩就是摆脱环境危害和经济财富之间相互依赖关系，即打破环境压力与经济绩效之间的相互依赖关系（Lu et al.，2007；Enevoldsen，2007），其主要涉及领域包括：污染气体排放、物质流、废弃物、能源、土地（如耕地等）等环境资源与经济增长之间的脱钩关系以及城乡建设用地与农村用地之间等土地资源领域脱钩关系的研究（钟太洋等，2010）。脱钩关系存在多种，典型的分为相对和绝对脱钩、强脱钩和弱脱钩等。

综上所述，环境库兹涅茨曲线理论和脱钩理论大都重点探讨环境资源与经济增长之间的关系，其本质是环境与社会发展间的脱钩关系，这主要体现了以下几层含义：一是脱钩的关系表现如何？二是脱钩的决定因素是什么？三是脱钩理论如何指导其他要素间关系的演化发展？这为本书内容提供了重要的研究视角和思路。

2.1.4.3 公共物品消费理论

人们消费公共物品不会导致其他人对该产品消费的减少，公共物品具有非竞争性和非排他性的特征。公共物品有狭义和广义之分，狭义的公共物品专指纯公共物品，而生活中存在很多的物品不完全属于纯公共物品和纯私人物品，经济学上一般统称为准公共物品。广义的公共物品包括纯公共物品和准公共物品。公共物品消费模型主要分三种：第一，萨缪尔森（Samuelson，1954）的纯公共物品模型。即社会存在一个生产函数和福利函数的情况下，假设两个消费者对私人产品和公共物品进行消费选择，福利最大化的基本条件是所有个体消费的私人产品和公共物品的边际替代率之和等于生产公共物品和私人产品的边际转换率。第二，布坎南（J. M. Buchanan）的俱乐部物品模型。布坎南（1965）首先将"俱乐部（Club）"定义为一种消费所有权与会员之间的制度安排（Consumption Ownership-Membership Arrangements）。其假定俱乐部不存在纯公共物品，只有非纯公共物品，任何一个俱乐部成员同时消费私人物品和非纯公共物品，并力求从中获得最大效用。从产权结构变动视角来看，认为每个成员可享受的商品数量或质量与成员数及其构成有关，从而个体效用与成员情况有关，成员数量过多会产生拥挤效应，进而降低个人效用。由此可以看出俱乐部成员会在自身收入、两种产品价格和加入俱乐部成本以及成员数等综合条件的约束下进行效用最大化决策。布坎南将辖区比作俱乐部，体现了最优排斥和最优包容的双重特征。随后，经济学家麦圭尔（McGuire，1974）则深入探讨了俱乐部最优规模（包括最优成员数量和最优公共产品数量）的确定问题，进一步完善了该理论。第三，奥斯特罗姆（E. Ostrom）的公共池塘资源模型。1968 年，美国生物学家加勒特·哈丁（Garrett Hardin）发表了《公地的悲剧》（The Tragedy of the Commons），并在文中指出，只要很多个人共同使用一种稀缺资源，便会导致环境退化（Hardin，1968）。围绕该问题，奥斯特罗姆（2000）开拓性地从公共物品理论出发，提出公共池塘资源（Common Pool Resources，CPR）概念，其实质是共同使用具有非排他性和竞争性的物品，是一种人们共同使用整个资源系统但分别享用资源单位的公共资源。简言之，就是这种资源的使用不受限制，但这种资源是稀缺的，如公共渔场，牧场，地下水资源等。

综上所述，纯公共物品具有非排他性和非竞争性，公共资源具备非排他性和竞争性，空气环境具备公共品属性，因而空气污染是一种具备公共品属性的危害物（张义等，2019），而若将流迁或迁移视为一种消费品，在制度放开的情况下，其同样具备非排他性，但是否具备竞争性则取决于迁入区域公共产品或服务的数量和结构等，但无论何种都不妨碍可将"流迁或流动"视为一种具有公共品属性的消费行为。例如，黄书猛（2013）就将购房决策视为一种公共品消费行为。因此，空气污染健康冲击下的劳动力流动具备公共品属性消费行为特征。由此，公共物品消费理论为本研究提供了重要的理论支撑。

2.1.5　简要述评

相关理论发展为本书研究提供了重要的研究基础，但仍存在一定的拓展空间。首先，人力资本投资理论学者对健康人力资本投资理论研究不足；劳动力流动相关理论学者对新迁移理论研究（尤其是健康因素与迁移的关系研究）尚少，如刘易斯等劳动力流动理论均将健康因素视为市场的外生变量而不加以考虑，但健康可能是个体决策的内在影响因素，若硬性将其排除的话将违背经济理性人的假设；环境健康经济学相关理论学者则侧重环境健康对经济增长的影响研究，尤其是经济损失的估计研究，而在劳动力市场作用方面侧重对劳动力出勤、工作时数和生产率的影响研究，很少结合我国庞大的劳动力流动规模来研究环境健康对劳动力市场的影响。同时，以上理论学者均忽视了劳动力的异质性作用，异质劳动力依据时代背景和发展阶段的不同而表现出不同的特征。当经济水平低时，物质资本是劳动力追求的主要目标，异质劳动力更多注重就业机会和工资水平，从而发生不同的流迁；当经济水平有所发展，知识创新成为发展重要动力，则会突出知识的重要性，劳动力也将注重自身的人力资本发展，从而发生不同的流迁；当经济水平进一步发展，合作共赢成为发展趋势，社会资本则表现为异质性劳动力和社会网络资源结合转化的结果，社会关系资源价值表现为产生的"合作剩余"，即会产生大于不合作时的剩余价值部分，此时社会关系资源凭借分享经济剩余转化成为社会资本的形式。社会资本会影响劳动者拥有的劳动力转化为劳动的过程，这取决于异质劳动力的社会资本的不同累积情况（孙晓芳，2013a，2013b）。特别的，这些理论学者又都忽视了粗放经济增长下的健康人力资本发展情形，当环境污染健康损害持续加剧，人们的生存本能与意识将被凸显，其更加注重健康人力资本的发展，必然会将健康损害因素的影响纳入自身流迁或流动行为的过程之中。由此，他们也缺乏了在环境健康人力资本发展分析框架内对劳动力流动的根源动因的探究。

因此，如图2－1所示，本书研究以绿色发展理论和环境库兹涅茨与脱钩理论以及公共品消费理论为指导，以人力资本理论为基础，在健康人力资本投资理论分析框架内，结合环境健康经济学理论和劳动力流动的相关理论，尤其是新迁移理论和技术进步决定论的分析框架，研究空气污染对异质性劳动力流动的影响，具有十分重要的意义。

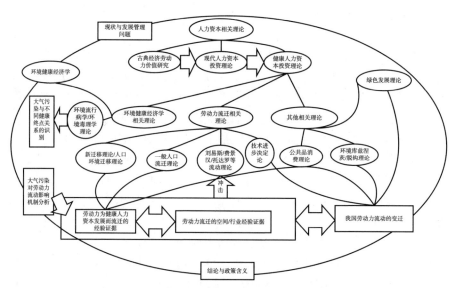

图2－1　理论运用的逻辑框架关系图

2.2　文献综述

本章主要回顾和梳理了与研究主题相关的文献。现有文献为理解劳动力流动动因的本质，厘清空气污染、健康与劳动力流动三者间的关系和作用机制以及了解健康人力资本投资模式提供了重要支撑，也为后续的深入研究提供了重要借鉴和启发。

2.2.1　劳动力流动的动因研究

目前，有大量的文献致力于研究决定迁移决策的因素，更多涉及传统因素，如收入、文化、语言、房价等（Clark et al.，2007；Pedersen et al.，2008；刘修岩和李松林，2017）。但从整体来看，围绕劳动力流动的动因进行梳理，可分为社会动因和环境动因研究两大类。

2.2.1.1　社会动因研究方面

对于古代劳动力流动而言，学者认为战争和政治性统治的需要是导致劳动力发生流迁或流动的重要原因（李德辉，1981），如《史记》载称："自契至汤八迁"、盘庚迁殷等。但有的学者则认为"盘庚迁殷"是其原聚居处的土地生产力衰退和经济生活恶化的结果（傅筑夫，1980）。而有的学者认为劳动力流动是经济和政治原因共同导致的，例如，据史料不完全统计，自汉朝至清末，中国出现了比较大规模的约上千次的"移民垦荒"（其中民屯 337 次，军屯 667 次，商屯 150 次）现象（吴斐丹等，1980）。但深入推敲，古代的这些劳动力流动背后的政治原因实质仍为经济原因，而这经济原因的根源则在于人地矛盾引发了掠夺资源的战争行为，也提高了稳定政治环境的统治需求，从而使得劳动力发生流迁。人地矛盾的大小则取决于环境与社会相互依赖程度，进一步地可归结到技术进步。如宋代，重农抑商政策的转变推动了市场分工发展，曲辕犁等工具的发明推动了农耕技术的发展，在靖康之变后，大量平民和官员集体涌入江南地区，加剧了人地矛盾，遂呈现出了鱼跃式、风筝式和候鸟式的大规模流迁或流动（武建国和张锦鹏，2011）。

对于近现代劳动力流动而言，尽管在战争等特定时期仍对劳动力流动产生影响，但新中国成立以后，学者则注重从政策演变视角出发，将劳动力流动划分为计划调控政策实施下的支援建设被动型流迁（1949～1978年），如垦荒移民、工业建设移民、乡镇企业就业流迁、水库移民等，以及改革开放政策实施后的市场化自由主动型流迁等（1979年及以后），如农民工的城乡流动和部分受宏观经济波动、金融危机影响的回流等（杨晓军，2014）。众多学者还从其他动因视角分析认为，健康（宁光杰，2012；Adhvaryu and Nyshadham，2017）、工资或收入（朱农，2004；程名望等，2006；古恒宇等，2019）、房价（刘修岩和李松林，2017）、公共服务水平（Tiebout，1956；夏怡然和陆铭，2015）等均是劳动力流动的重要原因，而这些又均可归结为机会不平等，而机会不平等也是劳动力流动的重要原因（陈叶烽等，2011；孙三百，2014）。此外，也有学者研究劳动力回流问题，认为城乡间工资差距的缩小，将不存在剩余劳动无限供给的可能，中国的刘易斯拐点已然到来，劳动力才发生回流（蔡昉，2008，2010）。但很多学者认为，劳动力回流只是市场经济波动下的结构变动，例如2008年的金融危机影响等（马忠东，2019），或是异质劳动力的个体偏好（孙晓芳，2013），进而认为刘易斯拐点式的回流尚未到来。

2.2.1.2 环境动因研究方面

对于古代劳动力的流动而言，学者基于推拉理论，认为我国西晋末年的"永嘉之乱"、唐朝中期的"安史之乱"、北宋末年的"靖康之难"三次大规模的人口迁移现象发生的部分原因为北方环境受到战争、自然灾害等破坏而持续恶化（林宪生和王钦，2012）。特别的，如东汉至魏晋十六国时期的气温大幅下降，导致了北方干旱寒冷，水草面积大幅缩减，而当时南方气候温暖湿润，土地肥沃，是魏晋时期西北少数民族南迁的重要原因（张治国，2018）。

对于近现代的劳动力流动而言，学者则普遍基于"哈里斯－托达罗"分析框架和一般人口环境迁移理论分析认为，环境（尤其是空气环境污染）是劳动力流动的重要原因，如空间、行业等层面的流动（楚永生等，2015；肖挺，2016；Xu and Sylwester，2016）。另外，很多文献还关注了天气方面的环境因素对劳动力流动的影响（Feng et al.，2010；Feng et al.，2015；Cai et al.，2016；Jessoe et al.，2017）。因此，不难看出，环境对劳动力流动的影响从古至今就一直存在着。发生这种影响的根本原因可能取决于环境与社会之间关系的相互依赖程度。

2.2.1.3　简要述评

综上所述，从综合视角来看，以上研究涉及的劳动力流动的驱动因素均可归结为健康人力资本不平等。人们消费、教育培训、迁移等均可视为健康人力资本投资行为。如个体享受到的公共服务水平越差，则要满足享受到同等水平的公共服务所需支付的成本可能越高，进而导致实际收入水平变低；同时享受差的公共服务水平，健康水平也可能越差。另外，健康受损不仅会造成家庭疾病负担，还会直接加剧家庭经济负担，进一步加剧收入不平等，这又会加剧健康不平等，形成"环境—健康—贫困"循环陷阱，同时也造成家庭幸福感被相对剥夺，从而使得整体健康人力资本水平变差。同时，环境污染（空气污染）也是影响健康人力资本投资的重要因素，即人们会为了提高或保证自身的健康人力资本，而改变其支付意愿（Cropper，1981）。因此，个体置身于环境污染会遭受不同程度的健康损害，将产生差异化的支付意愿，既包括对医疗保健消费的支出，也包括是否发生流迁等行为。由此看来，劳动力为发展健康人力资本或防止健康人力资本水平受到损害，其愿意发生流迁。例如，最为直接的，劳动力为保证身体健康状况而发生的流动，背后逻辑仍逃不出健康人力资本投资发展的诉求。这些意味着，从生存文明到物质文明，再到健康文明，乃至最后的精神文明推动的劳动力流动模式的演变将是人类必经的一个发展过程。因此，基于社会发展视角（或技术进步视角）对环境与社会关系演变的分析，可将环境动因和社会动因下的劳动力流动归结到健康人力资本投资行为的统一分析框架之中。

2.2.2　空气污染的健康冲击效应研究

与健康人力资本最为直接相关的当为劳动力身体健康问题，而当今环境污染严重威胁着劳动力身体健康水平，其中空气污染的健康危害最为广泛和最为普遍。因此，为紧扣主题，有必要进一步梳理空气污染对劳动力健康影响的相关研究。这可主要概括为空气污染对健康影响的相关研究和空气污染对健康损害的归因方法研究两大方面。

2.2.2.1　空气污染对健康影响的相关研究

从空气污染影响的不同健康终点划分，主要涉及空气污染对全因死亡率或预期寿命、疾病和认知功能衰退等的影响研究方面。

（1）空气污染对死亡率或预期寿命的影响研究。空气污染对全因死亡率或预期寿命有着显著影响，发展中国家的边际影响普遍大于发达国家，且本国内不同区域间影响也存在显著差异。一是针对婴儿研究方面。有的学者研究了发达国家空气污染对婴儿死亡率的影响，结果表明，空气污染物浓度的下降将显著降低婴儿死亡率（Chay and Greenstone，2003；Lavaine and Neidell，2013）。例如，蔡伊和格林斯通（Chay and Greenstone，2003）基于美国样本分析表明，TSP 每下降 1%，婴儿死亡率将降低 0.35% ~ 0.45%，污染与县级婴儿死亡率之间存在非线性关系。有的学者研究了发展中国家空气污染对婴儿死亡率的影响，也得出类似结论，但影响要大于发达国家（Cesur et al.，2013；Arceo-Gomez al.，2012）。例如，阿塞奥·格麦兹（Arceo-Gomez et al.，2012）基于墨西哥 48 个城市样本分析表明，24 小时内 PM10 每上升 $1g/m^3$，每 10 万名婴儿死亡 0.24 人；CO 于 8 小时内每增加 1 个百分点，每 10 万名新生儿中有 0.0032 人死亡，其中 CO 对婴儿死亡率影响的边际效应显著大于美国。二是选择一般人研究方面。有的学者关注了发达国家一般人死亡率或预期寿命与空气污染的关系（Dominici et al.，2002；Mitsakou et al.，2019；Hill et al.，2019）。例如，多米尼西等（Dominici et al.，2002）基于美国 88 个大城市分析表明，大部分地区前一天的 PM10 浓度与总死亡率正相关，PM10 增加 $10\mu g/m^3$，死亡率增加 0.5%，浓度 - 反应为线性关系。希尔等（Hill et al.，2019）利用美国 49 个州和哥伦比亚特区（2000 ~ 2010 年）的样本数据，从收入不平等视角分析了污染对预期寿命的影响，结果表明，PM2.5 水平对收入较高的区域人口预期寿命影响更大。有的学者则基于以中国为代表的发展中国家样本，研究了一般人死亡率或预期寿命与空气污染的关系（Wang et al.，2013；Chen et al.，2013；孙猛和李晓巍，2017）。例如，陈等（Chen et al.，2013）基于中国样本分析表明，长期生活环境中的 TSPs 浓度每上升 $100\mu g/m^3$，死亡率上升 14%，预期寿命减少 3 年，中国北方预期寿命减少更多。

（2）空气污染对疾病的影响研究。流行病学研究表明，空气污染会导致癌症、呼吸系统疾病和心血管疾病、皮肤病等疾病的发生。首先，空气污染对不同重大疾病的健康终点有着显著影响。重大疾病一般包括：恶性肿瘤、严重心脑血管疾病、晚期慢性病、严重精神病等。有的学者关注空气污染对呼吸道疾病的影响（Gauderman et al.，2015；崔亮亮等，2018）。

如戈德曼等（Gauderman et al., 2015）基于南加州面板样本数据分析表明，婴儿或幼儿暴露于空气污染（NO_2、PM2.5 和 PM10）会造成肺功能发育损伤，后期将增加哮喘、肺炎等肺病的发生风险。崔亮亮等（2018）利用济南 2013～2015 年日数据分析表明，污染物浓度每升高 $10\mu g/m^3$，PM2.5、SO_2、NO_2 会导致人们呼吸系统疾病死亡数分别增加 0.52%、0.73%、1.67%。有的学者关注空气污染对心血管疾病的影响（Ghoshet al., 2016；Brandt et al., 2017；Ashtari et al., 2018）。高希等（Ghosh et al., 2016）、勃兰特等（Brandt et al., 2017）分析表明临近道路的空气污染（NRAP）对冠心病（CHD）有着重要影响。阿什塔里等（Ashtari et al., 2018）基于伊朗伊斯法罕市 2008～2016 年微观调查数据与空气质量宏观数据的匹配，利用多元 Logistic 回归实证分析表明，空气污染水平对多发性硬化症（MS）的发病率和恶化程度有着重要影响。宋等（Song et al., 2019）则分析表明，PM2.5、PM10、NO_2、O_3 和 CO 每增加 $10\mu g/m^3$，高血压住院患者分别增加 0.56%、0.31%、1.18%、0.40% 和 0.03%。有的学者关注空气污染对癌症的影响。如李友平等（2018）、王琼等（2018）分别基于成都和北京样本分析认为，空气环境中挥发性有机物（VOCs）中苯和PM2.5 元素（Cd、As、Cr、Pb）存在致癌风险。一些学者则研究了空气污染对肺癌发生的影响（Raaschou-Nielsen et al., 2013；Yu et al., 2015）。如拉绍·尼尔森等（Raaschou-Nielsen et al., 2013）基于欧洲 9 个国家 17个队列研究，利用 Meta 分析认为，PM10、PM2.5 分别每上升 $10\mu g/m^3$、$5\mu g/m^3$，肺癌发病危险比率分别平均上升 1.22%、1.18%。一些学者则研究了空气污染对乳腺癌、前列腺癌、肝癌等其他癌症发生的影响（Shekarrizfard et al., 2018；Pedersen et al., 2017）。谢卡瑞斯弗德等（Shekarrizfard et al., 2018）分析认为，暴露在 NO_2 中会导致乳腺癌和前列腺癌的发生。佩德森等（Pedersen et al., 2017）则利用 1985～2005 年丹麦、奥地利和意大利登记的四个队列样本数据分析表明，当 NO_2 和 PM2.5 每上升$10\mu g/m^3$、$5\mu g/m^3$，肝癌危险比则平均分别上升 1.10% 和 1.34%。

其次，空气污染对皮肤病、肠道、眼表等一般疾病也有着显著影响。李等（Lee et al., 2008）研究发现，台湾 5072 例儿童湿疹与暴露于交通空气污染物 CO 和 NO_x 相关。克鲁特曼等（Krutmann et al., 2014）认为PM10、O_3 等成分对皮肤有一定的影响。李惠等（2017）发现急性荨麻疹的就诊量的构成比与空气中 PM2.5、PM10 等日均浓度均成正相关。比米什等（Beamish et al., 2011）则认为空气污染对炎症性肠道疾病（IBD）有重要影响。托里切利·安德森等（Torricelli-André et al.，2013）、荣格等（Jung et al.，2018）则通过分析表明，空气污染对眼表疾病有着显著影响。

此外，部分学者还同时关注了空气污染对不同健康终点的影响（Li et al.，2017a；Tran et al.，2018），如李等（Li et al.，2017a）利用广州样本分析表明，空气污染–健康风险（AQHI）每增加一个四分位（IQR），死亡率、呼吸系统和心血管住院人数分别增加 3.61%、3.73% 和 4.19%。德兰等（Tran et al.，2018）则利用韩国首尔的数据样本进行分析，研究发现 PM10、O_3、NO_2、CO、SO_2 等污染物对高血压病、缺血性心脏病、其他心脏病、脑血管病、肺炎、慢性病等循环和呼吸系统疾病有较强的影响。其中，PM10 等空气污染物是影响健康风险的重要因素，尤其严重影响着肺炎等呼吸道疾病的死亡率，但皮肤病和空气污染之间没有明显的联系。

（3）空气污染对认知功能的影响研究。空气污染对认知功能有着显著影响。部分研究表明，孕妇产前遭受空气污染，将导致新生儿童发育迟缓、智力下降、焦虑、抑郁、注意力分散（Perera，2017；Perera et al.，2012；Vishnevetsky et al.，2015）。此外，艾伦等（Allen et al.，2016）还采用双盲实验法，研究了污染对高技能工人的认知功能影响，他们将专业级员工随机分配到人工操纵室内空气质量的模拟办公环境中工作，结果发现，在室内空气质量较差的日子里，认知得分（尤其是在策略和信息使用方面）会显著下降。

2.2.2.2　空气污染对健康冲击的归因方法研究进展

美国科学院提出的危害鉴别，剂量—反应关系评价、暴露评价和风险表征"四步法"为环境风险的规范性评估奠定了基本框架。在空气污染的健康冲击研究领域中，一些学者直接用污染物排放浓度（Mitsakou et al.，2019）、所处排污源距离（张文晓等，2017）和构建的综合指数（Ho et al.，2019）等代替空气污染健康冲击归因水平，这些研究多数仅止步于剂量—反应关系评价环节，这不仅容易忽略暴露个体的年龄等异质性特征，还容易忽略暴露频率、持续时间和绝对人口数等暴露水平，以及污染浓度和人口的空间分布差异等因素。基于此，一些学者则遵照"四步"评价法，注重从暴露评价环节考虑上述因素，对空气污染的健康冲击归因进行了评估。这主要包括：美国 EPA 暴露分析风险评价模型法、泊松回归相对危险度模型法、BenMAP 法、BenMAP – CE 法和简略寿命表法等。

　　一是注重考虑暴露水平和暴露个体异质性特征（尤其是国内学者），采用美国 EPA 暴露分析风险评价模型进行研究。如廖永丰等（2007）在暴露评价环节考虑到了不同年龄人的呼吸速率不同和不同街道人的暴露时间不同。李友平等（2018）在暴露评价环节设定暴露频率为 365 天，暴露持续时间 70 年，没有区分个体异质性。王琼等（2018）则在暴露评价环节区分了儿童和成人的不同暴露频率、呼吸速率和体重特征。

　　二是注重从损害归因的视角，并纳入人口暴露的绝对水平，采用泊松回归相对危险度模型进行研究。部分学者基于归因浓度（实际浓度与参照浓度之差）值较小，利用线性模式进行研究（Zhang et al.，2007；Dias et al.，2012）。如张等（Zhang et al.，2007）、迪亚斯等（Dias et al.，2012）分别对北京、葡萄牙地区样本采用线性模式，评估了 PM10 等空气污染对人们急性死亡的影响。部分学者则基于归因浓度值较大，利用指数模式进行研究（Hou et al.，2012；Pascal et al.，2013）。如帕斯卡等（Pascal et al.，2013）采用泊松分布指数模式，研究了 25 个欧洲城市的大气颗粒污染对人群死亡的影响，使用单一的空气污染指数来反映总体空气污染水平，会忽略不同空气污染物对健康的综合影响。因此，有的学者还基于改进 AQI 没有反映空气污染与健康之间的无阈浓度响应关系，进一步考虑同一地区多种污染物的风险归因，构建 AQHI 空气质量指数衡量地区空气污染健康冲击归因水平（Wong et al.，2013；Li et al.，2017a）。如李等人（2017a）则利用时间序列研究了广州 2012～2015 年间空气污染物 SO_2、NO_2、O_3、PM2.5 与死亡率间的关系，计算超额死亡风险的总和来构建空气质量健康指数（AQHI），结果表明，AQHI 每增加一个四分位，死亡率、呼吸和心血管住院率分别增加 3.61%、3.73% 和 4.19%。

　　三是进一步考虑空气污染浓度和人口的空间分布差异，采用环境效益评价模型法（BenMAP）进行研究，如泰格瑞斯等（Tagaris et al.，2009）、段显明和屈金娥（2013）采用 BenMAP 模型法，分别研究了美国地区和我国珠三角地区的空气污染对健康的影响。

　　四是为克服 BenMAP 模型法计算繁冗和用户体验差等问题，部分学者则利用 BenMAP - CE 法进行评估。如丁等人（Ding et al.，2016）利用 BenMAP - CE 法，评估了 2010 年广州亚运会期间 PM2.5 对人们健康的影响。

　　以上学者对空气污染的健康冲击归因评估基本表现在死亡或发病率健康终点与人口暴露水平的作用后果方面，但有的学者还从空气污染可能引

起期望寿命减少的后果，采用简略寿命表法对此进行了评估。如王等人
（Wang et al. , 2013）利用去死因寿命表法，评估了 2003~2010 年中国 113
个城市 PM10 对预期寿命的潜在影响，结果表明，PM10 年均水平从 2003
年的 125. 3μg/m³ 下降到 2010 年的 88. 3μg/m³，预期寿命损失从 2. 13 年下
降到 1. 30 年，预计由于 PM10 的减少而增加的预期寿命占同期预期寿命总
增长的 34%。

2.2.2.3　简要述评

从已有研究来看，空气污染对健康冲击的事实不容质疑，恰恰是影响
更为严重，空气污染的不同成分与多种疾病健康终点之间存在着不同的反
应关系。但是，目前经济学领域研究环境污染尤其是空气污染对劳动力供
给行为影响方面大都停留在污染本身，很少有进一步聚焦到空气污染导致
的健康冲击对劳动供给行为的影响，因此忽略空气污染健康冲击的识别与
测度。已有研究对空气污染健康冲击的度量大都停留在环境流行病学、疾
病毒理学等领域，而经济学领域对空气污染健康冲击的度量也大都是利用
各区域全因死亡率、围产期婴儿死亡率等死亡指标直接作为空气污染健康
风险的替代变量，割裂了空气污染与健康冲击之间的联系。同时，环境流
行病学等其他领域的空气污染健康冲击测度很少被应用到经济学领域分析
中，且当前存在的健康冲击归因测量，也多数只停留在单一污染对不同疾
病健康终点或多种污染物对同一疾病健康终点的测量，缺少了不同空气污
染成分对应不同健康终点的交叉性综合测度。因此，有必要基于科学、准
确、客观等原则，全面、系统地测量空气污染健康冲击，才能够从健康冲
击或健康人力资本投资视角切入，准确地分析空气污染对劳动力流动的
影响。

2.2.3　健康对劳动力流动影响的相关研究

健康与劳动力劳动供给行为关系紧密。研究表明，健康对劳动工作时
间（Thomas et al. , 2006；秦立建等，2015；张利庠等，2017）、劳动生产
效率（Evans-Lacko and Knapp, 2016；朱礼华，2017）、劳动参与（Minor
and Macewan, 2016；Curtis et al. , 2019）等劳动供给行为存在着显著的影
响，而劳动力流动也是一种特殊的劳动供给行为，其与劳动参与、劳动工
作时间和劳动生产率的变化紧密相关。但健康对劳动力流动影响的直接研

究相对较少，其理论背景可追溯至人口迁移相关理论。尽管，在十九世纪英国学者拉文斯坦首次提出了人口移动理论，总结了迁移规律，认为有利的经济因素是诱发劳动力迁移的最重要因素（Ravenstein，1885）。但随着物质经济的快速发展，环境健康问题愈加严峻，环境健康等非经济元素也逐渐成为了影响劳动力迁移的重要因素。由此，至 20 世纪 60 年代，美国学者李（Everett S. Lee）则进一步提出了著名的推拉理论，他将人口迁移归结为推力和拉力的共同作用。至此，本部分紧扣主题，梳理健康对劳动力流动影响的相关研究，这主要包括：健康移民效应相关研究、三文鱼偏误效应相关研究和健康与劳动力流动关系的其他相关研究三个方面。

2.2.3.1　健康移民效应相关研究

健康移民效应（Healthy migrant hypothesis）是指健康人力资本存量高的劳动力更有意愿和能力发生迁移，其相关研究主要源于对移民健康悖论（或拉丁移民健康悖论）的探讨。健康移民悖论是指美国的社会经济地位较低，获得医疗保健的机会有限的拉美移民的健康水平普遍高于非拉美裔白人的健康水平（Hayward and Heron，1999；Hummer et al.，2007），这一现象被称为移民健康悖论（或拉丁移民健康悖论，Hispanic paradox）。由此，为解释这一悖论，健康移民效应相关研究开始大量涌现，主要存在支持和不支持的两种观点。

多数研究支持健康移民效应。首先，针对国外样本研究：贾索等（Jasso et al.，2004）基于美国样本研究发现：移民健康状况明显好于流入国本地居民的健康状况，但此种健康差异优势会随着时间而消退。卢（Lu，2008）则利用印度尼西亚样本数据分析表明，健康与迁移关联的强度和方向因迁移类型和健康的不同维度而不同，即年轻群体中存在着强烈的健康移民效应，患有慢性病和残疾的年轻群体发生迁移的概率要小。厄尔曼等（Ullmann et al.，2011）根据 2007~2009 年墨西哥移民项目收集的有关生命过程两个阶段的健康数据，即早期生命健康（移民前）和成年健康（移民后）数据比较分析发现，墨西哥农村地区男性的健康状况普遍较差，与选择移民到美国的男性相比，他们面临更大的障碍需要克服。富勒–汤姆森等（Fuller-Thomson et al.，2015）基于英国样本队列研究，分析表明，在控制社会经济地位的情况下，高收入国家的移民的发病率和死亡率低于非移民，与非移民相比，移民有更好的儿童健康（如身高）等，并将其归因于健康移民假说，即认为只有最健康的人才会选择移民。但萨拉斯－瑞特等（Salas-Wright et al.，2018）基于 2012～2013 年对美国 36309 名成年人进行的全国酒精及相关疾病调查，研究发现，与在美国出生的人相比，儿童移民的心理疾病患病率没有显著差异；然而，在青少年时期（12～17 岁）和成年时期（18 岁以上）的移民中发现了差异，从而验证了健康移民假说。

其次，针对国内样本研究：齐亚强等（2012）利用 2008 年中国流动与健康调查数据分析表明，我国人口流动存在着较为明显的"健康移民"，流动人口的健康状况明显好于农村留守人口。仝和彼得罗夫斯基（Tong and Piotrowski，2012）利用 1997～2009 年中国健康与营养调查的数据（CHNS）进行研究，结果表明，无论是利用自评健康还是急性健康问题指标，均存在着健康移民效应，且随着时间的推移而减弱，这可能是由于中国经济改革时期社会、经济和政策等宏观环境的快速变化造成的。这一结论为后文给出的我国粗放型增长下的工业化、城镇化等发展政策的实施所带来的空气污染冲击健康移民效应的解释提供了可能。易龙飞和亓迪（2014）基于中国健康与营养调查（CHNS）2006 年、2009 年和 2011 年的样本，运用 Logistic 回归模型、Cox 回归模型的不同方法进行研究，研究均表明，流动人口在长期健康指标上的表现优于城市居民，但短期无明显差异，从而支持健康移民假说。他们利用个体前四周是否患过呼吸道类等疾病表示短期健康水平，利用个体是否患有高血压、糖尿病、心脏病、哮喘等表示长期健康水平进行分析，这些因变量所包含的健康终点均大都与空气污染紧密相关，城市居民暴露于空气污染之中的时间要长于后来流入人口暴露的时间，更容易产生慢性病等疾病，影响长期健康水平。因此，从长期健康指标来看，流动人口患病概率要小于城市居民。这意味着，多数研究均假定了城市居民与流动人口所处的其他条件相同，从而忽略了环境健康冲击这一宏观环境尤其是空气污染健康冲击的长期影响。卢和秦（Lu and Qin，2014）利用 2003～2007 年在中国进行的全国纵向调查的数据进行研究分析，分析表明，健康的人更有可能迁移，并远离家乡，从而支持了健康移民效应。秦立建等（2014）则基于农业部农村固定观测点大规模的跟踪调查数据进行研究，结果表明，健康状况越好的农民外出打工的地点距离故土越远。周小刚和陆铭（2016）利用 2010 年的中国综合社会调查（Chinese General Social Survey，CGSS）的全国样本研究了农民工的健康自选择机制，结果发现，农民工的身体健康要好于流入地的本地人。王伶鑫和周皓（2018）利用中国家庭追踪调查（China Family Panel Studies, CFPS）的 2010 年和 2012 年两轮数据分析表明，流动人口健康选择性依然存在。之所以在一般的统计模型中不显著的原因可能来自于自评健康的内生性和各种特征对健康选择性的替代作用。伊等人（Yi et al.，2019）采用 2012 年、2014 年和 2016 年的中国劳动力动态调查（China Labor-force Dynamics Survey, CLDS）数据，以四组研究对象（外出务工人员、归国务工人员、农村居民和城市居民）的健康状况通过一般健康、身体健康和情绪健康来衡量，通过分析表明，流动人口比他们家乡的农村居民更健康。和红等（2018）则基于"2015 年青年流动人口健康意识调查"样本，用体质指数（BMI）作为衡量健康的客观指标，研究发现：流动时间小于 1 年的青年流动人口，其超重/肥胖的比例为 12.5%，显著低于当地人口的 18.9%。尚越等（2019）利用中国劳动力动态调查（CLDS）2014 年数据进行分析，结果表明，农村劳动力迁移过程存在健康选择机制，健康状况较好的农村劳动力外出务工。

　　以上研究均表明健康移民自选择效应的存在，即好的健康状况一定程度上能够诱发或促使劳动力发生流动。

　　少数研究则并未支持健康移民效应。健康移民效应的存在性检验很大程度上取决于流动人口如何界定和健康状况如何测量。如鲁瓦尔卡瓦等（Rubalcava et al.，2008）使用墨西哥家庭生活调查的全国代表性纵向数据，样本包括 6446 名 15～29 岁的受访者，并利用身高、体重指数（BMI）、体重（公斤）除以身高的平方、血压和血红蛋白（Hb），以及受访者对他们整体健康状况评估的两个指标，一共 6 个健康指标，分析表明，健康状况对迁移影响基本不显著，从而并未支持健康移民效应。邓恩和戴克（Dunn and Dyck，2000）则基于 1994～1995 年的加拿大全国人口健康调查数据分析发现，移民特征与健康结果之间没有明显的一致性。拉罗什（Laroche，2000）研究发现，移民的健康状况与在加拿大出生的人口并无显著差异。同时，研究还表明，新移民比在加拿大生活超过 10 年的移民更健康，这意味着随着流入时间的推移，移民与本地出生的人之间的健康差距本质上正在缩小，甚至比本地居民健康状况更差（Newbold and Danforth，2003），这可能与暴露的环境因素有关。阿巴瑞多－兰札等（Abraido-Lanza et al.，1999）利用国家纵向死亡率研究数据，该样本包括 301718 名非拉丁裔白人和 17375 名 25 岁以上的拉丁裔白人，分析表明尽管流动人口的健康状况好于美国本地居民，但并未发现健康移民效应。秦立建和苏春江

（2014）使用农业部农村固定观察点 2003～2007 年度的跟踪调查样本研究发现：较好的初始健康状况未提高农民出国打工的概率。安德森和德勒法勒（Andersson and Drefahl，2017）基于瑞典样本的分析，没有发现瑞典北部和南部居民之间的死亡率差异，也没有证据表明从北部到南部选择了健康的移民，这在一定程度上表明不存在健康移民效应。

2.2.3.2 三文鱼偏误效应相关研究

三文鱼偏误效应是指流出的劳动力健康状况恶化从而导致其回流至原来的流出地。相关研究也可追溯至对拉丁移民健康悖论的探讨，存在支持和不支持两种观点。

多数研究支持三文鱼偏误效应（Salmon bias hypothesis）存在。国外样本研究方面：阿巴瑞多－兰札等（Abraido-Lanza et al.，1999）研究认为，在美国出生的拉美裔人在经历了一段时间的暂时失业和/或患病后，倾向于返回原籍国。图拉和埃洛（Turra and Elo，2008）基于美国拉美裔老年人死亡率样本证实了三文鱼偏误效应的存在。帕洛尼和阿里亚斯（Palloni and Arias，2004）针对拉美裔死亡率悖论（Hispanic mortality paradox），利用 9 年死亡率随访数据估计的一系列参数风险模型分析表明，拉美裔的死亡率优势只存在于在国外出生的墨西哥人和在国外出生的拉美裔人中，而不在古巴人或波多黎各人中。外国出生的墨西哥人的优势可以归因于三文鱼偏误效应，然而却无法解释在其他国家出生的西班牙裔中观察到的死亡率优势。帕洛尼和阿里亚斯（Palloni and Arias，2003）、布莱尔和施内贝格（Blair and Schneeberg，2013）同样研究发现，健康状况恶化的移民可能发生回流的现象。另外，安德森和德勒法勒（Andersson and Drefahl，2017）利用瑞典样本分析表明，返回瑞典北部的移民死亡率偏高，这在一定程度上支持了三文鱼偏误效应的存在。

部分研究支持三文鱼偏误效应。国内样本研究方面：齐亚强等（2012）利用 2008 年中国流动与健康调查数据分析表明，我国人口流动存在着较为明显的三文鱼偏误选择效应，乡城流动人口患有慢性病和出现经常性身体不适的可能性也显著低于农村返乡人口。卢和秦（Lu and Qin，2014）利用 2003～2007 年在中国进行的全国纵向调查样本分析发现：在移民中，那些健康状况较差的人更有可能返回或搬到离原籍社区更近的地方。秦立建等（2014）基于农业部农村固定观测点大规模的跟踪调查数据分析表明，外出农民工一旦遭受健康冲击就将发生回流。周小刚和陆铭

（2016）利用 2010 年的中国综合社会调查（Chinese General Social Survey，CGSS）样本分析表明，健康耗损更为严重的农村外出务工人员以更高的概率回到了农村。伊等人（Yi et al.，2019）采用 2012 年、2014 年和 2016 年中国劳动力动态调查（CLDS）的数据分析表明，返乡的移民比仍在外地的移民健康状况差。尚越等（2019）利用中国劳动力动态调查（CLDS）的 2014 年数据分析表明，农村劳动力迁移过程存在健康选择机制，健康状况不佳的农民工选择长期回流农村。

少数研究并未支持三文鱼偏误效应存在。阿巴瑞多－兰札等（1999）利用国家纵向死亡率研究样本研究发现：尽管流动人口的健康状况好于美国本地居民，但并未发现三文鱼偏误效应。博斯坦（Bostean，2013）通过比较在美国的墨西哥移民和在墨西哥的非移民以及在墨西哥返回的移民的健康状况，检验健康移民和三文鱼偏误效应假说，结果表明，身体活动受限表示的健康方面存在健康移民和三文鱼偏误效应，但在其他健康方面没有影响。诺丹姆等（Norredam et al.，2014）基于丹麦移民样本进行队列研究发现，与没有疾病的人相比，疾病得分低、中等或高的移民一般倾向于较少移民。此外，他们发现疾病严重程度越高，移民人数越少，未发现三文鱼偏误效应的存在。齐亚强等（2012）利用 2008 年的中国流动与健康调查数据的客观健康指标也不支持三文鱼偏误效应。

综上所述，三文鱼偏误效应的存在意味着健康状况较差会诱发劳动力发生返乡回流，但是，造成这一健康状况较差或者健康人力资本水平预期进一步变差，从而导致劳动力发生回流的深层原因并没有得到进一步深究，这将直接导致忽略环境健康冲击因素的作用。

2.2.3.3　健康与流动关系的其他相关研究

这一部分研究主要是跳出拉丁移民健康悖论的分析框架，侧重于研究健康及新农合等健康相关内容对劳动力流动的影响。例如，托马斯等（Thomas et al.，2006）基于印度尼西亚实验样本研究发现：健康状况的改善能够促使男性农民外出打工。秦雪征和郑直（2011）运用全国面板数据分析认为，新型农村合作医疗制度对农村劳动力迁移有"枷锁效应"和"拉回效应"。王智强和刘超（2011）基于我国农村样本研究发现：自我感知健康状况越好，农民向外迁移的概率越大。刘娟娟（2013）基于 2006 年的中国健康与营养调查（China Health and Nutrition Survey，CHNS）横截面样本研究发现，健康状况越好越易外出打工。阿陀波利优和尼沙德姆

（Adhvaryu and Nyshadham，2017）分析认为，长期患病的个体会从农业劳动转向企业劳动，这是因为疾病对不同部门生产率的冲击影响不同，它对农业等部门的生产率影响更大，而农业等部门需要更多的体力劳动，生病时个人在企业里比在农场里更有生产力。

另外，一些研究还关注了健康对劳动参与的影响（Berger，1983；Cai and Kalb，2006；Minor and Macewan，2016；Curtis et al.，2019）。例如，帕森斯（Parsons，1977）、德利亚奴斯（Theeuwes，1981）、伯格（Berger，1983）研究发现，有健康较差的妻子的丈夫比有健康较好的妻子的丈夫更倾向参加工作。蔡和卡尔布（Cai and Kalb，2006）利用澳大利亚样本分析认为，自评健康对人们劳动参与的影响在老年人身上比在年轻人身上体现得更为明显。若一个老年人健康水平从"好"下降到"一般"，则其劳动参与率将下降约7%，而年轻人在同样条件下仅下降约1%。迈纳和麦克尤恩（Minor and Macewan，2016）基于美国糖尿病患者样本分析发现，诊断为Ⅱ型糖尿病的男性和女性就业率分别降低11%、19%，未确诊的Ⅱ型糖尿病患者的劳动力供应下降幅度较小。柯蒂斯等（Curtis et al.，2019）分析认为，苏格兰的区域就业状况与劳动力心理健康不平等分布相关。国内研究也显示，健康水平与劳动力市场参与概率正相关，但存在种植业参与不显著的行业差异（魏众，2004），男性影响更大的性别差异（解垩，2011），特定群体的特征差异，如健康水平每提高一个等级，农村劳动力参与工作的可能性将会增加3.48个百分点（刘生龙，2008）。

综上所述，健康是一种重要的人力资本，其对劳动力流动有重要影响。但目前针对此主题的研究尚少，并且更多地侧重于分析劳动力自身健康实际状况对劳动力流迁或流动的影响，忽略了环境健康冲击过滤机制的深层次原因探究，从而缺少了从外部环境的健康冲击视角，研究环境健康对劳动力流动的影响。[①] 正如，劳等人（Lau et al.，2013）基于亚裔美国女性移民样本研究认为，暴露的社会风险也是移民与非移民健康差异的重要原因。阿格耶芒（Agyemang，2019）则认为健康移民效应和三文鱼偏误效应等均是简单的解释性假设，对于移民健康差异的研究必须跳出这些所谓的假设，应更多注重环境等其他因素的作用。伊等人（Yi et al.，2019）同样认为，健康选择性的研究不仅要考虑政策环境的变化，更要考虑新时期移民的需要和特点。牛建林等（2011）则进一步证实，住房内空气质量

---

① 环境健康损害的过滤机制定义解释详见绪论章节的理论意义部分内容的相关介绍。

对农村外出务工人员的身体健康影响也非常显著，农村外出务工人员工作环境中不利因素越多，其身体健康状态也越差。这些均表明，污染健康冲击的环境也是影响劳动力健康的重要因素，这也可能是影响劳动力流动的重要因素。

2.2.4　空气污染对劳动力流动影响的相关研究

健康经济学者认为，健康对劳动工作时间、劳动生产效率、劳动参与、劳动力流动等劳动供给行为存在着显著影响，但他们并没有将健康对劳动供给行为的影响归因到空气污染，而张等人（Zhang et al.，2018b）认为，空气污染对劳动供给行为的影响主要来自健康冲击效应和人力资本变化效应（Grossman，1972；Tong and Piotrowski，2012）以及劳动力消费边际效用下降效应（Liu and Mu，2016）。但空气污染导致的人力资本变化和消费边际效用下降的效应很可能就是来自空气污染的健康冲击效应。因此，目前环境健康经济学界也很难将三者严格区分开，而是大都利用空气污染代替健康冲击内涵，研究了空气污染对劳动供给行为的影响。大量研究表明，空气污染显著降低了劳动参与（蔡芸等，2018；Zhang et al.，2018b），减少了劳动工作时间，如缺勤或旷工（Ostro，1983；Pönkä，1990）、工作日或时损失（Hanna and Oliva，2015；朱志胜，2015）、降低劳动工作效率（Zivin and Neidell，2012；Chang et al.，2014；张继宏和金荷，2017）和影响着投资者心理情绪（Levy and Yagil，2011；Wu et al.，2018）等。而劳动力流动（或流动）也是一种特殊且重要的劳动供给行为。因此，紧扣本书研究主题，在此重点梳理空气污染对劳动力流动影响的相关研究，主要涉及：一是一般环境对劳动力流动的影响研究；二是空气污染对劳动力流动影响的直接研究；三是因劳动力流动数据较难获得或为减小估计偏差，将空气污染对劳动力流动的影响转嫁到对房价影响的间接研究。

2.2.4.1　一般环境对劳动力流动的影响研究

自 20 世纪 90 年代初以来，国内外学术界开始关注环境与劳动流动关系的研究。国外研究方面：影响较大的是以二元经济结构为框架的哈里斯—托达罗模式（Harris and Todaro，1970），该模式探讨了劳动力转移、环境污染、失业、国民经济产值及其收入分配的关系。随后部分学者基于

"H－T 模式"，从行业部门视角研究了污染与劳动流动的关系（Beladi and Rapp，1993；Beladi and Frasca，1999；Beladi and Frasca，1999）。如贝拉蒂和拉普（Beladi and Rapp，1993）假设农业部门不产生污染和工业部门产生污染，基于"H－T 模式"研究表明：城市工业部门产量将下降，雇用劳动力人数增加，城市地区失业人数下降，农业部门产出和工资上升，农村劳动力转移减少，而这一研究结论隐含的假设是污染要素与劳动要素具有替代关系。贝拉蒂和弗拉斯卡（Beladi and Frasca，1999）基于"H－T 模式"的研究表明：严格管制工业生产的污染排放，将导致资本从产生污染的工业部门向不产生污染的工业部门流动，会带来城市失业人数减少，国民收入增加，农村劳动力向城市工业部门流动的增加。杰哈和惠利（Jha and Whalley，2001）以"H－T 模式"为框架分析了资本在工业部门和农业部门间不流通的前提下，工业部门的污染将影响劳动力转移的边际收益，并进而影响劳动力城乡之间的流动规模。

少数学者则基于一般经验分析，从空间流动视角出发，研究了环境与劳动力流动的关系。例如，谢和刘（Hsieh and Liu，1983）基于美国大都市统计区样本分析认为，短期内，较好的环境质量是解释个人区域间迁徙的主要因素。他们考虑的环境因素包括气候数据、固体废物、空气、水和噪声污染及其他设施等，这有别于经济属性因素是主导因素的传统观点。亨特（Hunter，1998）则基于美国县域样本分析发现，有环境危害的县（空气和水污染，危险废物）的居民流失率并不比没有这种危害的区高。然而，有环境危害的地区获得的新居民则相对较少。班茨哈夫和沃尔什（Banzhaf and Walsh，2008）研究发现，污染设施的引入将导致个人离开社区，而污染设施的退出则将导致人们进入社区。

国内研究方面：部分研究表明，环境污染影响着劳动力在行业层面的流动。李晓春（2005）基于哈里斯－托达罗模式的二元经济结构分析认为，环保技术的进步改善了自然环境，将减小农村劳动力转移规模；关税等的增加会加重工业污染，增加劳动力转移的规模，减少农业部门的雇佣量。刘君等（2018）则分析认为，环境污染水平对行业就业结构产生不合理的影响，随着环境污染的加剧，就业结构向第二产业集中，导致就业结构的转变不合理。部分研究则表明，环境质量推动了劳动力跨区域流动。杨晓军（2019）利用污染排放（包括废气和废水排放）、环境治理和环境绿化构建环境质量指标，他认为城市环境质量有利于促进人口向城市流动，但高等级城市或大城市的环境质量会限制人口向城市迁移，而一般地级市或中小城市的环境质量对人口迁移有促进作用。史耀波和任勇（2007）认为富人具有较强的能力来支付流动成本，因此，富人更易向较好的环境质量地区移民，同时也会降低其对本地区环境治理的需求水平。另外，晁等人（Chao et al.，2016）还从国际迁移视角出发，认为中国的新一波环境移民潮的动机不仅取决于工资差别，更重要的是取决于环境效用。由此，构建了一个由环境决定的效用均衡而不是工资均衡的移民均衡分析模型，通过分析表明，国外环境标准的提高导致国内工人和资本外流，为了留住或吸引他们，需要提高东道国的最佳污染税，以改善其环境。

2.2.4.2　空气污染对劳动力流动影响的直接研究

以上研究均从一般环境质量或环境污染视角来研究其对劳动力流动的影响，尽管他们所研究的环境问题包含空气污染，但这些学者并未专门聚焦到空气污染对劳动力流动影响的研究，鉴于空气污染是影响最具广泛性和普遍性的环境污染问题，由此，大量学者开始聚焦到空气污染对劳动力流动的影响研究，特别是对劳动力空间流迁的影响研究。

国外研究方面：塞布拉和维达（Cebula and Vedder，1973）使用 1960～1968 年间在 39 个大型标准大都市统计区域（SMSA）中观测到的悬浮颗粒物的平均数量数据，利用最小二乘回归（OLS）分析表明，空气污染对劳动力净迁入率存在着负向影响，但不显著。徐和希尔维斯特（Xu and Sylwester，2016）则从国际迁移视角分析认为，雾霾影响人们的迁移意愿，收入高和教育程度高的群体更难忍受雾霾，更愿意迁移。沙利文（Sullivan，2017）通过估算住宅成本和社区人口统计数据的变化，探讨了洛杉矶市区空气质量改善的影响，伴随着空气质量改善，住宅房价成本大幅增加，中低收入人口会明显减少。这意味着空气质量改善会吸引高收入群体进入，挤出中低收入群体，对地区的劳动力净流入率将产生显著影响，尽管其影响机制更多体现在宏观层面上，即住房成本的波动，但仍逃不开劳动力期望收益与成本的综合决策内涵。杰曼尼等人（Germani et al.，2018）基于意大利空气污染与迁移关系的一般经验分析表明，由于工业化和城市化水平较高，北方地区的空气污染普遍较高，人们对空气污染的感知已经开始增加，这最终可能导致更大比例的人口离开家园，迁移到生活质量更好的地方。

国内研究方面：自然环境逐渐成为移民考虑的吸引因素（Cao et al.，2018），环境污染尤其是空气污染对劳动力流动有着重要影响（Chen et al.，

2017；孙中伟和孙承琳，2018），对男性、年轻群体（Li et al.，2017b）、高收入群体（陈友华和施旖旎，2017）、高教育水平或高技能水平群体（崔颖，2017；Lu et al.，2018；楚永生等，2015）、工业、生活服务业群体（肖挺，2016）的影响更大。例如，卢等人（Lu et al.，2018）利用京津冀地区样本，考察了雾霾风险感知维度（身体健康冲击、心理健康、生活成本增加和政府控制加强四种风险感知维度）对人们从雾霾严重污染地区迁移意愿的影响，结果表明，雾霾污染产生的健康风险导致了京津冀地区技术人才的流失。肖挺（2016）则利用 2004～2012 年的城市面板样本研究发现，污染排放会造成人口流失，环境污染对于人们迁移决策的影响越来越大。李等人（Li et al.，2017b）从中国个体和区域异质性的角度考察了空气污染对劳动力外流和劳动力迁移的影响。实证表明，受教育程度较高、性别为男性、属于年轻群体的劳动力对空气污染更敏感，因此更倾向于迁移。由于空气污染的负面影响，来自城市和农村地区以及中国东部和中部的劳动力往往会迁移。冬季供暖系统造成的严重空气污染使得淮北地区的劳动力更容易迁移。楚永生等（2015）则从综合污染视角出发，利用工业三废代替环境污染变量，基于 31 个省的面板样本研究表明，环境污染对劳动力流动具有显著影响，环境污染效应使得异质性劳动力流动呈现"U"型规律。陈等人（Chen et al.，2017）利用五年期间平均热反转强度的变化作为空气污染水平的外生变异的来源，基于中国 2800 多个县的县级数据，利用面板 OLS 模型，实证分析了空气污染对中国人口迁移的影响，研究结果表明，在 1996～2010 年期间，中国在空气污染方面所发生的这种量级的独立变化，能够使流动人口流入减少 50%，并使某一特定县的人口平均减少 5%，研究发现这些流入主要是由受过良好教育的人推动的，这导致了中国各个县的社会人口构成和劳动力的重大变化。因此，中国人愿意放弃可能非常巨大的成本和障碍来保护自己免受空气污染。孙伟增等（2019）则利用 2011～2015 年全国流动人口动态监测调查数据研究发现：空气污染对于流动人口的就业选址确实存在着显著的负向影响：城市的 PM2.5 浓度上升 $1\mu g/m^3$，流动人口到该城市就业的概率将显著下降 0.39 个百分点。罗勇根等（2019）则基于个体专利发明的大样本数据和中国地级市的空气质量指数研究发现，空气污染显著增加了人力资本流动的可能性，发明人更可能向空气质量较好的城市迁移。秦和朱（Qin and Zhu，2018）利用百度收集每个城市的"移民"的在线搜索指数和空气质量指数（AQI），研究了空气污染对人们移民兴趣的影响，空气质量指数（AQI）

增加 100 点，移民搜索量将在第二天增加约 2.3% ~ 4.8%。此外，当空气质量指数高于 200 时，这种影响更加明显，这意味着空气污染确实显著影响着劳动力流动行为。李（2019）基于 2003 ~ 2016 年空气质量指数（AQI）与 2014 年中国劳动力动态调查（China Labor-force Dynamics Survey，CLDS）的 23594 个样本的合并数据，利用固定效应模型和 Logit 模型分析表明，平均空气质量指数（AQI）每增加一个标准偏差，劳动流迁的可能性就会增加 29%。

另外，许多研究还分析表明，空气污染影响着本地的劳动参与或就业（蔡芸等，2018；Zhang et al.，2018b），这也可间接视为一种包含劳动力就业流迁的特殊情况。例如，蔡芸等（2018）利用省级面板数据分析认为，以二氧化硫为代表的颗粒污染物对劳动力供给产生了负面影响，每平方公里二氧化硫排放量每增加 1%，劳动力供给将减少 0.0013%，空气污染通过影响健康水平，进而对劳动力供给产生冲击。张等人（Zhang et al.，2018b）利用 2003 ~ 2013 年中国 112 个城市面板数据的就业率指标，考察了空气污染对劳动供给的影响，结果表明，城市劳动力供给与空气污染存在倒"U"型关系，即当污染水平达到阈值时，劳动力供给出现下降。一个城市的劳动力供给不仅受到当地环境质量的影响，还受周边城市空气污染的影响。

2.2.4.3　空气污染对劳动力流动影响的间接研究

由于流动人口数据难以获取，因此研究者们通过"享乐价格法"分析环境的劳动力迁移效应（Chay et al.，2005；席鹏辉和梁若冰，2015）。在市场出清假定条件下，地区特性将被资本化在当地工资和财产价值中，房价可表示环境质量的边际支付意愿（Marginal Willingness To Pay）。例如，蔡伊等人（Chay et al.，2005）研究发现，总悬浮颗粒物（TSPs）高的污染地区实行环境管制后空气质量明显提高，且这些地区的房价上涨更快。而我国房价不能够真实反映市场需求，即发展中国家的住房市场和选址决策往往会受到市场失灵和监管的扭曲（Chen et al.，2017），不能够真实反映出市场需求。席鹏辉和梁若冰（2015）、张义和王爱君（2020）在利用我国样本研究空气污染对劳动力流动的影响时，则选择住房销售面积作为流动人口代理变量。尤其是席鹏辉和梁若冰（2015）基于国家环保模范城市考核指标体系设计模糊断点回归法（FRD）的分析表明，在排除了"申请效应"和"就业效应"等环境移民效应可能来自其他的途径之后，模范城市确实增加了住房销售面积，即空气污染对劳动力流动产生着重要影响。综上所述，空气污染或空气质量是劳动力流动的重要诱因。

2.2.4.4　简要述评

从已有研究来看，直接关于空气污染对劳动力流动的影响研究还很少，仍呈碎片化特征，造成这种情况的主要原因为数据样本的难以获取，一是空气污染样本数据难以获得，二是流动人口样本数据难以获取。这就要求对现有数据样本进行深度挖掘。且现有研究更多利用的是截面数据，而非面板数据，不能够反映出空气污染对劳动力流动影响的动态过程，甚至会导致一定的估计偏差。同时，当前研究大都认为空气污染不仅具有环境要素的生产特质，更具有健康冲击特质，空气污染通过健康冲击特质对劳动力流动产生了重要影响，但他们大都仅利用污染的浓度作为替代变量进行研究，并没有剥离出健康冲击效应或充分考虑健康冲击效应，从而导致空气污染对劳动力流动的影响分析不深入，分析结果也存在一定偏差。此外，目前关于空气污染对劳动力流动的影响研究大都停留在空间层面流动的经验证据探究方面，缺少了理论机制的分析和行业层面流动的更丰富的经验证据。

2.2.5　健康人力资本投资模式相关研究

健康人力资本投资包括很多方面，包括：医疗服务支出、营养保健支出、环境保护污染治理投入等。这些行为既有政府宏观行为，也有家庭及个人微观行为。宏观层面：梁鸿（1994）认为政府的健康人力资本投资行为可以分为生产性健康人力资本投资和福利性健康人力资本投资两种。生产性健康人力资本投资旨在普遍提高劳动力的健康素质，延长人均工作寿命，增加劳动人口，提高劳动力数量（如劳动力数量和劳动时间）和劳动质量（如劳动生产率）的经济活动，其主要特征是劳动人口健康素质水平低，经济发展落后，经济活动以劳动密集型为主，卫生费用占国民生产总值的比例少于5%。福利性健康人力资本投资是旨在改善健康公平和健康资源的均衡状况的经济活动，其主要特征是劳动人口健康素质水平较高，经济发展水平高，经济活动以技术密集型为主，卫生费用占国民生产总值

的比例少于 9%（梁鸿，1994）。龙海明和陶冶（2017）在研究健康投资
对经济增长影响过程中，认为健康投资主要包括用于医疗卫生及计划生育
的财政支出（或卫生经费）和环境污染治理投资两部分。微观层面：除了
劳动力流动以外，健康投资包括医药治疗、医疗保健、健康消费品等
（Grossman，1972；Van Zon and Muysken，2001；张东敏和金成晓，2014；
王弟海等，2008）。张东敏和金成晓（2014）将污染要素引入健康人力资
本积累过程，利用数值模拟法研究污染税、健康人力资本积累与长期经济
增长的关系，认为健康投资包括医药治疗、医疗保健、健康消费品。王弟
海等（2008）则基于阿罗－罗默（Arrow-Romer）生产函数和格罗斯曼
（Grossman，1972）效用函数模型，分析了健康人力资本投资对经济增长的
影响，认为健康投资也包括医药治疗、医疗保健、体育锻炼、休息和健康
消费品。

　　综上所述，目前鲜有专注探究健康人力资本投资模式的研究，大都在
研究健康人力资本投资对经济增长等影响过程中给出了健康人力资本投资
行为的内涵：一是更多地集中于宏观视角，缺少微观视角深入考察；二是
基本聚焦在一般的健康人力资本投资，并侧重考察政府主导下的健康人力
资本投资行为，缺少针对劳动力流动，这种专门和特别的健康人力资本投
资方式下的模式探究，更缺少微观层面的社区自组织下的健康人力资本投
资模式探究；三是目标均是健康水平提升，缺少特定目标下的模式探究，
如污染治理与健康和劳动力流动协调发展。

2.2.6　文献综述章节整体评述

　　通过围绕研究主题，梳理相关研究可以发现，空气污染影响着劳动
力流动，空气污染损害着劳动力健康人力资本发展，而健康（或健康人
力资本）状况又与劳动力的流动行为紧密相关，因此，有必要进一步锁
定健康冲击视角，研究空气污染对劳动力流动的影响。而当前研究主要
存在以下几个不足：第一，从目前研究来看，众多学者割裂了空气污染
与健康的关系，分别研究了空气污染对劳动力流动的影响和健康对劳动
力流动的影响，并利用单一污染排放量或浓度作为劳动力流动的直接原
因，忽视了污染的健康冲击效应是影响劳动力流动的重要原因。这不仅
会混淆具体的影响来源，还会对影响结果的评估造成一定的偏差，因此，
有必要将其纳入统一分析框架。第二，关于空气污染对劳动力流动的影

响研究大都停留在空间层面流动的经验证据，缺少了行业层面流动更丰富的经验证据。第三，当前关于空气污染对劳动力流动的影响研究不仅缺少了微观视角下的健康人力资本投资行为的理论机制分析，还缺少了宏观视角下的经济活动综合影响的理论机制分析。为此，本书首先从环境健康视角出发，考察劳动力流动的动因，并对劳动力流动演变的不同阶段进行识别；其次，从健康人力资本投资视角出发，证明劳动力面临空气污染风险时，存在以流动的方式进行健康人力资本投资动机，基于此，再从健康冲击视角出发，在对空气污染健康冲击的综合测度的基础上，结合理论机制的分析，分别从空间和行业两个层面，给出空气污染对劳动力流动影响的经验证据，从而证明空气污染、健康与劳动力流动存着紧密关系，劳动力流动正处于健康型流动的早期阶段；最后，为加快流动人口的社会融合，顺利实现健康中国建设和高质量发展目标，进一步探究能够实现空气环境、健康与劳动力流动供给三者间的协调发展的新型健康人力资本投资模式。

2.3　本章小结

首先，本章紧扣研究主题，梳理了与本书研究紧密相关的理论基础。在健康人力资本投资相关理论方面，主要分为一般人力资本投资理论和健康人力资本投资理论；在劳动力流动相关理论方面，则主要涉及一般人口迁移理论、刘易斯劳动力流动理论、拉尼斯－费景汉劳动力流动理论、哈里斯－托达罗劳动力流动理论、人力资本劳动力流动理论、新迁移理论、技术进步决定理论、人口环境迁移理论；在环境健康经济学相关理论方面，主要包括环境流行病学理论、环境毒理学理论和环境健康经济学理论；而其他相关理论则涉及绿色发展理论、环境库兹涅茨理论与脱钩理论和公共物品消费理论。这些理论为本书研究提供了重要的基础，有利于从整体视角、系统视角分析污染背景下劳动力以流动方式进行健康人力资本投资的行为与特征。

其次，本章还重点梳理了国内外相关研究现状，主要包括：劳动力流动的动因研究、空气污染的健康冲击效应研究、健康对劳动力流动影响的相关研究、空气污染对劳动力流动影响的相关研究以及健康人力资本投资模式相关研究。这不仅为本书研究提供了方法指导，也为本书研究找到了"污染背景下劳动力如何以流动方式进行健康人力资本投资"这一具体的新的研究视角，进一步凸显了开展本书研究的必要性，凸显了新时代背景下推进健康中国、美丽中国与中国式现代化发展建设的重要价值。

第 3 章

人力资本投资视角下
劳动力流动的变迁

本章主要基于中国近年的空气污染、健康冲击与劳动力流动的概况的介绍，引出空气污染、健康冲击与劳动力流动之间存在的联系与问题，由此，进一步基于脱钩理论等分析了环境健康与劳动力流动关系演变的根源，并基于此，识别了劳动力流动演变的不同阶段及主要特征，最后给出了一些重要启示。

3.1 引 言

加强和完善环境健康与劳动力流动的发展与管理是顺利实现"健康中国 2030"战略目标的关键。2016 年，中共中央、国务院发布《"健康中国 2030"规划纲要》，提出了健康中国建设的目标和任务：到 2022 年，基本建立健康促进政策体系，全民健康素养水平稳步提高，健康生活方式加快推广……，到 2030 年，全民健康素养水平大幅提升，健康生活方式基本普及，……，居民主要健康指标水平进入高收入国家行列，健康公平基本实现。[①] 制定这一战略极大凸显了劳动力的核心关切，即健康人力资本的发展需求。但是这一目标能否顺利实现与流动人口的健康管理有着莫大关系。改革开放以来，我国劳动力流动规模空前，如 2005～2010 年省际迁移规模达 5499.39 万人，年均增长 19.85%（李怡涵，2017），跨县人口总迁

---

① "健康中国"：2030 年居民健康指标进入高收入国家行列［EB/OL］.（2019 - 07 - 15）. http：//baijiahao. baidu. com/s？id = 1639118513465845013.

移量在 1982 年、2010 年和 2015 年则分别为 2863 万、1.46 亿和 1.32 亿
（马忠东，2019）。尽管此时经济（收入）驱动成为劳动力流动的主要模
式，但这一模式仍夹杂着健康自选择机制，流动后会产生健康损耗效应和
自选择下的健康移民效应以及回流后的三文鱼偏误效应，产生拉丁移民健
康悖论现象，进而会给地区居民健康水平造成显著差异（牛建林，2013；
尚越等，2016），这将进一步加大地区健康战略目标实现的难度。

　　与此同时，从新制度经济学领域的交易成本经济学视角来看，中国小
农经济解体后，将农民和民族资本家统一整合到工农二元部门下，然后再
向市场经济结构下的多元部门整合性演化，符合效率原则，体现了社会工
厂下的交易成本内部化发展逻辑。而劳动力的合理流动则会加速社会整体
内部成本的降低，加快社会生产发展效率的提升。但近年，环境污染与健
康冲击风险的加剧却严重干扰着劳动力的流动。大量研究表明，环境污染
尤其空气污染不仅直接损害地区居民健康（祁毓等，2014），还严重影响
着劳动力跨省、跨行业的流动等（楚永生等，2015；肖挺，2016；Xu and
Sylwester，2016），这也必将严重冲击着以往的健康流动的自选择模式，健
康移民效应和三文鱼偏误效应必将受到污染造成的健康冲击下的过滤机制
的影响。因此，这更加增大了地区（无论是流出地还是流入地）污染治
理、健康发展和人才供给管理目标实现的不确定性。在环境污染加剧和人
民健康意识与健康需求强烈的今日，如何顺利实现美丽中国和健康中国发
展战略的目标？如何引导劳动力合理流动，保证地区实现高质量发展？这
一现实将环境、健康与劳动力三者紧密地联系在了一起，更加突显了将其
纳入到统一的研究与管理体系之中的必要性。从健康人力资本投资视角，
理清劳动力流动变迁的过程，并识别不同阶段与特征，是进行这一研究的
首要前提。①

3.2　劳动力流动不同阶段划分的理论依据

　　技术进步决定理论认为，工资水平差异导致了劳动力流动，这本质可

---

　　① 本书的这一判断并不意味着抹杀了收入仍是劳动力流迁的重要影响因素，而是强调健康
损害对劳动力流迁的影响越来越大，且随着污染健康损害问题的加剧和逐步显化，正逐渐将收入
因素的直接影响转变成了间接影响。

归结为社会取得了技术进步（肖六亿，2008）。如此，环境对劳动力流动的影响本质上可归结到社会发展未能够实现与生态环境的脱钩，这同样取决于社会技术进步。从技术进步视角看，生态环境带来的生产性影响的演变，大致呈现出浴盆曲线发展特征，具体如图 3-1 所示。[①] 浴盆理论认为，技术进步可被视为某一种产品或设备，其效用是为了使环境与社会发展进一步实现脱钩。自华夏文明起至 1987 年，中国才解决国民基本温饱问题，在此过程中，生态环境对社会生产生活的限制性影响随着生产技术的进步呈波动曲折下滑，随后在中国改革开放 30 年里更是急速下滑，使得人们向小康迈进。这一过程随着技术进步，生态环境与社会发展间的关系由强连接向强脱钩演变，直至降低到 E_1 点。这一点表明生态环境是一种生产要素，是社会发展的重要元素，但并不能完全实现环境与生产生活脱钩。当能源利用率等硬技术跨越式进步时，可能会使得曲线平移下降至 E_2 点。但近年，随着环境污染加剧，健康冲击持续飙升，环境污染造成的健康冲击正逐渐成为影响人们生产生活的重要因素，环境污染的破坏性影响则大有急剧回弹势头。当跨过 E_1 点以后，随着以往粗放型取得的技术进步进一步发展，环境污染加剧，会所造成健康冲击，通过降低社会劳动力生产效率（Zivin and Neidell，2012；Chang et al.，2014）、社会劳动总工作时数（Hanna and Oliva，2015）等社会劳动供给，以至降低社会健康人力资本总水平，阻碍社会发展，从而提升自然环境与社会发展的连接强度，随着人们对生活要求的提升，未来除了健康因素，还会增加如舒适度、生活空间不拥挤等各种其他因素，进一步增强环境与社会发展的连接强度。因此，从发展视角来看，生态环境对人类的影响呈现出浴盆曲线特征。

同时，依据中国国民福利与自然消耗的脱钩关系，不仅表明了不同区域存在显著差异，还可看出 2001～2015 年的演变结果（如图 3-2 所示），2001～2005 年、2005～2010 年、2011～2015 年以前，自然消耗增长率（EF）依次降低，人类福利水平（HDI）依次先增高，后降低，结合自然消耗率和人类福利水平数值方向和变化的大小，脱钩状态依次为增长连接

（差）—强脱钩（好）—弱脱钩（较好）（李慧华等，2018）。这表明，国民福利与自然消耗的挂钩强度呈现出先降低后回升的态势，印证了上文浴盆理论和脱钩趋势分析。由此，当人们置身于社会发展与环境关系的不同阶段，其会利用内部区域间的显著差异化的特征，做出有利于自己的流动行为。综观古今，就中国而言，环境与劳动力流动关系在不同阶段的表征就存在着明显差异。古代环境造成的外在冲击主要表现为生存危机或饥荒的发生，现代环境造成的外在冲击直接表征为对人们身体健康的损害，甚至损害人们生活的品质。尽管社会与环境亲疏关系的演变反复不断，但社会发展受自然环境的影响不减，毋庸置疑。

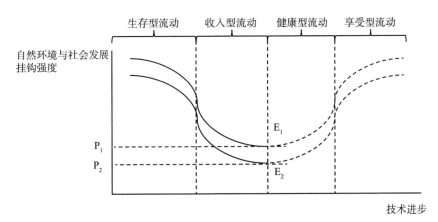

图 3 - 1　技术进步与生态环境 - 社会发展的挂钩强度曲线

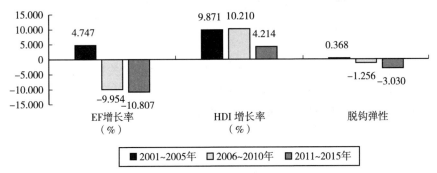

图 3 - 2　2001 ~ 2015 年我国区域人类福利与自然消耗脱钩关系

资料来源：数据参考李慧华，袁健红，冯吉芳. 中国区域人类福利与自然消耗脱钩关系及其影响因素研究 [J]. 中国科技论坛，2018（3）：135 - 142，经换算得出。

一般的，人力资本投资视角下的劳动力流动决定图，如图3－3所示，当社会技术水平（包括硬技术和软技术）低下，社会经济发展严重落后，此时环境与社会发展依赖度高，人们局限于生存空间发展，为进行健康人力资本投资，遂发生生存型流动；当社会技术水平得到一定发展，社会经济得到一定发展，环境与社会发展依赖强度相对变弱，人们逐渐摆脱了生存空间约束，开始更加注重物质资本积累，为进行健康人力资本投资，遂发生收入型流动；当社会技术水平进一步提高时，粗放发展方式导致的资源枯竭、环境污染等问题日益严重，环境与社会发展的相对依赖强度开始逐渐回升，此时健康冲击巨大，为进行健康人力资本投资，遂发生健康型流动；当社会技术持续发展，虽然此时环境与社会发展呈高度的相对依赖状态，但社会经济、医疗和精神文明等也得到空前发展，人们更加注重外在环境对自身感受的影响，遂发生享受型流动。

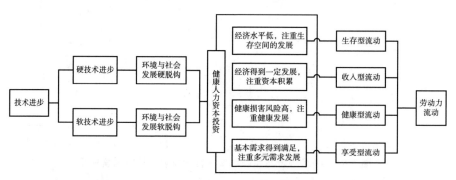

图3－3　人力资本投资视角下的劳动力流动决定图

注：流程图中的基本需求内涵有别于我国发展规划中提到基本需求内涵，此处特指生存、物质资本和健康基本需求。

综上所述，技术进步推动着生态环境与社会发展关系的演变，进一步推动着人们健康人力资本投资模式的演变，推动着动力流动的变迁（如图3－1所示），这也意味着健康型流动和享受型流动将成为社会发展必经的一个过程。

3.3　中国劳动力流动的变迁

前文构建的劳动力流动不同阶段划分的理论分析框架为研究中国劳动

力流动变迁提供了重要的理论基础。此处应用上文分析框架,进一步结合中国实际,研究中国劳动力流动的变迁。

具体的,从环境迁移视角看,自远古时代因温变所带来的洪灾、地震及海浸等环境灾害,是迫使古人为寻求生存空间而发生迁移的重要原因。自此,随着长江、黄河、两湖等重要命脉水域的形成与发展,各方文明迁移融合的重要阵地也得以形成,这也为华夏文明的形成奠定了重要基础。在历经反复的环境大迁移之后,古人便已意识到环境对生存的重要性。据《逸周书·卷四·大聚解》记载,夏代大禹时期已有禁令:"春三月,山林不登斧,以成草木之长;夏三月,川泽不入网罟,以成鱼鳖之长。"我国最早的"虞官"也产生于传说中的五帝时期,对此详细记载则出现在周朝,"虞官"专司环保工作,有焚烧禁令鞭刑的规定。[①] 秦朝则出台了第一部环保法——《秦律十八种·田律》,规定:"雍堤水"(意指:不得堵塞河道);"不夏月,毋敢夜草为灰"(意指:不是夏季不准焚烧草木灰当肥料)。按照西方学者格罗斯曼和福格尔以及舒尔茨等关于人力资本投资的观点,这些均可视为某种健康人力资本投资行为(包括环境迁移,环境保护和防止饥荒等)。因此,对环境遭受破坏所带来的健康冲击的管控,从古至今就一直存在。由此,从规避何种健康冲击风险或进行何种健康人力资本投资视角,按照历史演化脉络,可将中国劳动力流动的演变大致划分出生存型流动、收入型流动、健康型流动和享受型流动四种类型(如前文图 3 - 1 所示的划分)。

3.3.1　生存型流动(1949 年以前)

生存型流动是指人们因基本生存空间受到威胁而被迫发生的流动现象。这一阶段持续时间很长(一直持续到新中国成立以前),此时社会技术极其落后,社会发展几乎完全依赖自然环境,表现为强连接(或挂钩)特征(如图 3 - 1 所示),人们基本"靠天吃饭"。

封建制度建立以前,人们更多是关心自身氏族或部落的繁衍问题,尤其在远古文明时期,因温变而发生的环境变化,导致群体繁衍生息的空间无法维持,进而发生群落迁徙行为。例如,早在五帝时期就设置了类似

① 古人如何保护环境? 明清皇帝禁献奇珍异兽 [EB/OL]. (2016 - 11 - 23). 人民网, http://culture. people. com. cn/n1/2016/1123/c22219 - 28888595. html.

环保部一样司职的"虞官"，专门负责山、林、川、泽的保护与治理；《尚书》卷九《夏书·胤征》对南方气候记载："火炎昆冈，玉石俱焚。"[①]《史记·货殖列传》则载："江南卑湿，丈夫早夭。"这些记载表明，远古南方文明更容易遭受到气温升高所导致的洪水、地震等因环境遭受破坏而产生的生存危机，因此会发生北迁。商朝建立以后，为避免内乱和洪灾，其"前八后五"屡次迁都[②]，直至公元前14世纪，商王盘庚迁都于殷（今河南安阳），农业才得到稳定发展，为春秋后的小农经济兴起奠定了基础。

周朝为加强环境保护，保持社会人口稳定发展，更是加强了"虞官"的职能，进一步将其划分为山虞、川衡、林衡、泽虞等部门。在封建小农经济体制下，战争与自然环境的破坏往往交织发生，但无论是战争还是自然灾害，先民始终秉持"民以食为天"的信条，为基本生存作出流动性决策。例如，《史记·万石张叔列传》记载，"元封四年中，并东流民二百万口，无名数者四十万。"《汉书·纪·平帝纪》记载，汉平帝元始二年，"郡国大旱，蝗，青州尤甚，民流亡"。据《后汉书·章帝纪》记载。建初元年，汉章帝下诏："比年牛多疾疫，垦田减少，谷价颇贵，人以流亡"。《后汉书·樊宏列传》记载，东汉安帝初，"连年水旱灾异，郡国多被饥困"，多致使"人庶流迸"；《资治通鉴·汉纪·汉纪四十五》记载，汉桓帝永兴元年，"郡国三十二蝗河水溢。百姓饥穷，流冗道路，至有数十万户"。在此期间，尽管商业兴于秦汉，但其发展贯穿了整个封建时期，尤其在宋朝发展鼎盛，如南宋初岳州农民"自来兼作商旅，大半在外"，特别是江南地区的劳动力流动更多表现为人地矛盾的外溢，大致呈鱼跃式、风筝式、候鸟式流动，这种人口流动模式是南宋特殊时期的产物，不能完全代表时代变迁的大趋势（武建国和张锦鹏，2011）。但各朝代大多采取重农抑商政策，宋朝商业发展也只是昙花一现，同时封建时期人口总体规模本身也较小，为改善务工环境或贸易而流动的群体相对较少，生存型流动较为普遍。我国各朝代人口大致规模如图3-4所示。

---

① 昆冈指古昆仑，即滇黔高原。
② 《西京赋》中有载："殷人屡迁，前八后五"。

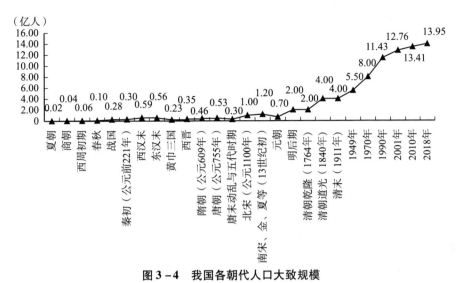

图 3 - 4　我国各朝代人口大致规模

注：截至 1970 年数据来源：中国各朝代人口数量，近年人口减少可能毁掉中华文明［EB/OL］.（2018 - 10 - 10）. http://www. sohu. com/a/258494865_717027；而 1990 ~ 2018 年数据则来源于国家统计局。

特别的，在唐朝中后期和宋金对峙时期，北方自然环境恶化，森林严重退化，黄河中下游平原、荒坡过度开垦，水土流失严重，黄河泛滥。此时，南方水土环境相对较好，适宜种植，再加之受到唐朝安史之乱和北宋的靖康之变及金兵南下的战争爆发，对地区环境造成了严重破坏，最终使得官民集体发生了大迁移，人口规模竟达到了约 100 万和 500 万之众（林宪生和王钦，2012）。后来的走西口、闯关东、1942 年生存型流动更是悲壮之至。直至新中国成立，小农经济的解体，计划的集体经济和市场经济的开始，遂使得为基本生存而流动的情况基本终结，从而开启了收入型流动时代。

3.3.2　收入型流动（1949 ~ 2010 年）

因秦朝统一了货币、度量衡和修驰道，使得商业在秦汉时期有所发展，但商业经济规模相对于小农自给自足的规模仍微不足道，这一实际情况一直持续到新中国成立。新中国成立之初，虽未立即摆脱农耕经济，但是计划的集体经济直接冲击着小农经济思维。国家开始集中力量发展工业经济，工业技术逐渐取得飞速进步，使得社会发展与自然环境的挂钩强度开始相对大幅变弱，至少从基本完全依赖跨越到了相对依赖。此时，人们对于物质追求便逐渐摆脱了饥荒问题的困扰，开始更多地注重高水平物质需求的创造。这一阶段主要包括早期（1949～1978 年）和高潮（1979～2010 年）两个阶段。

3.3.2.1　收入型流动的早期阶段（1949～1978 年）

早期阶段主要是计划调控阶段，劳动力流动主要以自愿形式，且以政府为服务社会稳定和经济发展而安排人口迁移的政策行为的鼓励与引导为主，主要形式有干部南下，工业建设迁移，垦荒迁移、水库迁移及其伴随的自发性迁移以及少量的进城务工。特别地，在1961～1965 年经济困难时期还有国有集体企业职工被精简下放的流动，及三线建设迁移和1966～1978 年间的知识青年"上山下乡"的人口迁移（杨晓军，2014）。据不完全统计，1949～1952 年间的"南下干部"数量超 13 万人，随迁家属总人数超 40 万人（杨晓军，2014）；自"一五"时期开始，劳动力的政策性被动流动和自发流动并存，但自发的进城务工规模仍较小。如"一五"开始，政府为充分利用劳动力资源，发展重工业和支援边疆建设，大批劳动力向东北、西北和华北的新工业基地流动就业和流向东三省、青海、内蒙古等参与垦荒建设。"一五"时期内，上海对外支援迁出 33.65 万人，主要流向为东三省（胡焕庸，1987）。1955～1960 年间，山东垦荒移民超 110 万人（杨晓军，2014）。与此同时，在工业、交通等行业取得一定发展的背景下，劳动力开始自发地流入城市就业，如 1952～1957 年间，海南省城镇人口净增 12 万人，城镇人口比重上升 3.3%（詹长智，1993），1962～1978 年期间，知识青年"上山下乡"的总人数达约 1751.71 万人[①]，等等。这些形式下的劳动力流动均为我国社会稳定和经济发展作出了重要贡献，为改革开放后的市场导向的劳动力流动提供了良好的经济基础和市场环境。

3.3.2.2　收入型流动的高潮阶段（1979～2010 年）

自 1978 年 12 月中共十一届三中全会我国开始实行对内改革、对外开放的政策，1979 年正式批准广东与福建两省践行特殊的对外经济政策，迈出了改革开放的坚实一步。自改革开放以来，第一，我国社会主义市场经济体制逐渐建立和完善，为劳动力自由流动营造了良好的市场环境。国家

---

① 数据参考杨晓军. 中国劳动力流动就业与政策变迁研究［M］. 北京：经济科学出版社，2014：52－53. 经笔者整理得到。

由以往高度集中的公有制计划经济，到承认非公有制为社会主义经济的补充，再到鼓励和支持非公有制经济的发展，使得市场经济更为活跃，瓦解了"单位制"，由此劳动力开始逃离单位大院，寻求更好经济来源，如大量国企职工流入外企，大量内陆省份人才流入沿海城市等（何海兵，2003）。第二，工业优先和东部优先发展战略的持续推进，既加快了工业化和城镇化发展，也拉大了国内工业部门与工业部门、东部与中西部之间的收入差距，这为大规模的以市场为导向的劳动力自发性流动创造了基本条件，如大量劳动力由中西部向东部，农村向城市流动。第三，国家鼓励乡镇企业发展和城镇化发展等政策提出，使得劳动力流动政策由限制也逐渐转变为鼓励，劳动人事、社保、户籍等制度也随之改革，为劳动力的自由流动解除了限制性束缚，由此也撼动了固化的城乡二元结构，进一步为"民工潮"的出现提供了政策条件。如 20 世纪 80 年代初开始注重引导农村剩余劳动力向乡镇企业转移，就地解决剩余劳动力就业问题，随着 80 年代中后期的城镇化等发展政策的提出，到 80 年代末国家开始放宽流动政策（杨晓军，2014）。基于此，劳动力跨区流动规模日益壮大。由此，出现了以农民工为主的大规模的"离乡不离土"和"离乡又离土"的劳动力自发性流动现象。如前文所述，中国流动指数和流动人口在一定时期内的年均流入人数规模在 2010 年及以前均呈上升态势。

综上所述，在 1949～2010 年时期，相较于以往的劳动力流动，这一阶段更具经济特征，1949～1978 年是为国家集体收入的提升而发生以政策安排为主的被动型劳动力流动，1979～2010 年期间则主要是以个体家庭收入的提升而发生的以自发性流动为主的大规模劳动力流动。因此，1949～2010 年期间的劳动力流动可视为收入型的劳动力流动。

3.3.3　健康型流动（2011 年至今）

2011 年至今可视为健康型流动，而健康型流动的早期可被视为收入与健康并存型流动阶段，也是向健康型流动的过渡阶段或准备阶段。此时主要表现为以下几个特征：第一，环境对社会发展的影响力开始变强。依据李慧华等（2018）测算，2010 年以后，人类福利与自然消耗脱钩开始回弹，这说明 2010 年以后，环境与社会发展关系开始变得愈加紧密，环境对社会发展影响开始变强。第二，收入、房价等经济因素仍影响劳动力流动（张广胜和田洲宇，2018；张莉等，2017），但非经济因素影响愈加多元化，尤其是环境污染因素影响越来越大。2010 年以后，空气污染的健康冲击加剧，当年造成 120 万人过早死亡，损失了 2500 万健康生命年。[1] 同时，中国 28%（约 272 万平方公里）的区域被雾霾笼罩，近 72% 的居民遭受着雾霾的健康威胁（Heet al.，2016；陈友华和施旖旎，2017）。与此同时，2010 年以后劳动力流动指数开始下降，尽管这其中有刘易斯拐点是否到来和导致民工荒或劳动力流动下降现象出现的原因的争论（蔡昉，2008，2010；翟振武和杨凡，2011；钱文荣和谢长青，2009），但这也从侧面反映出了我国劳动力流动正在由自发性流动转为自主性流动，其主要特征为非经济因素已成为影响劳动力流动的重要因素，此时收入仅仅是决定效用的因素之一，健康、幸福等则可能已成为效用最大化决策中的重要部分。与此同时，很多学者就研究表明环境污染尤其是空气污染严重影响着劳动力流动（楚永生等，2015；肖挺，2016；张义和王爱君，2020；孙伟增等，2019）。例如，楚永生等（2015）、肖挺（2016）分别利用 2003 ~ 2012 年、2004 ~ 2012 年样本数据，研究认为我国环境污染（尤其空气污染）显著且严重影响着劳动力流动的决策。孙伟增等（2019）则基于全国微观样本分析表明，2010 年以后，空气污染的健康损害对劳动力流动的影响与收入对劳动力流动的影响程度已基本相当。[2] 这一外在因素影响的观点直接有力地冲击了刘易斯拐点论，即劳动力流动下降是否符合刘易斯拐点实质特征有待深究。由此看来，环境污染（空气污染）对劳动力流动的影响一部分则可能来自劳动力为降低健康冲击风险而发生"健康人力资本投资"的规避行为。第三，劳动力环保意识和健康人力资本投资意识变强。例如，一是这一时期的劳动力结构开始转变，主要以 1980 年以后出生的新生代劳动力为主，这一群体的环保意识和健康投资意识较强。《中国流动人口发展报告 2017》显示，中国新生代已成为流动人口中的主力军。《中国流动人口发展报告 2018》显示，2017 年流动人口中，新生代流动人口（1980 年以后出生）所占比重为 65.1%。新生代流动人口中近一半为跨省流动。[3] 而新生代劳动力受教育程度普遍较高，因此，他们的环境健

---

① 《2010 年全球疾病负担评估》研究报告发布 [EB/OL]．（2013 - 04 - 02）．http：//www. 587766. com/news5/28640. html.

② 笔者基于全国省级宏观面板样本的研究表明，2010 年以后空气污染的健康冲击对劳动力流动的影响也愈加强烈。印证了孙伟增等（2019）的观点以及本文的判断。详见后文实证分析部分。

③ 最新数据！我国流动人口 2.44 亿，80 后 90 后占 6 成 [EB/OL]．（2018 - 12 - 29）．ht-tp：//www. fjfpa. org. cn/index. php？r = article/Content/index&content_id = 4279.

康意识较强。二是这一时期是国家重点开展环境污染治理、推进绿色发展的阶段，国民社会将环境与健康的发展纳入了整体发展之中，使得人们潜移默化地增强了环保意识和健康人力资本投资意识。

以空气污染背景下的健康人力资本管理发展为例，政策实践主要划分为三个阶段。

一是粗放空间下的"点阵"发展管理阶段（2000 年以前）：这一阶段主要在 2000 年以前，侧重粗放发展空间的建设，力图加快收入型健康人力资本发展（包括格罗斯曼型和福格尔型），自 1956 年起，国家便针对特定行业企业进行矽尘、煤烟尘等点阵治理（国务院，1956），1987 年制定了《大气污染防治法》，具体给出了防治的基本制度和污染源管制规定（李艳芳，2005）。尽管 20 世纪 70 年代后，法律化和标准化治理开始起步（冯贵霞，2014），但国家仍侧重于点阵治理模式。如出台的《工业窑炉烟尘排放标准》《火电厂大气污染物排放标准》《水泥厂大气污染物排放标准》等文件（郝吉明，2013）。这一阶段对环境健康人力资本发展有所关注，但是这对劳动力流动的影响甚小，且这一时期医疗健康事业发展仍集中在传统的医疗卫生事业发展阶段。因此，劳动力流动也主要处在收入型流动阶段。

二是集约空间下的"线性"发展管理阶段（2000～2014 年）：这一阶段主要集中于 2000～2014 年。自"十五"规划开始，大气污染防治的具体要求被纳为国家发展的约束性指标，并与考核、晋升等管理体制相关联（胡鞍钢等，2006）。2001 年，中国科学院可持续发展战略小组则提出应进一步将自然资源环境核算纳入国民资产负债核算体系。2003 年国家出台《排污费征收使用管理条例》正式征收排污费。2005 年 7 月，国务院发布《关于加快发展循环经济的若干意见》进一步加大环保投入，发展环保产业，推行清洁生产，建立健全环境税制，保护环境资源，加速绿色发展（姜彦秋，2000）。此时，排污的控制，环保产业发展力度的加大，本质上是大幅削减了传统能源消费。因此，这一阶段实属绿色发展全面推进前期的集约发展范畴。围绕集约发展，鼓励绿色环保产业发展，侧重对高污染行业利用环保治理的政策工具，如排污许可、排污费等规制工具，加强污染排放规制，这对就业规模和就业结构产生了重要影响，一定程度上也影响了劳动力流动。但无论环境规制工具利用的正确与否，也都未能抵消产业发展规模效应下的综合污染量，导致污染健康冲击风险进一步加剧。与此同时，医疗健康事业也有所发展，2001 年，康养产业逐渐起步，2003 年要求制药企业按照《药品生产质量管理规范》通过 GMP 认证，带动了医药器械产业发展。"十二五"规划则提出：我国医疗卫生健康产业发展重点将从以治疗为主转为以预防为主，以传染病预防为主转变为以慢性病预防为主；各项政策都必然推动大健康产业的长足发展。① 由此，国民健康生活意识不仅大幅提高，健康产业也有所发展，但各区域发展条件禀赋各异，必然造成不同区域健康水平的差异增大，如图 3 - 6 可知，2000 ~ 2010年虽然死亡率有所下降，但区域间的死亡率差异自 2004 年以后呈波动性上升，这也使得劳动力流动在这一时期从收入型流动的高潮阶段（1979 ~ 2010 年）为跨向健康型流动的早期阶段创造了条件。

三是绿色空间下的"全面"发展管理阶段（2015 年至今）：2015 年，党的十八届五中全会把绿色发展作为五大发展理念之一，不仅深化对生态文明建设的认识，而且成为推动国家经济转型的重要推动力，标志着我国开始全面推进绿色发展实践新阶段。同年，《中华人民共和国大气污染防治法（2015 修订）》首次将生态文明建设表述纳入大气污染防治工作之中，也进一步明确了防治标准和主体责任，去除了防治设备审查投产枷锁，将绿色环保产业发展视为产业布局与转型的不二选择。② 同年，党的十八届五中全会通过"十三五"规划建议，提出健康中国建设新目标，将"健康中国"战略正式上升为国家战略，以人的全生命周期健康服务为中心的大健康产业成为国家政策支持的重点，由此社会各界支持大健康产业发展动作频频。如 2015 年 3 月国务院厅印发《全国医疗卫生服务体系规划纲要（2015 - 2020 年）》《中医药健康服务发展规划（2015 - 2020 年）》《"健康中国 2030"规划纲要》《国务院关于印发"十三五"国家战略性新兴产业发展规划的通知》等政策，从产业目标、重点任务、各细分行业、技术突破等各方面给出规划和意见性扶持政策，尤其进一步注重医疗资源的供给优化和医疗体系的管理完善，全面建立数据管理平台，突出了健康事业发展管理的重要性，由此医疗制造业增长率开始有所回升，具体如图 3 - 5 所示。

---

① 何宗 . 中医药文化着力打造大健康概念［N/OL］. 中国商报，2016 - 02 - 23. http：// www. ce. cn/culture/gd/201602/23/t20160223_9020632. shtml.

② 2015 年 8 月 29 日第十二届全国人民代表大会常务委员会第十六次会议第二次修订［EB/ OL］.（2015 - 11 - 10）. http：//www. npc. gov. cn/wxzl/gongbao/2015 - 11/10/content_1951879. htm.

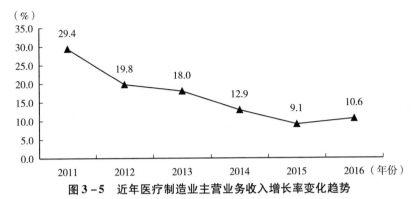

图 3 - 5　近年医疗制造业主营业务收入增长率变化趋势

资料来源：中商产业研究院 . 大健康产业发展概述 ［EB/OL］. http：//www. askci. com/special/health. shtml.

这一阶段关于空气环境健康防治政策的实施开始转为较全面的推进阶段，侧重改善健康生活环境，这将为引导劳动流动发挥重要作用。又鉴于我国仍属于发展中国家的现实，尽管收入不平等一直在缓慢减小，但收入差距依然明显，且死亡率均值在 2010 年以后开始缓慢回升，从 2020 年的 0.058（单位为十万分之一），年均增长率约为 0.631%，区域间的健康不平等也从 2010 年的 0.062 进一步加剧，年均增长率约为 3.666%，具体如图 3 - 6 所示①，因此，中国目前处于收入和健康需求并存的健康型流动的早期阶段（2010 年至今）。

综上所述，2011 年可以被视为健康型流动发生的起始时点。当下日新月异的技术变革也为环境与社会发展间脱钩关系的演变注入了更多的不确定性，硬技术和软技术的交互进步，复杂了供给与需求的关系，决定着脱钩强弱的交替变化，从而表现出收入型与健康型流动并存于这一时期。此外，"十四五"规划也把人民健康放在了优先发展的战略位置，"健康中国 2030"战略的实施②以大幅提升全民健康素养、健康生活方式基本普及等为目标，将从根本上树立居民健康生活意识和方式，同时职业健康保护行动的开展也将进一步完善职业病防治法规标准体系、单位职工健康管理体系和尘肺病等职业病救治保障体系，将为囿于不同产业结构的区域营造出劳动力健康就业选择的差异环境。因此，本书将健康流动阶段划分至今。

---

① 数据来源于 EPS 数据库及各省历年统计年鉴等，经笔者统计整理依据图形 3 - 6 变化的数据计算得出。

② "健康中国"：2030 年居民健康指标进入高收入国家行列 ［N/OL］. 北京日报，2019 - 07 - 15，http：//baijiahao. baidu. com/s？ id = 1639118513465845013.

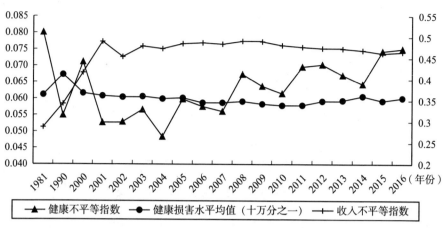

图 3 - 6　中国收入与健康发展年变化趋势[1]

注：数据来源于 EPS 数据库及各省份历年统计年鉴等，经计算所得。

3.3.4　享受型流动阶段（预判 21 世纪中叶左右）

享受型流动阶段，也可称为"健康型流动后期阶段"（21 世纪中叶左右），这一阶段因其他高层次需求而发生流动的规模开始逐渐壮大。研究显示，1995 年，全球因环境灾害而发生流动的环境难民总数至少有 2500 万人，保守估计至 2050 年，这一规模将达 2 亿人左右（Myers，2002），这不仅直接表明了社会对环境的依赖程度终将大幅反弹性上升，也从侧面表明了环境污染的健康冲击对劳动力流动的影响必将持续变大。结合中国实情，十九大报告提出的战略规划，到 21 世纪中叶，中国将"建成富强民主文明和谐美丽的社会主义现代化强国，物质文明、政治文明、精神文明、社会文明、生态文明将全面提升，……，全体人民共同富裕基本实现"。[2] 在此之前，收入（经济机会）不平等和健康不平等仍是劳动力流动的重要原因，但此时健康不平等对劳动力流动影响相对较大，即可预计 21

---

① 此处的健康差异仅以死亡率数据计算得出，近年慢性病等暴发，区域健康实际差异应更大，但此处几乎不影响分析判断。

② 习近平. 决胜全面建成小康社会 夺取新时代中国特色社会主义伟大胜利—在中国共产党第十九次全国代表大会上的报告 [N/OL]. 2017 - 10 - 18，http：//cpc. people. com. cn/n1/2017/1028/c64094 - 29613660 - 6. html.

世纪中叶左右，健康型流动将达到后期阶段①，更多地表现为享受型流动。

此时，中国社会将是一个物质文明和精神文明高度发达的社会，环境与社会发展的依赖关系将被放大，不再是只局限于污染问题，还包括环境的优美、舒适等方面与人们心理感受直接挂钩的高层次需求问题。人们会开始逐渐考虑为满足更多的其他高层次需求而发生流动。

综上所述，生存型流动体现了人们为繁衍、饥荒等基本生存的自然流动特征，收入型流动则体现了物质文明流动特征，健康型流动和享受型等其他高层次需求型流动则能够体现健康精神文明流动特征。然而，目前我国正处在收入与健康流动并存的过渡阶段，这一阶段主要交叠面临着收入和健康问题，导致劳动力流动，进一步加大了区域高质量发展目标实现的不确定性，加大了"健康中国2030"战略目标实现的难度。

3.4　本章小结

本章基于脱钩理论分析认为，技术进步是环境健康与劳动力流动关系演变的根源。这一关系的演变可识别为生存型流动（新中国成立以前），此时环境与社会发展处于强连接状态，导致劳动力易受到自然灾害和小农经济生产波动的影响，主要表现为人们为基本生存问题的自然流动；然后是收入型流动（1949～2010年），此时环境与社会发展实现大幅脱钩，市场经济体系的完善引致收入影响因素显化，主要表现为计划调控渐进影响阶段（1949～1978年）和收入影响的高潮阶段（1979～2010年）；再然后是健康型流动（2011年至今），此时环境与社会发展脱钩反弹，环境健康冲击严重影响着社会发展，影响着劳动力流动，早期将表现为收入与健康影响并存转型阶段；最后是享受型流动阶段，也可称为健康型流动后期阶段（21世纪中叶左右），此时已基本实现健康和收入等平等，高层次的精神追求等将影响着劳动力流动。目前，中国已进入健康型流动早期阶段（主要表现为收入型与健康型流动并存），这一阶段加大了中国对环境健康与劳动力流动的发展管理难度。因此，要做好劳动力流动的发展与管理，

---

① 说明：本书中所指的健康型流动的后期阶段并不意味着收入型流动的消失，相反收入型流动也可能因人口规模效应变得更多，在此处，只强调健康等更多高层次需求型流动规模将成为主流。其他类同。

必须要把握好社会技术进步，从环境健康视角进一步研究空气污染对劳动力流动的影响，积极主动引导劳动力合理流动是弥补劳动供给短缺的关键，有助于现代经济体系的构建。具体启示有以下几点。

一是环境健康因素应是近期劳动力流动管理的重点内容之一。以往的劳动力流动管理更多地侧重于围绕经济发展目标的实现，重在提高人们的收入水平，改善生活质量，忽略了劳动力的健康人力资本发展。二是识别不同阶段社会的主要矛盾与问题是劳动力流动管理的重要前提。上文分析表明，劳动力的流动的影响因素呈多元化发展，不同阶段社会主要矛盾与问题不同，劳动力流动的主要影响因素也不同。所以，应率先与时俱进，将社会当前的主要矛盾或问题因素纳入现代经济体系的构建之中。然而，目前学界仍囿于传统经济体系，将环境健康、制度等视为外生变量，在环境健康风险加剧的背景下，在研究劳动力流动的影响因素方面仍然更多地认为工资或收入等市场经济因素是劳动力流动的主要原因，从而忽视了环境健康冲击和制度等的根本性影响。因此只有与时俱进，将社会主要矛盾或问题因素纳入现代经济体系的构建之中，才能做好劳动力资源流动的配置管理。三是应摒除矛盾或问题负面影响，将其视为引导劳动力合理流动的重要依据。在面对劳动供给短缺的区域，针对自身收入水平和健康水平低下的实际情况，全力通过制度的进一步安排与完善，制定最低劳动力平均工资标准和改善就业福利和医疗服务质量，可以引导高素质劳动力流入。因此，识别出的如收入与健康等不平等因素不是劳动力流动问题的障碍，应而是引导劳动力合理流动的重要依据。识别不同阶段社会的主要矛盾与问题是劳动力流动管理的重要前提。

综上所述，劳动力流动的根源在于技术进步下环境与社会发展间脱钩关系的演变，在不同阶段其主要影响因素也大不相同，但影响因素仍呈多元化发展趋势，目前环境健康因素对劳动力流动的影响越来越大，这也要求施行以健康人力资本发展为目标的劳动力流动管理模式势在必行。因此，为了未来更好地管理和服务健康型流动人口，引导其合理流动，确保各地区实现相对均衡的高质量发展和顺利实现"健康中国2030"的战略目标，有必要找到这一阶段中健康型流动的经验证据，分析这一阶段健康型流动的基本特征和基本规律，明晰当前环境健康与劳动力流动管理存在的主要问题和解决路径，为真正全面进入健康型流动做好前期准备，这将有利于现代经济体系的构建，有利于美丽中国、健康中国、高质量发展中国的战略目标的实现！

第 4 章

理 论 分 析

本章理论分析主要包括：首先，基于现有研究梳理，识别出空气污染的健康冲击对劳动力流动影响的主要作用路径，从理论上说明空气污染会通过健康冲击，进一步影响劳动力流动。其次，基于此，从微观视角，构建数理模型，证明劳动力个体面临空气污染时，存在以流动方式进行健康人力资本投资的动机。再次，从宏观视角，构建数理模型，证明空气污染健康冲击影响着劳动力在空间和行业层面的流动。最后，基于前文的影响路径识别和模型分析，建立自身的理论研究框架，为下文的经验研究奠定基础。

4.1 引　　言

人力资本投资理论代表学者舒尔茨认为，劳动力迁移也是一种人力资本投资行为（Schultz，1961），但进一步聚焦健康人力资本投资理论，其仍然更多地集中研究收入、教育、医疗商品消费以及营养获取等传统的人力资本投资行为（Grossman，1972；Fogel，1994，1997），而少数环境健康经济学学者也更多关注地环境污染对健康人力资本发展的影响，尤其是空气污染对健康人力资本发展的负面影响（Cropper，1981；Gerking and Stanley，1986），但他们均没有将劳动力的"流动"行为纳入健康人力资本投资分析框架，即默认为劳动力以流动方式进行健康人力资本投资的动机仍不明显。这也直接造成了目前关于空气污染对劳动力流动的影响研究缺少了健康冲击因素的引入，其大多都将空气污染直接视为健康冲击的等价内涵（楚永生等，2015；肖挺，2016；Xu and Sylwester，2016），缺少了空气污染对劳动力流动影响的健康冲击效应机制分析，混淆了空气污染所产生的要素生产效应（黄茂兴和林寿富，2013）、环境规制效应（Zhang et al.，2018b；王勇等，2013；秦楠等，2018）以及健康冲击效应对收入、就业状况、疾病负担等的影响，从而进一步对劳动力流动产生影响的多种潜在机制。

同时，部分研究也从劳动力个体微观视角构建空气污染对劳动力供给决策影响的理论模型，认为空气污染加剧，个体对劳动供给的增加与否将取决于收入效应与替代效应，即当空气质量改善，个体劳动的负效用会下降，将增加劳动供给，进而产生替代效应；同时，当空气质量改善，个体边际收入将增加，在获得原收入水平条件下，可减少劳动供给，从而产生收入效应（李佳，2014；徐鸿翔和张文彬，2017）。若将这些研究中空气污染影响的劳动供给决策视为健康人力资本投资行为，虽然其微观效应在一定程度上反映出了个体具备增加或减少劳动供给进行健康人力资本投资的行为动机，但它们不仅忽略了劳动力会选择流动进行健康人力资本投资的方式，也忽视了污染健康冲击效应影响机制的深入分析。尽管如孙伟增等（2019）利用800多万个微观样本研究认为空气污染对劳动力空间流动产生着重要影响，从而证实了劳动力面临空气污染时会选择流动，但其也仍未真正将健康冲击效应机制全面纳入分析。这将不利于现代经济体系的构建。

由此，本章首先厘清空气污染健康冲击效应对劳动力流动的影响机制；其次，构建劳动力以"流动"方式进行健康人力资本投资的行为理论模型，证明劳动力在面临空气污染时，选择流动方式可以提高其健康人力资本水平，其具备采用"流动"方式的健康人力资本投资动机；最后，再从宏观视角，构建空气污染、健康冲击与劳动供给的理论模型，证明空气污染通过产生的健康冲击确实影响着劳动力流动的状况（此种状况包括劳动力采取"流动"方式提供劳动状况的被动改变与主动改变的综合结果）。这也将为下文深入探究空气污染健康冲击对异质劳动力的劳动供给改变状况，即"流动"所产生影响的经验证据提供理论支撑。

4.2 健康冲击作用路径的识别

空气污染对劳动力流动影响的非健康冲击效应可能主要体现在环境要

素生产效应和环境政策等作用路径，如大量研究将环境视为生产要素，具备经济发展的生产功能（Grimaud and Rougé，2005；黄茂兴和林寿富，2013），同时，为控制环境副产品的生成，环境政策如环境规制对劳动力就业有着显著影响（王勇等，2013；秦楠等，2018；马骥涛和郭文，2018），而紧紧围绕本书主题，空气污染对劳动力流动影响的健康冲击效应作用机制主要可识别为：疾病负担加重、家庭医疗负担加重、劳动供给下降、资本外逃和产业调整五大作用路径。

4.2.1 疾病负担作用路径

环境流行病学和环境毒理学认为，空气污染会导致癌症、呼吸道疾病、心血管疾病等多种疾病的发生（祁毓等，2014），将缩减居民预期寿命和抬高地区死亡率（Wang et al.，2013；Chen et al.，2013；孙猛和李晓巍，2017），且对不同人群有着不同的影响，特别是对幼儿、孕妇等群体影响更大（祁毓等，2014；李巍等，2016），因此，空气污染加剧将严重损害公众健康（涂正革等，2018），会直接增加居民疾病负担，甚至损失预期寿命。这将严重影响劳动力的日常生活质量，从而促使劳动力为进行健康人力资本投资而发生规避性流动。

4.2.2 医疗负担作用路径

健康经济学者认为，健康受损会导致家庭医疗负担过重，将会挤出实物投资（储蓄），阻碍资本积累，减少资金流入企业，影响地区经济发展（Van zon and Muysken，2001）。但很少有学者将其归因到环境污染尤其是空气污染中进行研究，他们更多侧重于对空气污染损害健康而产生的经济负担的估算研究。世界银行（Bank World，2007）则利用 VSL 方法保守估计，中国 2003 年与空气污染相关的过早死亡和发病率的经济负担为 1573 亿元，占总经济负担的 1.16%。帕坦和特里维迪（Patankar and Trivedi，2011）进一步基于微观调查数据，控制个体居住环境、抽烟习惯、职业等特征，利用 Logistic 回归和疾病成本法（COI），估算了印度孟买空气污染对健康影响的财政负担，结果表明，于考察期内一共造成了 1.1308 亿美元经济负担。赫克和希施贝格（Heck and Hirschberg，2011）则通过讨论不同研究对空气污染造成的经济负担的估算，认为中国空气污染的外部成本约占 GDP 的 1% ~ 8%。一些学者则直接研究了其对医疗保健支出的影响（Narayan and Narayan，2008；Yang and Zhang，2018）。纳拉扬和纳拉扬（Narayan and Narayan，2008）基于 OECD 国家 1980 ~ 1999 年间数据，分析了环境质量对人均医疗健康支出的短期和长期影响，结果表明，收入和 CO 排放对健康支出在短期和长期内始终具有显著的正影响，但硫氧化物只在长期内对其具有正影响。杨和张（Yang and Zhang，2018）则利用中国城市住户调查（UHS）数据库分析表明，暴露在细颗粒物（PM2.5）中的比例每增加 1%，家庭医疗支出就会增加 2.942%。以上研究均潜在地表明了空气污染会损害健康，加剧家庭医疗负担，不仅会影响劳动力真实收入，还将对整体经济产生一定的负向影响。这必将进一步影响劳动力的流动状况。

4.2.3　劳动供给下降作用路径

环境健康经济学认为，空气污染对劳动力市场有着显著影响。第一，空气污染健康冲击的直接作用路径。有的学者认为，污染导致劳动者发生疾病或死亡，导致的缺勤或旷工（Pönkä，1990）、工作日损失（Hanna and Oliva，2015）、缩减预期寿命（Chen et al.，2013）等减少了社会总劳动工作时数和降低工作效率（Zivin and Neidell，2012；Chang et al.，2014）。例如，汉纳和奥利瓦（Hanna and Oliva，2015）基于墨西哥城一家炼油厂关闭事件前后的外生性影响，据 SO_2 浓度测量，炼油厂关闭导致周边污染水平下降了 19.7%，这导致了劳动者每周工作时间上升了 3.5%。这意味着污染损害了健康，一定程度上会降低劳动总供给水平，将对经济产生负向影响。常等（Chang et al.，2014）则继萨温和奈德尔（Zivin and Neidell，2012）开创性研究了环境污染与劳动力生产率关系之后，基于加利福尼亚北部一个梨包装工厂员工 2001 ~ 2003 年日常工作效率和 PM2.5 数据分析表明，PM2.5 污染浓度增加 $10\mu g/m^3$，工人工作效率每小时下降 0.41 美元，约为平均时薪的 6%。照此估计，1999 ~ 2008 年间全国范围内 PM2.5 的减少节省了 195 亿美元的劳动力成本。这意味着，空气污染健康冲击会影响劳动力生产效率，不仅影响自身工资收入，还会影响企业整体生产效率，进一步影响地区经济发展。第二，空气污染健康冲击的间接作用路径。部分研究表明污染影响劳动力就业决策。例如，张等（Zhang et al.，2018b）则利用 2003 ~ 2013 年中国 112 个城市面板数据的就业率指标研究表明，城市劳动力供给与空气污染存在倒"U"型关系，即当空气污染水平达到阈值时，劳动力供给出现下降。这意味着，空气污染一定程度上会影响劳动力就业决策，即对劳动力流动也必将产生一定影响，这种影响可能来自健康冲击风险产生的间接作用。

4.2.4 资本外流作用路径

已有研究表明，空气污染显著影响着投资者心理情绪，会导致其投资决策发生转变。如利维和雅吉尔（Levy and Yagil，2011）基于美国 1997 ~ 2007 年的股票收益和空气质量指数（AQI）水平的日数据，利用 OLS 回归分析方法，首次研究了空气污染对投资者情绪的影响，结果表明，空气污染会通过影响人们的心情来影响其风险厌恶的情绪，进而影响其投资决策。吴等（Wu et al.，2018）基于本土偏好视角，利用中国企业微观数据分析表明，空气污染引发了投资者的悲观情绪，对地区企业股票回报、流动性和波动性产生了负面影响。空气质量指数（AQI）每增加一个标准偏差，将显著降低 0.0422% 的日回报率。以上研究结果意味着，空气污染不仅会直接改变投资者投资决策，直接诱发其流动，还会导致投资者资本外流，这将影响区域经济发展，降低就业机会，间接诱发劳动力发生流动。

4.2.5 产业调整作用路径

空气污染加剧会直接增加疾病负担，将直接产生一个巨大的健康需求市场，会吸引企业进入医疗健康产业，促进经济发展，这将创造大量的就业岗位，从而诱发劳动力发生流动。例如，研究表明，卫生总费用和大健康产业有助于稳定和促进经济发展（武汉大学董辅礽经济社会发展研究院，2018）。据测算，2012 ~ 2016 年，中国大健康产业增加值年均实际增长 12.1%，2016 年中国大健康产业增加值约为 7.3 万亿元，已达 GDP 总值的 9.8%（张车伟等，2018）。这说明大健康产业的发展将成为必然趋势，未来大健康产业就业容量将持续增加，依据区域或行业异质禀赋条件，这将不同程度地吸引劳动力发生流动。另外，德申斯（Deschenes，2014）认为环境法规，如空气质量标准增加了企业的生产成本，并可能降低生产率、收入和就业，特别是在贸易和劳动密集型行业。这表明较大的空气污染健康冲击也会通过适应性政策的安排与实施，影响产业发展，进而影响劳动力流动。

综上分析，空气污染对劳动力流动的影响主要存在要素生产、环境规制和健康冲击三大影响机制。其中，健康冲击影响路径较多，影响较广，存在产业调整、家庭医疗负担加重、劳动供给下降、资本外逃和疾病负担加重五大作用路径。但就环境规制而言，其根本目的是降低污染，消除健康冲击，同时其对劳动力流动的作用影响又更多集中于偏好流动的人群，因此，其大部分影响可归结于健康冲击的中介影响。而对要素生产效应而言，其负面影响一部分是空气污染排放相关的资源要素的未充分利用，一部分是利用的资源要素生产效率的下降，这部分则主要来自劳动力生产效率的下降，因此，要素生产效应对劳动力流动的部分影响可归结于健康冲击中介效应对劳动力流动的影响作用。且环境规制和要素生产效应影响机制与健康冲击影响机制在产业调整和经济发展作用路径上也存在较多的交叉重叠部分，三者关系如图 4 - 1 所示。

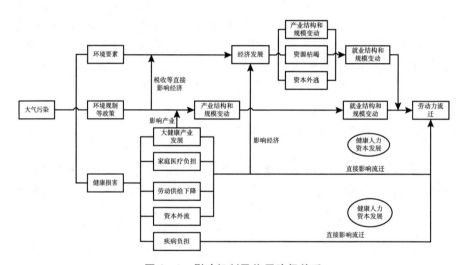

图 4 - 1　影响机制及作用路径关系

简言之，空气污染会直接产生健康冲击，严重威胁着本地区劳动力的生命健康，生命健康受损不仅会损失实实在在的生命年，也会因疾病负担的产生或加重导致医疗保健支出负担加重，进而影响劳动力可支配收入，大幅降低劳动力实际收入；同时，健康冲击还会直接降低劳动力工作时数、出勤率和劳动力生产率，进而影响劳动力的实际平均收入；另外，不断恶化的空气污染也会严重影响劳动力心理情绪，尤其是投资情绪，容易使得风险厌恶的劳动力或单元主体改变投资策略，进一步造成区域经济衰退，加剧劳动力向外流动。因此，空气污染产生的健康冲击对劳动力流动的影响不容忽视。从迁入地的真实污染视角来看，真实污染会产生的健康冲击，可能导致劳动力流入率下降。但是，从劳动力自身空气污染风险感知视角来看，其会影响劳动力健康人力资本投资决策，即是否选择流动（迁入）进行健康人力资本投资。由此，本书重点研究健康冲击效应影响机制，结合可得样本，分别从以上空间和行业流动视角巧妙设计，进行具体论证。

4.3　空气污染与劳动力流动的关系模型分析：健康冲击视角

本节主要包括两个内容，一是基于健康冲击视角，劳动力在污染风险感知下会产生以"流动"的方式进行健康人力资本投资的动机分析。二是劳动力受到空气污染健康冲击的真实威胁，对其产生流动的影响分析。

4.3.1　空气污染风险感知下健康人力资本投资模型："流动"投资方式

劳动经济学理论认为，劳动力发生流动或迁移目的是为了获得更好的生活体验或者更好的公共服务质量等，其会产生一定的迁移成本。依据公共品的非竞争和非排他的特性，结合查尔斯·蒂布特（Charles Tiebout）的模型提出的公共品供给与人口迁移效应关系的"用脚投票"机制观点（Tiebout，1956），人们付出一定成本而发生的迁移可以视为一种公共品的消费行为，而所产生的边际成本则可视为"流动"这一公共品消费行为的价格。同时已有研究认为，健康状况越好或为避免健康受损时，个体越容易发生迁移（王智强和刘超，2011；Adhvaryu and Nyshadham，2017），因而人们利用或为了延长生命健康时间来消费这一"公共品"的经验证据也已被证实。由此，扩展克罗珀（Cropper，1981）健康人力资本投资的环境健康经济学模型，其在健康经济学者格罗斯曼的研究基础之上，将空气污染引入健康人力资本量的折旧函数之中，给出了空气污染与健康投资以及支付意愿之间的关系。因此，将迁移这一"公共品"消费显化纳入健康投资函数 I_t，扩展模型显性表达有两种：

$$I_t = TH_t^{1-\xi-\eta} M_t^{\xi} MG_t^{\eta} E_{1t}^{\varepsilon_1} \cdots E_{nt}^{\varepsilon_n} \tag{4-1}$$

$$I_t = TH_t^{(1-\xi)\eta} M_t^{\xi} MG_t^{(1-\xi)(1-\eta)} E_{1t}^{\varepsilon_1} \cdots E_{nt}^{\varepsilon_n} \tag{4-2}$$

其中，I_t 为在 t 时刻的健康资本投产量，TH 为健康时间，MG 为"迁移或流动"这一公共品的消费（下文统称为"流动"），ξ、η 等弹性系数均在（0，1）之间，M 则为其他消费品，E_i 则为包括因个体异质性而影响健康投资的其他因素。具体含义为：显性表达式（4-1）表示"流动"这一公共品的消费对健康资本量的影响与抵御疾病的健康时间和其他物品的消费对健康资本量的影响为单纯的互补关系，系数关系式为（$1-\xi-\eta$）+ $\xi + \eta = 1$。而显性表达式（4-2）的含义则为"流动"这一公共品的消费对健康资本量的影响不仅与抵御疾病健康时间和其他商品消费对健康资本量的影响成为互补关系，而且还体现出了"流动"这一公共品消费对抵御疾病的健康时间存在交叉复合作用关系，作用大小为 η。不难理解，当个体发生流动，将突然改变原有环境的健康冲击风险，对抵御疾病的健康时间有一个突变的作用影响弹性 η，系数关系为（$1-\xi$）$\eta + \xi + (1-\xi)(1-\eta) = 1$。由此可知，第二种显性表达含义更为丰富，也较契合实际。从而 t 时刻式（4-1）和式（4-2）的健康投资的边际成本函数 π_t 分别为式（4-3）和式（4-4），鉴于上述分析，本书以第二种显性模型，即式（4-2）和式（4-4）进行研究。

$$\pi_t = W_t^{1-\xi-\eta} PM_t^{\xi} PMG_t^{\eta} E_{1t}^{-\varepsilon_1} \cdots E_{nt}^{-\varepsilon_n} \tag{4-3}$$

$$\pi_t = W_t^{(1-\xi)\eta} PM_t^{\xi} PMG_t^{(1-\xi)(1-\eta)} E_{1t}^{-\varepsilon_1} \cdots E_{nt}^{-\varepsilon_n} \tag{4-4}$$

其中，W、PM、PMG 分别为健康时间市场价格、其他消费品市场价格和流动性公共消费品市场价格即流动的边际成本。依据克罗珀（Cropper, 1981）设定[①]，t 瞬时健康人力资本增量函数为：

$$\frac{dH_t}{dt} = I_t - \delta_t H_t \tag{4-5}$$

其中，δ_t 为健康人力资本量 H_t 折旧率，δ_t 可表达为：$\delta_t = \delta_0 e^{\bar{\delta}_t} P_t^{\psi} S_t^{\phi}$，其中 P_t 为 t 时刻的空气污染，S_t 为 t 时刻的年龄等其他影响因素，$\bar{\delta}_t$ 为 t 时间内的平均折旧率，δ_0 为初始折旧率，ψ、ϕ 分别是各因素作用弹性系

---

① 式（4-5）~式（4-10）及结果均来自克罗珀（1981）的研究。

数，均大于 0。克罗珀（1981）设定 t 时刻生病时间函数 TL_t 为：

$$\ln TL_t = \gamma - \alpha \ln H_t \tag{4-6}$$

其中，$\alpha > 0$，γ 为常数。健康时间的市场价值函数 R 最大化：

$$\max R = \max \int_0^T (W_t h_t - \pi_t I_t) e^{-rt} d_t \tag{4-7}$$

约束条件为式（4-5）、式（4-6），其中，$h_t = \Omega - TL_t$，Ω 为 t 时刻能够拥有的总时间量，因此，h_t 为 t 时刻的健康时间量。由此，依据拉格朗日极值条件可得：

$$W_t \frac{\partial h_t}{\partial H_t} = \pi_t \left(r + \delta_t - \frac{d\pi_t}{dt} \frac{1}{\pi_t} \right) \tag{4-8}$$

假设健康投资的边际成本可以完全由市场价值货币化衡量，即为了健康投资而放弃利息增长率与健康投资边际成本增长率近似相等，此时有：

$$W_t \frac{\partial h_t}{\partial H_t} = \pi_t \delta_t \tag{4-9}$$

将式（4-6）两边取自然指数转换为：$TL_t = e^r H^{-\alpha}$，代入 h_t 公式，得到均衡条件：

$$\ln H_t = \frac{1}{1+\alpha} (\ln W_t - \ln \pi_t - \ln \delta_t + \ln \alpha + r) \tag{4-10}$$

代入式（4-4）的边际成本函数和空气污染作用的折旧率函数，并两边取自然对数，得到流动与污染关系式为：

$$\ln PMG_t = \frac{-\psi}{(1-\xi)(1-\eta)} \ln P_t + \frac{1}{(1-\xi)(1-\eta)} \Big[(1-\eta+\xi\eta) \ln W_t$$

$$- \xi \ln PM_t - \phi \ln S_t + \sum_{i=1}^{i=n} \varepsilon_i \ln E_{it} + C_0 \Big] \tag{4-11}$$

其中，$C_0 = \ln \alpha + r - \overline{\delta_t}$，从上式易知：$\dfrac{-\psi}{(1-\xi)(1-\eta)} < 0$，表示当空气污染加剧时，流动的相对价格成本将下降，个体发生流动的概率更高。进一步来看，当污染等其他水平一定时，若 Ψ 上升，$\dfrac{-\psi}{(1-\xi)(1-\eta)}$ 下降，表明空气污染对折旧率作用弹性变大，将会显著加大空气污染对区域迁移相对价格成本的降低性影响，从而进一步提高个体流动概率。由此，从风险感知视角，当人们对空气污染风险感知强烈时，其认为空气污染严重损害健康，将大幅降低迁移相对权衡的影子价格成本，从而更易诱发劳动力发生流动。

4.3.2　空气污染、健康冲击对劳动力流动影响模型分析

4.3.2.1　单部门—跨区流动情形

首先利用柯布道格拉斯产出函数形式，借鉴陈素梅和何凌云（2017）建模思路，假设生产模块为：

$$Y_{it} = A \times f(K_{it}, L_{it}) = A_t \times K_{it}^{\varnothing} \times (q_{it}^{\theta} L_{it})^{\varphi} \qquad (4-12)$$

式（4-12）中各变量含义为：i 省第 t 年的总产出为 Y，全要素生产率为 A，L 为劳动力数量，K 为资本存量，q 表示劳动的健康度（本书特指大气质量健康度），ϕ、φ 均在 [0，1] 区间内，分别表示对应要素的总投入份额，即要素产出弹性，此处放松其规模报酬情况，不作具体形式设定，θ 则表示大气质量健康度对劳动力供给的影响系数。

又若 f(q) 函数在包含 q_0 的某个闭区间上有 n 阶导数，在开区间上有 n+1 阶导数，则对闭区间上 $\forall q_0$ 点，则当 f(q) = θlnq，有如下泰勒展开式：

$$\theta \ln q = \theta \ln q_0 + \frac{\theta}{q_0}(q - q_0) + \cdots + \frac{\theta q_0^{(-n)}}{n!}(q - q_0)^n + R_n(q)$$

$$(4-13)$$

其中，$R_n(q)$ 为拉格朗日余项，当 q→1 时，依据洛必达法则近似有：

$$q^{\theta} = e^{\theta \ln q} \sim e^{\theta(q-1)} = e^{-\theta} e^{\theta q} \qquad (4-14)$$

由此，进一步放松 q 取值假设和式（4-14）近似后的右侧的 θ 取值，易得生产函数一般形式可表达为：

$$Y_{it} = A_t \times K_{it}^{\varnothing} \times (ae^{\tau q_{it}} L_{it})^{\varphi} \qquad (4-15)$$

其中，a 为 e-τ，τ 为变式后的大气质量健康度对劳动力供给的影响系数。

进一步借鉴肖挺（2016）建模思路，将地区生产成本引入模型，地区生产总成本为：

$$C_{it} = w_{it} \times L_{it} + r_{it} \times K_{it} \qquad (4-16)$$

式（4-16）中，w 为劳动力平均工资水平，r 为资本利率，则地区经济的总利润水平 π_{it} 为：

$$\pi_{it} = Y_{it} - C_{it} \qquad (4-17)$$

分别将式（4-15）、式（4-16）代入式（4-17），对最大化利润目标函数 Max(π_{it}) 求解，从而对 L_{it} 求一阶偏导，得极值条件为：

$$w_{it} = \varphi K_{it}^{\varnothing} a e^{\tau \varphi q_{it}} L_{it}^{\varphi - 1} \tag{4-18}$$

对式（4-18）两边取自然对数，进一步变换后易得函数式为：

$$\ln L_{it} = \frac{\tau \varphi}{1 - \varphi} q_{it} + \frac{\varnothing}{1 - \varphi} \ln K_{it} + \frac{1}{\varphi - 1} \ln w_{it} + \frac{1}{1 - \varphi} \ln(A_t) + \frac{1}{1 - \varphi} \ln(a\varphi)$$

$$\tag{4-19}$$

由此，上式可解读为当大气质量健康度越高，其劳动力数量越多，即 $\frac{\tau \varphi}{1 - \varphi} > 0$，这表明，它不仅与劳动力产出弹性（$\varphi$）正相关，还与大气环境健康质量度对劳动力供给的影响系数（τ）正相关；相反，若大气质量健康度越低，即空气污染健康冲击越大，其劳动力数量将下降。

进一步借鉴克罗珀（1981）的建模思路，设 δ_t 为健康人力资本量 H_t 折旧率，并将个体原始健康状态标准化为 1，健康度与损害度的关系可表达为：$\frac{1}{q_{it}} = \delta_{it} = \delta_0 e^{\overline{\delta_t}} P_{it}^{\psi} S_{it}^{\phi^*}$，[①] 其中 P_{it} 为地区 i 在 t 时刻的空气污染，S_{it} 为地区 i 在 t 时刻的年龄等其他影响因素，$\overline{\delta_t}$ 为 t 时间内的全国平均折旧率，δ_0 为初始折旧率，ψ、ϕ^* 分别是各因素作用弹性系数，均大于 0。进一步地，基于健康中介作用视角，结合式（4-19）和空气污染的健康人力资本折旧公式有：

$$\frac{\partial P_{it}}{\partial L_{it}} = \frac{\partial P_{it}}{\partial q_{it}} \times \frac{\partial q_{it}}{\partial L_{it}} = \frac{P_{it}}{L_{it}} \times \frac{-1}{\psi q_{it}} \times \frac{1 - \varphi}{\tau \varphi} < 0 \tag{4-20}$$

由此易知，$\frac{-1}{\psi q_{it}} < 0$，$\frac{1 - \varphi}{\tau \varphi} > 0$，即 $\frac{\partial P_{it}}{\partial L_{it}} < 0$，这表明，空气污染加剧会进一步损害空气质量度，进而导致劳动力数量加速下降，即说明劳动力的劳动供给决策，特别地，对于跨地区或行业部门的"流动"决策行为而言，均将容易受到空气污染健康冲击的影响。[②] 这是本书实证验证的重点。

4.3.2.2 同一地区—两部门情形

再进一步地，依据哈里斯—托达罗的分析框架，但跳出农业-工业部门或城乡具体之分，假设某一地区城镇生产系统存在两个环境健康绝对风

---

① 这与波特雷尔（Pautrel，2009）设定的健康状态与污染指数幂次方的倒数呈一定比例的关系一致，同样可见陈素梅和何凌云（2017）文章的设定。

② 这种影响不是简单地指规避产生疾病负担的影响，也包括健康损害后预期收入、就业机会等的影响，可归结为对健康人力资本发展的期望收益的影响。

险初始同质的一般性生产部门,生产部门1和生产部门2。从企业视角看,劳动力资源在这两部门间被配置决策或者从劳动力自身就业选择视角看,劳动力在这两部门间进行就业流动决策从事生产活动。于是,区域就业总劳动力数为 $L_t = L_{1t} + L_{2t}$,可将 L_t 标准化为1,区域总资本为 K_t,分别在两部门间配置为 K_{1t},K_{2t},$K_t = K_{1t} + K_{2t}$,基于上文的生产函数以及成本设定,两部门分别按照各自利润最大化生产原则,则有:

$$w_{1t} = \varphi_1 K_{1t}^{\varnothing_1} a_1 e^{\tau_1 \varphi_1 q_{1t}} L_{1t}^{\varphi_1 - 1} \tag{4-21}$$

$$w_{2t} = \varphi_2 K_{2t}^{\varnothing_2} a_2 e^{\tau_2 \varphi_2 q_{2t}} L_{2t}^{\varphi_2 - 1} \tag{4-22}$$

依据哈里斯—托塔罗的劳动分配模式,在均衡处两部门期望工资相等,故有:

$$w_{1t} = w_{2t} \tag{4-23}$$

进一步变换整理得:

$$\ln\left(\frac{L_{2t}}{L_{1t}}\right) = \frac{\tau_2 \varphi_2}{1-\varphi_2} q_{2t} - \frac{\tau_1 \varphi_1}{1-\varphi_2} q_{1t} + \frac{1}{1-\varphi_2} \varnothing_2 \ln K_{2t} - \frac{1}{1-\varphi_2} \varnothing_1 \ln K_{1t}$$

$$+ \frac{1}{\varphi_1 - 1} \ln L_{1t} + \frac{1}{\varphi_2 - 1} \ln\left(\frac{a_1 \varphi_1}{a_2 \varphi_2}\right) \tag{4-24}$$

由此易知,$\frac{\tau_2 \varphi_2}{1-\varphi_2} > 0$,即若部门2的环境质量健康度(空气质量健康度)$q_{2t}$ 上升,部门2相对于部门1的就业劳动力数将增加,即 $\frac{L_{2t}}{L_{1t}}$ 上升。又,可将区域 L_t 标准化为1,m_t 为配置劳动力资源到部门1的比例,则有 $L_{1t} = m_t L_t = m_t$,进一步有:q_{2t} 上升,$\frac{L_{2t}}{L_{1t}}$ 上升,即 $\frac{1-m_t}{m_t}$ 上升,$\frac{1}{m_t} - 1$ 上升,得 m_t 下降,即若假设不存在外来劳动力进入,这表明,部门2的环境健康度上升,所带来的本部门劳动力就业数 L_{2t} 的增量则来自部门1的劳动力就业数 L_{1t} 的下降量;而若存在外来劳动力的进入,我们将外来的劳动力数纳入区域整体劳动力数量之中,同样可视为初始需要配置的劳动力资源,其也必将按照这一最优原则进行配置或就业选择。

4.4 本书的理论分析框架

从劳动力流动行为的决策特点来看,这本质是一种人力资本投资行为。无论是格罗斯曼型人力资本投资，还是福格尔型人力资本投资，抑或是克罗珀型的环境健康人力资本投资，均是为了人的广泛意义上的"健康发展"，均可视为一种健康人力资本投资行为。而是否会产生健康人力资本投资动机则取决于此种行为发生前后的成本—收益比是否达到了心理预期。当劳动力遭遇空气污染的健康冲击时，其会判断此种健康冲击对于目前的损害成本以及健康人力资本投入的成本（如流动的成本）会是多大，若避开此种健康冲击则会有多少的收益。为此，一批劳动力容易产生流动的动机，即劳动力愿意以流动的方式进行健康人力资本投资，以避免空气污染带来的损害，这表现为一种主动选择行为。但是，假如遭遇健康冲击后的劳动力没有主动产生流动的动机，他们的健康将遭受严重损害，劳动技能水平可能会下降，甚至严重影响其在劳动力市场的表现，使其与当前的劳动力市场技能等要求不再匹配，从而会发生被迫流动，甚至退出当前的劳动力市场（包括行业部门转移和地区空间转移）。从微观个体决策层面来看，这属于一种被动下的主动决策行为，但从宏观层面来看，这其中包含了主动选择和被动选择两种行为。按照罗伊研究范式和空间经济模型研究范式来看，罗伊研究范式是基于微观个体主动选择，以收入或福利最大化为分析框架，更加强调从劳动力自身视角出发的自选择效应。个体在遭受外在因素影响时，会主动选择流动，如学者探讨拉丁移民悖论过程中发现，劳动力会根据自身健康状况而选择是否迁移（Yi et al.，2019；尚越等，2019）。其他领域则更多探究依据自身技能水平和教育程度选择是否迁移，技能和教育程度越高，迁移倾向越大（Borjas et al.，1992；Parey et al.，2017）。主动选择是劳动力主动产生了健康人力资本投资动机，进而以流动的方式规避健康冲击风险，进行健康人力资本投资。而空间经济模型研究范式则是基于宏观环境外延特征的选择（包含主动和被动两种选择效应），以不同单元的空间均衡分析框架，更倾向于研究劳动力流动过程中的集聚效应变化，更加注重探讨空间均衡视角下的异质企业和异质劳动力的空间选择效应的外延特征。如劳动力会依据劳动力市场质量的好坏，结合自身技能、素质进行主动选择。相反，高质量的劳动力市场要求匹配高质量劳动力，淘汰低质量劳动力，从而发生被动选择（Venables，2011）。被动选择则是劳动力没有主动产生健康人力资本投资动机，但是健康冲击损害了其健康人力资本水平，致使其劳动技能水平和边际生产率下降，使其自身的劳动供给与本地劳动力市场的劳动需求不相匹配，导致其被迫离开本地劳动力市场，最后以流动方式被迫进行健康人力资本投资，这是一种被迫下的主动选择。不难理解，劳动力群体在遭受污染的健康冲击后，所采取的健康人力资本投资决策包含了主动选择和被动选择两种效应，但是在被动选择过程中自己会进行一个次优决策下的主动选择的调整。因此，从劳动力个体微观层面来看，无论是主动选择还是被动选择，只要该个体遭受健康冲击产生了健康人力资本投资动机，均可视为一种健康人力资本投资的主动选择。从宏观层面看，此时没必要太多关注劳动力的健康人力资本投资动机，而是要更多地关注集聚变化效应，即更加注重流动或健康人力资本投资后的集聚变化综合效应的评估。综上所述，本书建立如图 4-2 所示的理论分析框架，深入探究污染背景下，劳动力以流动方式进行健康人力资本投资的影响机制和经验证据，并基于此，进一步探讨实现空气环境、公众健康与劳动力流动管理协调发展的机制。

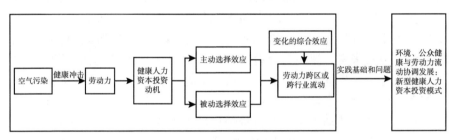

图 4-2　本书的理论框架

4.5　本章小结

本章主要分析了空气污染通过产生健康冲击对劳动力流动的影响机制，发现健康冲击作用路径的影响深远，突出了发展健康人力资本的重要性，由此，从微观视角，构建了空气污染下的"流动"健康人力资本投资模型，从理论证明了劳动力在面临空气污染时，为保持或提升自身的健康水平，存在选择流动方式进行健康人力资本投资的动机；进一步，从宏观视角出发，将健康冲击引入空气污染对劳动力流动影响的理论模型，构建了单部门—跨区流动模型和同一地区—两部门流动模型，从理论层面证明了空气污染会通过产生的健康冲击效应，对劳动力在空间和行业层面的流动产生影响。研究发现，环境健康度水平相对较高的地区或行业部门会吸引劳动力流入,水平相对低的地区或行业部门会导致劳动力流出。最后,基于劳动力区位选择理论,将微观与宏观层面的选择统一,建立本书的理论分析框架。由此,为进一步从劳动力异质视角和从空间和行业异质视角深入实证探究三者之间的关系,提供理论支撑。

第 5 章

罗伊范式下健康人力资本
投资动机的经验评估

本章主要从健康人力资本投资视角，对空气污染风险感知与劳动力流动的关系进行实证研究。首先基于可得的微观样本，对空气风险感知状态、流迁状态、健康状态等进行界定和识别，然后利用中介效应模型研究空气污染风险感知对劳动力采取流动方式进行健康人力资本投资行为的影响，并进一步基于劳动力异质视角进行深入分析，从而验证相关假说，这也从微观视角证明了劳动力面临空气污染时存在主动流迁的动机。这将是宏观层面空气污染健康冲击效应对劳动力流动影响的重要组成部分，也为下文在宏观层面上评估劳动力在遭受空气污染的健康冲击后发生空间或行业流迁行为提供了重要支撑，即当劳动力面临空气污染健康冲击效应时，无论是主动还是被动，其均愿意以流迁的方式进行健康人力资本投资。同时，为保证研究结果的可靠性，本章主要利用了三种工具变量回归，进行稳健性检验。

5.1 引　言

大量研究表明，健康人力资本的发展是促进经济增长重要变量（蒋萍等，2008；余静文和苗艳青，2019；王弟海等，2019），更是影响健康中国2030战略目标和高质量发展目标实现的关键因素。但从前文的相关文献梳理可知，空气污染严重损害着劳动力的健康，而健康与劳动力流动紧密相关，空气污染又影响着劳动力流动。因此，当劳动力面临空气污染时，其是否存在选择以流动的方式进行健康人力资本投资动机呢？这种担心主要源于：第一，当流动人口中的劳动力以流动方式进行健康人力资本投资，流动过程会产生健康损耗效应（Lu，2010；周小刚和陆铭，2016），其健康状况能否得到改善则取决于迁移过程中的健康损耗效应的大小；第二，假若能够切实提升劳动参与、劳动工作时数、劳动生产率等（王建国，2011；祁毓等，2014），但这对个人收入的影响却仍存在提高（邓力源等，2018）和降低（黄增健，2019）的不确定性影响，这取决于流动人口的健康状况，正如黄增健（2019）研究发现，当流动人口出现患病情况，其医疗费用将对其收入增长平均产生 2.49 弹性值的负向冲击。特别的，若以流动的方式进行健康人力资本投资则会产生一个很大的流动成本，因此，劳动力面临空气污染时，其是否会选择流动进行健康人力资本投资是一个重要问题。

　　然而目前环境污染对劳动力流动的影响研究仍相对较少。[①] 20 世纪 90 年代以后，环境人口迁移进入快速发展期，尤其是环境污染与劳动力流动的关系问题受到学界热捧，主要集中于哈里斯—托达罗模式（以下简称"H－T 模式"）下的行业部门间流动研究和人口迁移理论下的一般空间流动研究两个方面。

　　1970 年，哈里斯和托达罗以二元经济结构分析框架为基础，探讨了劳动力转移、环境污染、失业、国民经济产值及其收入分配的关系（Harris and Todaro，1970）。在该模式下，尽管有城乡间的流动实质，但其本质仍是工业与农业部门间的区别。由此，部分学者便基于"H－T 模式"，从行业部门视角分析认为，污染显著影响着劳动力在行业部门间的流动（Beladi and Frasca，1999；Jha and Whalley，2001）。如当工业部门和农业部门间的资本不流通时，工业污染将影响劳动力转移的边际收益，这将进一步影响劳动力于城乡间的流动规模（Jha and Whalley，2001）。但行业部门间的环境污染对劳动力流动影响研究大多停留于理论分析层面，不具普遍性。因此，部分学者基于人口迁移理论（Lee，1966），从一般空间流动视角分析认为，污染显著影响着劳动力跨区流动（Xu and Sylwester，2016；Germani et al.，2018）。徐和西维斯特（Xu and Sylwester，2016）则从国际迁

---

　　① 本书不具体区别劳动力流动和迁移内涵，均将其视为健康人力资本投资的一种方式，遂统称为流迁。

移视角分析认为，雾霾影响人们的迁移意愿，收入高和教育程度高的群体更难忍受雾霾，更愿意迁移。

近年来，国内也开始掀起研究热潮。少数学者同样基于"H－T"模式分析框架，从一般污染视角研究了劳动力在行业部门间的流动（李晓春，2005；刘君等，2018）。李晓春（2005）基于"H－T模式"的二元经济结构分析认为，环保技术的进步改善了自然环境，将减小农村劳动力转移规模；关税等的增加会加重工业污染，增加劳动力转移的规模，减少农业部门的雇佣量。刘君等（2018）则分析认为，环境污染水平对行业就业结构产生着不合理的影响，随着环境污染的加剧，就业结构向第二产业集中，导致就业结构的转变不合理。而众多学者则基于宏观、微观视角，探讨环境对劳动力在一般空间（区域）流动的影响。他们分析表明，自然环境逐渐成为移民考虑的吸引因素（Cao et al.，2018），环境污染尤其是空气污染对劳动力流动有着重要影响（Chen et al.，2017；孙中伟和孙承琳，2018），尤其对男性、年轻群体（Li et al.，2017）、高教育或高技能群体（Lu et al.，2018；楚永生等，2015）、高收入、工业、生活服务业群体（肖挺，2016）影响更大。但他们大多利用雾霾、废气排放等实际的空气污染或环境污染变量作为劳动力流动影响的主要解释变量，忽略了污染风险感知对劳动力流动的影响机制考察。如肖挺（2016）则分析了废气排放（气体排放）对各城市不同群体劳动人口流动所造成的驱赶效应。楚永生等（2015）基于 2003～2012 年中国 31 个省（市、自治区）的面板数据，基于工业三废构建实际的环境污染指数，运用空间计量方法实证表明，当环境污染超过一定值时，环境污染会导致高异质性劳动力向外扩散，即人力资本积累较多的专业化人才流失。但是，卢等（Lu et al.，2018）考察了京津冀地区的雾霾风险感知微观样本，找到了雾霾污染的健康风险导致京津冀地区技术人才的流失的经验证据。这也意味着劳动力面临空气污染感知风险时，其会选择流动的方式进行健康人力资本投资。

综上所述，现有研究主要为更侧重找到实际污染对劳动力流动存在影响的经验证据和对异质劳动力的影响大小，少数也探讨了影响机制。例如，刘君等（2018）研究表明，污染引起的产业结构变动会影响劳动力的就业规模和就业结构等，可能导致劳动力发生流动等。但鲜有研究聚焦空气污染感知风险和从健康人力资本投资决策视角给出这一因素对健康人力资本投资行为影响的直接证据。同时鉴于学界关于劳动力流入后流动群体与本地群体间的健康差异原因研究也存在争议（尚越等，2019），主要认为这种健康差异可能来自劳动力流动后发生的健康损耗（周小刚和陆铭，2016；和红等，2018），也可能来自健康移民效应和三文鱼偏误效应（齐亚强等，2012；易龙飞和亢迪，2014）。但在环境污染影响迁移的背景下，这种健康差异很可能取决于来自其为规避环境污染而发生流动行为。人们将这种行为置于健康投资与社会投资、劳动收入与闲暇替代以及物质生活与健康生活追求之间权衡利弊。如劳动力理性选择环境质量好的地区迁入可部分抵消或避免迁移后发生的健康损耗，同时也冲击了健康移民效应和三文鱼偏误效应的论断。为此，本书从健康人力资本投资视角，研究空气污染感知风险对流动的影响，进一步提供额外的经验证据，并回答学界存在的相关争议，拓展现有研究，是实现健康中国 2030 战略目标和高质量发展目标的关键，具有重要意义。

5.2 研究假设

基于前文对克罗珀（1981）的空气污染健康人力资本投资模型的扩展分析，空气污染损害健康，将对劳动力流动行为产生影响。另外，当为使空气污染 P 在 t 时刻下降，依据克罗珀（1981）推导得到[1]：

$$-\frac{dR}{dP_t}P_t = 2\frac{\alpha\psi}{1+\alpha}W_t TL_t e^{-rt} = B \tag{5-1}$$

这说明了人们会为了降低空气污染而产生支付意愿和支付一定的金额。由此可看出，若空气污染在 t 时刻突然加剧，即 P_t 上升，TL_t 会上升，即人们为了降低空气污染而产生的支付意愿强烈，支付金额 B 将变大，由此，为了降低支付 B，依据式（4-6）可知，必然要提高健康资本量 H_t，又依据式（4-5）可知，提高资本量最可靠的做法是加大健康投资 I_t，结合式（4-3）可知，加大健康投资有三个过程：一是其他商品的消费，二是通过锻炼途径获取等，三是进行迁移性公共品消费，即迁移。另外，也有研究表明，若地区环境污染严重，其带来的环境规制也会影响人们健康

---

① 以上式（4-5）~式（4-7）和式（5-1）模型公式、建模过程参见克罗珀（Cropper，1981）文章，利用本书扩展后的模型不影响推导过程，因此部分推导结果与原文基本一致，详见原文。

人力资本（纪建悦等，2019），等等。因此，当劳动力面临空气污染时，将有很多健康人力资本投资途径或方式。然而，若当空气污染处于高水平时，将严重威胁人们健康，短时间内产生过高损害，即对流动的成本的考量可能变得相对不重要，同时其他商品的消费和锻炼等途径进行健康资本投资的回报周期相对迁移而言较长，且因个体异质性会存在很大的不确定性。因而，人们可能更容易选择迁移，即进行"流动"这一公共品消费，在短期内来获得相对确定的健康投资回报，以提高健康资本量，降低其因防止空气污染加剧所带来健康威胁的支付意愿和高昂的支付成本。同时，迁移决策会影响人们对空气质量的支付意愿也被邓曲恒和邢春冰（2018）所证实。由此，提出假设 H_{11}：

H_{11}：在一定条件下，当劳动力面临空气污染感知风险时，其愿意以流动的方式进行健康人力资本投资动机，从而改善了劳动力自身的健康状况。即劳动力空气污染感知风险意识的加强对健康状况的改善或健康人力资本的提升，部分来自劳动力健康冲击规避等流动行为的中介作用。[①]

从劳动力个体或家庭基本特征异质性来看，就个体而言，环境流行病学研究表明，年龄大的劳动力、男性群体更易受到空气污染的健康冲击（祁毓等，2014）；同时无论是环境流行病学还是环境健康经济学研究均表明年龄大、教育程度高、收入高的群体对空气污染感知更为敏感，其更容易发生流动。同时，当劳动力处于社会上层其不仅体现出教育程度高，其收入也高，对空气污染感知更为敏感，对流动成本更易负担，因而，这一群体可能更易发生流动；尤其是侍养父母、孝悌观念淡薄的群体，其也更易选择流动。而就整个家庭而言，人口规模大的家庭尽管其人均收入可能较低，但当其面临空气污染健康冲击风险时，基于流动成本和健康冲击规避性收益等比较，其可能更易选择流动；尤其是对有未成年子女的家庭而言，当在一定空气污染风险等条件下，受我国传统的"孟母三迁"式子女养育观影响，其可能更易发生流动。由此，提出假设 H_{12}：

H_{12}：当劳动力面临空气污染感知风险时，其选择是否以流动方式进行

---

① 这假设排除了污染加剧，导致环境规制加强，进而影响就业环境，由此对劳动力流动产生影响；也排除了污染加剧，导致地区生产要素条件恶化，阻碍经济发展，进而影响劳动力流动等作用途径。

健康人力资本投资行为不仅是一种个体决策也是一种家庭决策,即当劳动力感知空气污染风险时,其将在综合性的相对成本与收益之间权衡是否发生流动。一般地,教育程度高、年龄大、阶层越高、无强的孝悌观、家庭规模大、有未成年子女等的群体选择以流动方式进行健康人力资本投资动机更为强烈。

从劳动力个体或家庭政策需求异质性来看,劳动力发生流动无非是追求更好的生活,得到更多的社会福利,对居住地不同的综合满意度会影响劳动力的环境净迁移率(Hsieh and Liu,1983)。在中国过去的几十年里,可以划分为三个阶段:1978~1984 年,人们受政策引导发生迁移,追求政治和经济参半的高标准生活;1984~2009 年,人们更多自发地受物质利益诱导,追高水平的物质经济生活而发生流动;2010 年左右及以后,人们则开始愈加关注健康问题,更愿意为追求幸福健康的高质量生活而发生流动。① 近年大量研究也表明,环境污染会造成严重的健康不平等(祁毓等,2014),而健康不平等是个人发展差异的重要因素,因此,人们对社会公平的感知有可能来自环境污染因素,这主要因为:第一,环境污染造成健康不平等会加剧个体间收入不平等(祁毓和卢洪友,2015),进而影响对公平的感知(郑畅和孙浩,2016);第二,环境污染造成健康不平等,会加剧个体间对医疗等公共服务需求的差异,但我国公共服务供给和需求存在严重错配(吴传俭,2016),这必将进一步影响对不公平的感知。而收入差距和享受公共服务的差异又是劳动力流动的重要原因,如是否参加新农合、不同收入群体流动意愿不同(秦雪征和郑直,2011;肖挺,2016),这将形成一个特定的幸福感知水平。另外,环境污染导致的健康不平等也会造成个体间空气污染感知不平等,如其他条件一定,身体健康状态越差,其抵抗力越差,可能越加地关注空气污染,进而影响劳动力的流动决策。同时,有研究早已表明,机会不平等也是劳动力迁移的重要原因(陈叶烽等,2011;孙三百,2014),而机会不平等从直觉层面就会影响公平感知和幸福感知等,这将进一步外化为劳动力的不同政策需求,

———————————

① 1979 年改革开放以后,市场经济较为之前更加活跃,1984 年我国基本实现温饱。因此1984 年以后人们更多为追高水平的物质经济生活而发生迁移,2004 年及以后为研究刘易斯拐点热潮时期,2008 年金融危机,2010 年金融危机影响消退,此时大气污染健康损害风险进一步加剧,劳动力流动下降更为明显,十五规划开始,政府更加关注大气污染治理问题,具有民意代表性。因此,2010 年左右及以后,人们则开始愈加关注健康问题,更愿意为追求幸福健康的高质量生活而发生迁移。

如就业、慢性病管理服务、公共教育服务等政策需求。因此，不同政策需求会影响劳动力的流动决策。从空气污染视角来看，政策需求强烈的劳动力表明其当前状况差，如其污染健康冲击风险不仅大，感知强，其收入水平等还可能较低，导致其无力发生流动；而政策需求不强烈的劳动力尽管其有能力负担流动成本，但其污染健康冲击风险可能低，其也不易发生流动；只有处在政策需求中等水平的群体，其不仅处在较高的污染健康风险之下，还有能力负担流动，这会增强空气污染感知度的劳动力以流动方式进行健康人力资本投资的动机，进而更容易发生流动。由此，提出假设 H_{13}：

H_{13}：在一定条件下，不同政策需求水平会增强空气污染感知风险下的劳动力以流动的方式进行健康人力资本投资的动机。一般的，多数情况下，处在政策需求中等水平的劳动力群体面临空气污染感知风险时更容易发生流动。

综上所述，本书从健康人力资本投资视角研究空气污染对劳动力流动的影响，从而验证了上述三个假设。

5.3 研究设计

5.3.1 实证模型设计与变量说明

由前文模型式（4-11）知，迁移价格成本数据难以获得，现实中也难以用货币衡量，为此，本书结合可得数据将劳动力迁入到某一地区的概率比作为价格成本代理变量，即迁入的概率比越高，表示该迁入决策产生的相对价格成本越低。设 $p = P(y = 1 | x) = F(X, \beta)$ 符合"逻辑分布"，则有：

$$\ln\left(\frac{p}{1-p}\right) = x'\beta \qquad (5-2)$$

由此采取 Logit 估计实证方程可转变为下文方程式（5-4），其中各变量的系数 β 元素值符号与式（4-11）中各变量的系数值符号是否相反则取决于两个方程中各变量表示的推拉力要素性质是否一致。① 例如，空气污染感知风险在式（5-4）和真实污染风险在式（4-11）均为推力性质要素，其估计系数符号应该相反。基于此，进一步检验：当劳动力面临空气污染感知风险时，其是否会选择"流动性公共品"消费进行健康人力资本投资，从而改善自身健康状况。参照温忠璘等（2004）中介效应模型，可将 Logit 中介模型设计如下：

$$health_{it} = \alpha_0 + \alpha_1 air_{it} + B_1 \times contr + \omega_i + \delta_t + \varepsilon_{it} \qquad (5-3)$$

$$magri_{it} = \gamma_0 + \gamma_1 air_{it} + B_2 \times contr1 + \omega_i + \delta_t + \varepsilon_{it} \qquad (5-4)$$

$$health_{it} = \lambda_0 + \lambda_1 air_{it} + \lambda_2 magri_{it} + B_3 \times contr + \omega_i + \delta_t + \varepsilon_{it} \qquad (5-5)$$

主要因变量与解释变量包括：迁移相对价格成本利用迁移概率比表示，因此定义迁移状态 magri，而空气污染数据因迁移单元区域不定，难以匹配到具体单元区域，利用所得样本中的空气污染感知风险 air 表示，健康人力资本状况直接用健康状况 health 表示，各指标具体设计与定义处理详见下文数据说明部分。

主要控制变量为 contr 和 contr1 元素集合，其中对于流迁方程式（5-4）而言，从已有研究梳理来看，男性、年龄大、教育程度高、收入高、未参加医保等群体更易因环境污染而发生流动，同时，地区房价（Chay et al.，2005；张莉等，2017）和公共服务质量也是劳动力流动的重要因素（Tiebout，1956；夏怡然和陆铭，2015），因此，结合可得数据，方程中 contr 主要包括：性别（gender）、年龄（age）、家庭规模（a63）、户口性质（rual）、是否参加医保（yibao）、房价感知（houseprice1）、家庭真实人均收入（hp）、公共服务便利性（psf）。

对于健康方程式（5-3）、式（5-5）而言，控制变量主要包括：性别（gender）、年龄（age1）、家庭真实人均收入（hp）、锻炼（workout）、医疗水平（medical）、是否参加医保（yibao）。以上各变量含义及预期作用结果如表 5-1 所示。ω、δ、ε 则分别表示个体效应、时间效应和随机效应；B_1 和 B_2 分别为各对应模型中控制量的系数向量；α_0、γ_0、λ_0 分别为各模型常数项；α_1、γ_1、λ_1、λ_2 分别对应各模型中解释变量系数。

---

① 说明：文中式（4-11）是基于推力视角进行健康人力资本投资推导出的最优方程，本书认为，基于推拉理论分析框架，推力视角和拉力视角具备一定的对偶性，即若全部从拉力视角推导最优方程其各变量系数符号应该与式（4-11）相反。而本书因受所得样本所限，研究设计实证模型并未完全从推力或者拉力某一个视角进行，而是混合进行。

表 5—1

描述性统计表

变量名	代码	定义	均值	标准差	最小值	最大值	相对迁入地的要素性质	预期迁移作用方向	预期健康作用方向
是否迁移性流动	magri1	遵从判定流程：1=迁移，0=未迁移	0.115	0.319	0	1	—	—	正
混合型污染感知	air133	1=感知，0=未感知	0.3559	0.4789	0	1	推力	正	正
煤烟型空气污染感知	air122	1=感知，0=未感知	0.3559	0.4789	0	1	推力	正	正
工作影响参照的自评健康	health6	1=健康偶尔或从不影响工作，否则0	0.7829	0.4124	0	1	—	—	—
综合性自评健康	health9	1=自评健康为一般3、比较健康4和健康5且健康偶尔或从不影响工作，否则0	0.7618	0.426	0	1	—	—	—
性别	gender	1=男，0=女	0.5124	0.4999	0	1	固定特征	正	负
年龄	age	年龄：调查年份减去出生日期（岁）	46.551	10.234	28	64	固定特征	不确定	负
家庭人均年收入	hp	家庭年人均真实收入（万元/人）①	3.2467	4.6547	0	90	引力	正	正
家庭规模	a63	家庭人数（人）	3.1479	1.3144	1	10	固定特征	不确定	—
户口性质	rual	1=农业户口和没有户口，否则0	0.5453	0.498	0	1	引力	负	—

① 此处利用利用货币收入与房价满意度作为权重调整后的变量表示真实收入、因此，万元/人仅表示比较单位，非真正意义上的万元/人。

续表

变量名	代码	定义	均值	标准差	最小值	最大值	相对迁入地的要素性质	预期迁移作用方向	预期健康作用方向
是否锻炼	workout	1=有过锻炼、经常去健身房等锻炼符合、较符合, 不太符合, 否则 0	0.3199	0.4665	0	1	—	—	正
是否参加医保	yibao	1=参加城市医保或商业医保, 否则 0	0.9207	0.2702	0	1	推力	正	负
房价满意度	houseprice1	1=非常不满意和不太满意; 2=说不清满意或不太满意; 3=比较满意和非常满意, 否则 0	1.5276	0.6967	1	3	引力、推力并存	不确定	—
全国获得公共服务便利度	psf	1=非常方便 1 和比较方便 2, 否则 0	0.3894	0.4877	0	1	推力	负	—
获得医疗资源便利度	medical	1=当为非常方便和比较方便, 否则 0	0.5127	0.4999	0	1	—	—	正

注: 经来自 2013 年中国社会综合调查数据 (CGSS) 数据计算所得。

对模型中的式（5-3）、式（5-4）、式（5-5）进行检验。首先，当式（5-3）中系数 α_1 显著，则表明空气污染总体上对劳动力流动有影响；其次，进行式（5-4）、式（5-5）的检验，若系数 γ_1、λ_1、λ_2 检验显著，则说明空气污染影响劳动力流动过程中有一部分是通过产生健康冲击效应风险实现的；若 γ_1、λ_2 系数检验显著，而 λ_1 不显著，则说明空气污染影响劳动力流动过程完全是因为产生健康冲击效应或风险来实现的；最后，若系数 γ_1、λ_2 中检验只有一个或全都不显著，则需进行 Sobel 或 bootstrap 检验，通过该检验进一步判断是否存在中介效应。特别地，本书利用 SPSS 进行 Q-Q 图检验，发现采用 Probit 回归和检验其预测概率累积分布并不符合正态分布，同时，对于样本也不能简单利用线性回归模式，否则会出现较大的估计偏误，因此，可假设劳动力做出是否迁移决策的概率服从逻辑分布，结合本书样本特征，因变量为二值选择名义变量，继而采取 Logit 方法进行分析更为合理、可靠。

5.3.2 指标设计与数据说明

本书数据来源于 2013 年中国社会综合调查数据（CGSS）[①]。基于所用研究指标共获得 3279 份样本，其中迁移样本占比约为 11.50%，而我国 2003～2013 年期间每年实际劳动力流动数量的平均比例约为 13.37%。[②] 二者相差不大，即若按照每年调查一次，连续十年调查，其年均比例也大致如此，这表明本书定义的迁移状态样本提取比例基本符合实际情况，且未超过该数值，这也避免了研究空气污染对迁移影响的高估偏误。具体的：第一，流迁（或迁移）状态（magri）的识别。结合其调查卷的设计特性，即空气污染在十年回顾部分，且为保证样本容量，圈定近十年个体户口与自身所在地差异以及状态为待定时何时离开的所在地等信息识别出

[①] 因需要满足研究涉及的多项指标，如空气污染、健康、迁移等，CGSS 调查是非跟踪调查，且只有 2010 年和 2013 年包含了空气污染等指标，但 2010 年不包含房价等指标信息，同时其只公布调查户的省级地址信息，因此，为保证研究的准确科学性，本书只选择了 2013 年调查样本进行分析。

[②] 该数值利用 2003 年、2005 年和 2010～2013 年流动人口数占总人口数比例的几何均值估算 14.86%，同时按照段忠平（2013）流动人口中 90% 为劳动力，因此将 14.86% 乘以 0.9 所得。其中历年人口数来自《国家统计局鉴》，2005 年和 2010～2013 年流动人口数据来自《中国统计年鉴（2018）》，2003 年流动人口数据来自网络搜集：《中国流动人口发展报告 2018》发布：流动人口规模进入调整期 [EB/OL]. [2018-12-25]. http://www.mofangge.com/html/qDetail/06/g2/201408/p2ipg206168050.html.

个体迁移状态，样本的迁移个体判定流程如图 5 - 1 所示。① 圈定 2013 年调研样本前十年迁移状态的原因为：尽管 2010 年至今为劳动力健康型流动早期阶段，但这一阶段划分至少具备两个特点，一是收入型流动影响较健康型流动影响之间相对大小有明显缩小，二是健康型流动影响在统计上更为显著。而在 2013 年前十年，收入型流动影响仍远大于健康型流动影响，即将此阶段划为收入型流动阶段，但这不妨碍考察健康型流动影响在统计上是否具有显著性。同时，蔡昉（2005）研究认为 2004 年沿海地区出现民工荒，这表明 2003 年及以后影响劳动力流动的其他因素正逐渐增强。另外，据国家卫生健康委员会《中国流动人口发展报告 2018》指出我国流动人口政策调整经历了三个阶段，分别为：1984～2002 年，逐步放开阶段；2003～2012 年，公平理念的提出及贯彻阶段；2012 年以来，全面推进市民化阶段。② 由此本书将 2013 年调研样本圈定前十年迁移状态，研究空气污染对其影响也尽可能地降低了政策的外生性影响。因此，综合看来，将 2013 年调研样本选择前十年迁移状态，研究空气污染对其影响较为合理。

第二，空气污染风险感知状态（air）的识别。鉴于 2000 年以后我国空气污染已从煤烟型逐渐转变为机动车尾气等新型混合型（中国工程院和环境保护部，2011），为此，定义混合型空气污染感知样本。首先，机车尾气型污染感知的判别思路：是否知道空气污染，回答为"是"；汽车尾气对人体危害不会造成威胁？答题结论正确；环境保护知识－空气质量报告中，三级空气质量意味着比一级空气质量好？答题结论正确，将其综合判断为机车尾气型空气污染感知样本。其次，工业煤烟型空气污染感知同上构建思路：将知道空气污染且关于"空调氟与臭氧""酸雨与煤的关系""三级空气质量意味着比一级空气质量好？"等问题回答结果进行综合判

---

① 图 5 - 1 从左向右依次判定。几点说明：（1）圈定前 10 年迁移状态是因为 CGSS 调研空气污染问题在十年回顾部分，回答相关问题的储备印象或意识默认为调研年的近十年，且空气污染在 2000 年以后愈加严重也符合实际。（2）为获得充足样本，主要以户口信息变动为基准判定的迁移也应当为近 10 年，若为更早以前，可能受到其他因素的影响更大，空气污染影响则可能相对过小。（3）劳动力年龄选取截至调查年在 28～64 周岁之间的样本，保证了前 10 年样本均为劳动力范畴，综上，此处研究判定所有跨区迁移样本发生在近 10 年的迁移，其他则为未迁移，即研究空气污染对近十年迁移状态是否有着显著影响。孙三百等（2012）、许和连等（2019）运用 2010 年识别迁移默认为 2009 年发生的迁移行为存在定义的表述性偏误。因为大多数迁移行为可能并非是在 2009 年发生的，样本选取值得商榷。

② 《中国流动人口发展报告 2018》发布：流动人口规模进入调整期［EB/OL］.［2018 - 12 - 25］. https：//www. gov. cn/xinwen/2018 - 12/25/content_5352079. htm.

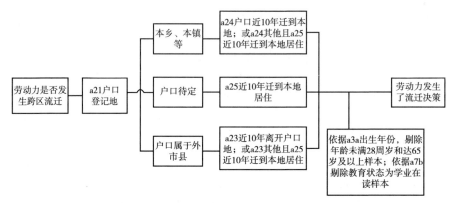

图5-1　劳动力发生迁移决策的判定流程

　　注：依据可得样本信息和十年内流迁判定含义，为严格保证研究期为劳动力群体，因此依据2013年调查年的实际年龄，剔除未满28岁和达到65岁及以上样本，以及教育状态为学业在读样本。

断，以答题结论均正确样本构建工业煤烟型空气污染感知样本。最后，混合型污染感知的识别思路：将机车尾气型感知或工业煤烟型污染感知的样本定义混合污染感知变量，作为研究模型中体现空气污染感知的重要解释变量。

　　第三，健康状态（health）的识别。多项研究表明，空气污染严重影响着劳动力工作效率（Zivin and Neidell，2012；Chang et al.，2014），而自评健康的参照系则相对模糊，回答的状态偏误较大，甚至对估计造成影响，因此，鉴于前四周健康对工作的影响能够更加准确地反映出劳动力的健康状况，本书受限于可得样本，首先将健康对工作偶尔和从没有影响的劳动力视为健康状态。同时学界认为针对调研样本中尽可能使用多的客观工具度量主观健康可能更为稳健（Blundell et al.，2017），如个体健康冲击的事件种类个数表示健康状态进行估计可能更为稳健。因此，将前四周健康状况与自评健康回答状况进一步共同判定健康样本（如表5-1所示），构建健康代理变量进行稳健分析。

　　特别的，借鉴肖挺（2016）将房价因素纳入劳动力收入调节范畴构建真实收入变量思想，本书基于所得数据指标，将家庭年人均真实收入变量（hp）用家庭年人均货币收入与房价满意度得分（houseprice1）乘积作为代理变量，其他控制变量指标定义提取和转换参见表5-1。

5.4　实证结果分析

5.4.1　中介效应分析

中介模型估计结果如表 5-2 所示，model 1 显示当劳动力感知到空气污染时可显著提高健康状况，感知到空气污染风险样本中为健康的样本比例为 83.7%，明显高于未感知到空气污染风险为健康样本的 75.3% 比例。这表明空气污染感知意识强的劳动力更易采取健康冲击规避行为或者健康人力资本投资行为。而 model 2 则进一步表明，空气污染感知意识强的劳动力更易发生迁移，当感知劳动力比没有感知的劳动力迁移概率显著高出（$e^{0.243}-1$）$\times 100\% \approx 27.51\%$。[①] 空气污染感知风险意识增强将显著诱发迁移，这被视为一种健康人力资本投资行为，感知到空气污染风险样本中发生流动的比例为 15%，高于未感知到空气污染风险而发生流动的 9.6% 比例。model 3 则进一步证实，空气污染感知风险意识增强可以提高健康水平的部分作用来自劳动力发生流动的中介作用，即污染感知风险意识和流动行为变量对健康水平的作用系数分别在 1% 和 10% 水平下均显著为正。即从健康人力资本投资视角出发，当劳动力面临严重的空气污染时，其因空气污染而发生迁移的初始行为就是为了规避健康冲击或进行健康人力资本投资。

表 5-2　　　　　　　　　　　中介效应估计结果

变量	model 1	model 2	model 3
	health 6	magri 1	health 6
air133	0.286 *** (0.0990)	0.243 ** (0.117)	0.279 *** (0.0991)
magri 1			0.293 * (0.169)

[①]　下文分析将 logit 模型本质如此处同等表述，计算过程不再显示。

续表

变量	model 1	model 2	model 3
	health 6	magri 1	health 6
age	-0.0533 *** (0.00445)	-0.0624 *** (0.00693)	-0.0522 *** (0.00449)
gender	0.268 *** (0.0888)	-0.183 (0.113)	0.271 *** (0.0888)
hp	0.104 *** (0.0231)	0.0375 *** (0.0134)	0.101 *** (0.0229)
a63		-0.0698 (0.0502)	
rual		-0.164 (0.121)	
yibao	-0.131 (0.170)	-0.527 *** (0.180)	-0.115 (0.170)
psf		-0.294 ** (0.122)	
2. houseprice1		-0.324 ** (0.148)	
3. houseprice1		-0.113 (0.195)	
medical	0.176 ** (0.0883)		0.180 ** (0.0884)
workout	0.245 ** (0.102)		0.246 ** (0.102)
Constant	3.302 *** (0.277)	1.544 *** (0.414)	3.214 *** (0.279)
Pseudo R-squared	0.0752	0.0797	0.0761
chi2	201.97	136.82	201.15
log likelihood	-1586.776	-1076.689	-1585.188
observations	3279	3279	3279
significance	0	0	0

注：*、**、***分别表示在10%、5%、1%水平下显著，括号内数值为标准误。表中数据结果经回归估计计算所得。

从控制变量作用来看，mode 1 和 mode 3 中在其他一定条件下，劳动力年龄越大，其健康水平越差；男性劳动力的健康水平明显高于女性健康水平，不仅与以往研究结论一致（Zhang et al.，2018），也符合现实，样本中男性健康 80.5% 高于女性健康 75.9% 的比例；真实收入越高、医疗资源容易获得以及经常锻炼的劳动力的健康水平将得到显著提高，其中真实收入每提高一个单位，劳动力健康改善的概率比将提升约 11%。参加医疗保险则出现负向作用势头，但不显著，这也符合经验逻辑，一般是健康越差的劳动力越可能参加医疗保险，所以呈现出此负向结果。健康的样本中参保的比例为 91.9%，低于不健康样本中参保的 92.8% 比例。

而在 mode 12 中，在其他一定条件下，年龄越大劳动力越不会发生流动，年龄每上升一岁，发生流动的概率比将下降 $-(e^{-0.0624}-1) \times 100\% \approx 6.049\%$，原本参与医保和认为公共服务获得便利的劳动力越不可能发生流动，其中参与医保未发生流动的比例高达 89.0%，认为公共服务便利未发现流动的比例达 90.4%。另外，对房价中等满意度的群体越不可能发生流动，因为有研究认为房价高低和地区空气环境息息相关（席鹏辉和梁若冰，2015），对房价太满意劳动力群体，其家庭人均货币年收入为 2.069 万元，低于房价很不满意群体的家庭人均货币年收入 2.532 万元，这意味着对房价太满意的群体居住的房价普遍偏低，其当前的综合生活环境可能较差，而对房价很不满意的劳动力群体，则意味着其当前生活压力更大，尽管收入较高，但还是难以负担奇高的房价，同时对房价中等满意群体的家庭的人均年货币收入更低，均值为 1.748 万元，其对所处居住环境的房价较为满意，而且对其来说，自身发生流动的相对成本较高，也难以负担。因此，前两个群体都比中等满意群体更可能发生流动，从而在模型中表现为对房价中等满意的群体对是否流动的影响显著为负，其他群体则影响不显著。此外，真实收入会显著提高流动概率，一是真实收入提高，相对迁移成本降低，从而提高流动概率；二是真实收入提高，作为流入地本身就是一种引力要素，吸引着劳动力流入。性别对劳动力流动概率作用不明显，但有负向作用倾向，这表明空气污染感知风险意识等其他条件一定的情况下，男性流动意愿低于女性流动意愿倾向，即女性劳动力群体采取流动式的健康人力资本投资动机要强些。这与女性关注环境风险意识高于男性观点基本相符（Xiao and McCright，2012）。同时，非城市户口流动与城市户口流动差异不大。这也主要因本书流动的判定流程更多地倾向于迁移概念内涵，迁移需要高昂的成本代价，非城市户口家庭居民收入偏低，难以负担，但为了生存还是发生了一部分流动，样本中非城市户口流动比例为9.9%，尽管城市劳动力收入较高，但空气环境污染严重等问题存在，也导致发生了一定的流动，样本中城市户口群体流动比例为13.4%，因此，在空气污染感知等其他一定条件下，最终导致户口性质对劳动力流动的影响差异并不明显。综上所述，模型估计结果总体较为合理。

5.4.2 稳健检验

本部分的稳健性检验主要采取了三种方式：一是利用工业煤烟型空气污染感知作为代理变量进行稳健检验；二是利用近四周健康状况和自评健康状况构建综合的健康代理变量进行稳健检验；[①] 三是将空气污染感知和健康新的代理变量同时纳入模型，进一步进行稳健性检验。[②] 结果如表5-3所示，model 4 ~ model 6空气污染代理变量检验结果较为稳健，迁移在空气污染感知对健康的影响仍呈显著的部分中介作用。而model 7 ~ model 9和model 10 ~ model 12分别为健康代理变量稳健检验和两个代理变量共同的稳健检验，其只有空气污染感知对健康提升作用显著，而迁移的估计结果均不显著，进一步利用Sobel检验，分别计算这两个中介模型Sobel值其均为1.00684，95%置信区间为 [0.92791，1.11007]，相差无几，均大于0.97，表明存在显著的部分中介作用。且从这三种稳健检验结果来看，各变量系数估计结果与上文中介模型估计结果相差甚小，从影响大小方面也呈现出较为稳健的一面。综上所述，稳健检验结果进一步表明，劳动力的空气污染感知对健康水平提升的显著影响部分作用来自对"迁移或流动"这一公共品消费的健康人力资本投资行为的中介作用的结论较为可靠，从而验证了前文的假说H_{11}。

---

① 考虑自评健康后的健康的稳健代理变量与原健康自变量重合率高达97.896%，因此，表明以前四周健康影响工作信息判定健康状态较为可靠。

② 空气污染感知和健康代理变量具体构建见前文数据说明部分。

表 5 - 3

稳健估计结果

变量	model 4	model 5	model 6	model 7	model 8	model 9	model 10	model 11	model 12
	health 6	magri 1	health 6	health 9	magri 1	health 9	health 9	magri 1	health 9
airl22	0.286*** (0.0990)	0.243** (0.117)	0.279*** (0.0991)				0.291*** (0.0956)	0.243** (0.117)	0.286*** (0.0956)
airl133				0.291*** (0.0956)	0.243** (0.117)	0.286*** (0.0956)			
magri 1			0.293* (0.169)			0.182 (0.158)			0.182 (0.158)
Pseudo R-squared	0.0752	0.0797	0.0761	0.0744	0.0797	0.0748	0.0744	0.0797	0.0748
chi2	201.97	136.82	201.15	213.33	136.82	212.84	213.33	136.82	212.84
log likelihood	-1586.776	-1076.689	-1585.188	-1666.165	-1076.689	-1665.479	-1666.165	-1076.689	-1665.479
observations	3279	3279	3279	3279	3279	3279	3279	3279	3279
significance	0	0	0	0	0	0	0	0	0

注：*、**、*** 分别表示在 10%、5%、1% 水平下显著。括号内数值为标准误。表中数据结果经回归估计计算所得。

5.4.3 劳动力异质分析

5.4.3.1 个体或家庭基本特征异质分析

个体或家庭基本特征异质估计结果如表 5-4 所示，从教育特征差异来看，其他教育划分均不显著，这表明正规大专以下教育群体对空气污染感知偏低，导致其对迁移的影响不显著，而正规大专高等教育及以上群体对空气污染感知敏感，其更易发生迁移。这主要因满足了两个条件：一是这一群体更加容易感知到空气污染，高等教育群体中感知到空气污染风险占比为 70.0%，而非高等教育群体中感知风险比例仅为 32.9%；二是这一群体收入普遍升高，高等教育群体家庭真实人均收入均值为 6.929，远高于非高等教育家庭真实人均收入 2.956，当其感知到空气污染风险时，流动相对成本较低，更易发生流动。因此，高等教育群体的空气污染风险的流动效应更为显著。从养老观念差异来看，抚养父母不是由子女负责的群体迁移效应显著，对于这一群体来说，流动的相对隐性成本较低，其更愿意发生流动，而涉及子女负责抚养父母的流动不显著，"父母在不远游"的传统美德在污染感知风险通过流动发生健康人力资本投资决策行为中仍占着重要作用，这一现象表明，若要顺利推进健康中国 2030 战略目标的实现，对于污染严重和劳动力充足的地区，政府必须加大子女抚养父母的帮扶力度，在进行孝道美德教育深入宣传和实践的同时，加快养老服务机构建设，降低苦难家庭生活成本，为其进行健康人力资本投资的限制性负担松绑，促使劳动力合理流动；对于污染不严重的地区，必须强化孝道教育，增加家庭抚养责任感、归属感，防止人才流失，这将有利于健康中国战略目标的推进。从近十年阶层差异来看，高阶层群体对空气污染感知更为敏感，占比为 43.2%，远高于中等（32.4%）、低等（31.7%）阶层两个群体空气污染的风险感知比例，同时高阶层群体的家庭真实人均收入水平为 4.602，也高于中低群体均值（中低分别为 3.018 和 2.183），即高阶层的流动相对成本小，因此，当高阶层群体面临空气污染感知风险时，更容易发生流动。

表 5 - 4　个体或家庭基本特征异质性估计结果

变量	教育低	教育高	家庭规模低	家庭规模中	家庭规模高	无未成年子女	有未成年子女	子女抚养父母	政府、社会等抚养父母	子女与政府等同抚养父母	近十年低阶层	近十年中阶层	近十年高阶层
	magri 1	magri 1	magri 1	magri 1	magri 1	magri 1	magri 1	magri 1	magri 1	magri 1	magri 1	magri 1	magri 1
air133	0.115 (0.130)	0.801** (0.366)	0.209 (0.219)	0.0500 (0.154)	1.120*** (0.331)	0.172 (0.209)	0.250* (0.144)	0.249 (0.174)	1.187*** (0.356)	-0.0676 (0.182)	0.00614 (0.230)	0.104 (0.196)	0.507*** (0.196)
控制变量	YES	YES	YES	YES	YES	YES	YES	YES	YES	YES	YES	YES	YES
Pseudo R²	0.0630	0.110	0.106	0.0721	0.133	0.0205	0.0749	0.118	0.125	0.0625	0.111	0.101	0.0568
chi2	100.6	26.92	67.14	67.90	35.81	17.41	78.65	90.10	31.38	49.38	55.88	57.74	45.96
log likelihood	-936.1	-127.3	-316.4	-606.7	-137.7	-415.5	-652.2	-503.5	-122.8	-424.6	-285.2	-388.6	-382.3
Observations	3039	240	1066	1706	507	1711	1563	1652	459	1164	1048	1198	1027
significance	0	0.00268	1.58e-10	1.13e-10	9.09e-05	0.0658	0	0	0.000507	3.48e-07	2.16e-08	9.67e-09	1.46e-06

注：*、**、***分别表示在 10%、5%、1% 水平下显著，括号内数值为标准误。表中数据结果经回归估计计算所得。

　　从不同家庭规模来看，人数在 5 口人或以上的大规模家庭流动的概率更高，即当某个劳动力家庭人数过多，意味着小孩和老人更多，当劳动力感知空气污染风险时，其对于健康人力资本损耗估值将很大，这时尽管其家庭真实人均收入偏低，但其更愿意发生流动。进一步的，从有 18 岁以下未成年子女数来看，有 18 周岁以下子女的劳动力空气污染感知意识风险的流动概率要高于没有 18 周岁以下子女的劳动力，这表明有未成年子女的家庭在面临环境污染风险时，其流动意愿更高。这不仅反映了"孟母三迁"的良苦用心，更是赋予了"孟母三迁"新时代的内涵，即为子女的健康人力资本发展而更愿意发生流动。

　　综上所述，当劳动力面临空气污染感知风险时，其选择是否以流动方式进行健康人力资本投资，不仅是个人决策，更是家庭决策的结果。即当劳动力感知空气污染风险时，其将在综合性的相对成本与收益之间权衡是否发生流动。一般地，教育程度高、阶层越高、无强的孝悌观、家庭规模大、有未成年子女等的群体选择以流动方式进行健康人力资本投资动机更为强烈，从而假说 H_{12} 得以验证。

5.4.3.2　个体或家庭政策需求异质性分析

　　个体或家庭政策需求异质估计结果如表 5 - 5 所示，从就业满意度差异来看，当空气污染感知群体对就业环境中等满意时，会诱发劳动力发生流动，中等满意家庭人均真实收入均值为 3.405，低满意群体收入低，家庭人均真实收入均值约为 2.622，其流动成本高，不易发生流动，但收入提升会显著提升其流动概率，而高满意群体则会因就业环境好而不易发生流动，收入因素对流动的作用已经显得不重要了。从慢性病管理满意差异来看，慢性病管理满意度一般及以下会诱发迁移，而较满意及以上迁移效应不显著。究其原因，这两个群体家庭人均真实收入差异不显著，均值分别为 3.227 和 3.255，方差齐性检验 p = 0.879，不拒绝方差齐性原假设，因此，其流动的相对成本来说均可负担，从列联表分布来看，发生流动样本中不满意群体占比 68.1%，满意群体占比 31.9%，因此当慢性病管理满意度低的群体面临空气污染感知风险时，自然更易发生流动。从公共教育服务满意差异来看，公共教育满意中等水平的群体空气污染感知迁移效应显著，尽管不同满意水平群体间（低水平和高水平满意群体）的家庭真实人均收入和货币人均收入均不存在显著差异，方差齐性检验 p 值分别为：0.877、0.274，但中等满意群体的家庭真实人均收入高（均值为 3.3061，

表5-5 个体或家庭政策需求异质估计结果

变量	就业环境满意低	就业环境满意中	就业环境满意高	慢性病管理满意低	慢性病管理满意高	公共教育服务满意低	公共教育服务满意中	公共教育服务满意高	公平感知低	公平感知中	公平感知高	幸福感知低	幸福感知中	幸福感知高
	magri 1	magri 1	magri 1	magri 1	magri 1	magri 1	magri 1	magri 1	magri 1	magri 1	magri 1	magri 1	magri 1	magri 1
air133	-0.127 (0.250)	0.436*** (0.157)	0.291 (0.265)	0.326** (0.144)	0.0184 (0.212)	-0.0582 (0.303)	0.327** (0.157)	0.212 (0.223)	0.0518 (0.186)	0.540** (0.230)	0.246 (0.204)	0.0496 (0.244)	0.315** (0.149)	0.198 (0.342)
控制变量	YES	YES	YES	YES	YES	YES	YES	YES	YES	YES	YES	YES	YES	YES
Pseudo R^2	0.101	0.0859	0.0809	0.0885	0.0899	0.132	0.0638	0.105	0.0967	0.0533	0.103	0.0931	0.0948	0.0839
chi2	40.55	89.57	24.58	102	54.05	40.29	56.93	55.45	57.49	29.06	68.72	41	107.3	23.16
log likelihood	-253.3	-580.1	-214.2	-724.2	-331.9	-160.7	-580	-320.1	-413.4	-284.5	-365.3	-265	-667.3	-125
observations	820	1722	711	2296	954	497	1623	1143	1258	741	1278	896	1950	419
Significance	1.36e-05	0	0.00619	0	4.76e-08	1.51e-05	1.37e-08	2.61e-08	1.08e-08	0.00122	7.83e-11	1.13e-05	0	0.0102

注：*、**、***分别表示在10%、5%、1%水平下显著，括号内数值为标准误。表中数据结果经回归估计计算所得。

大于低水平和高水平满意群体的 3.184、3.305），即其流动的相对成本小，同时中等满意群体的空气污染感知比例也高且为 40%，高于低水平、高水平满意群体 36% 和 30.2% 的比例，又因为中等群体的家庭规模居中，相对而言预期的污染健康冲击较大，因此，在其权衡流动成本和期望收益之后，选择流动进行健康人力资本投资动机更为强烈，而对公共教育满意度低和满意高两个群体的空气污染感知风险的迁移效应则不显著，即体现了中间群体流动效应。

更进一步，从整体公平感知差异来看，不公平感知强烈的人其真实收入、社会地位偏低，因此尽管其空气污染感知强烈，也无能力发生迁移；而公平感知强烈的群体尽管经济、社会地位等偏高，对于他们而言迁移相对成本偏低，但当面对空气污染时，其当下所处的公平的生活环境，相对剥夺感较小（孙薇薇和朱晓宇，2018），归属感可能较高，也会降低其迁移意愿；对于公平与不公平感知模糊的群体，其经济社会地位处于中间层，以中产阶级为主，生活在一般化或者无归属感的环境里，当其面对空气污染时，更容易发生迁移。从幸福感知差异来看，幸福感中等的群体，其经济社会地位处于中间层，生活在一般化或者无归属感的环境里，当其面对空气污染时，更可能将不幸福部分归咎于此，或进一步激发其追求更加幸福的动机，使其更容易发生流动。具体如不同幸福感知水平群体间收入水平差异显著（方差齐性检验 p = 0.000），感到不幸福的群体其家庭真实人均收入水平（均值为 2.775）过低，因此，尽管其空气污染感知强烈，也无能力或者无暇发生流动，而幸福感知强烈的群体尽管家庭真实人均收入水平（均值为 4.350）等偏高，对于他们而言迁移相对成本偏低，但当面对空气污染时，其当下所处的幸福的生活环境导致其相对的预期收益过低，也会降低其流动意愿。因此，幸福感知中等水平群体的劳动力在面临空气污染感知风险时，更愿意以流动的方式进行健康人力资本投资。

综上所述，除了对慢性病管理满意度低的群体在面临空气污染感知风险时存在强烈的"流动"式健康人力资本投资动机，其他均是政策需求处于中等水平的群体在面临空气污染感知风险时，存在强烈的"流动"式健康人力资本投资动机。即劳动力面临空气污染感知风险时会在流动成本和期望收益间权衡，将产生以"流动"方式的健康人力资本投资替代行为，主要表现在中间群体，这一群体对当前生活各方面保持着中等水平评价或认知，其流动的健康人力资本投资替代效应的期望收益高，流动相对成本低。因此，他们将在自身的经济实力和当前的收益以及迁移后可获得收益之间进行比较，从而更易发生流动；而对于低水平状况群体，尽管其流动的健康人力资本投资替代效应的期望收益高，但其流动成本负担不起，不易发生流动；对于高水平状况群体而言，尽管其流动相对成本小，但其流动的健康人力资本投资替代效应的期望收益也小，且一般情况下小于等于前者，因此这一群体也不易发生流动。这表明劳动力自身和外界的因素严重影响着其空气污染感知的健康人力资本投资动机，从而不同程度地影响其流动的决策。具体的，阶层中等水平、公平中等和幸福中等以及就业环境满意中等、公共教育服务满意中等水平的群体发生流动的概率更高，从而验证了假说 H_{13}。这也进一步表明了当今人们作出流动决策早已跳出了"家贫亲老"的传统思维模式，更多的以"理性经济人"的思维来权衡流动成本与收益，作出是否流动的最优决策，同时从不同的政策需求视角，展现出了人们在空气污染感知风险下进行健康人力资本投资由"不平而鸣"到"人平不语"的社会转变。

5.5　本章小结

本部分主要探讨了劳动力在面临空气污染感知风险时是否会选择流动进行健康人力资本投资，这主要包括两种效应：一是流动式公共品消费的健康人力资本投资的间接替代效应；二是流动式公共品消费的健康人力资本损害的规避效应。主要结论有以下几点。第一，在空气污染风险加剧背景下，劳动力通过选择流动公共品消费，可改善健康状况，切实提高自身健康人力资本。第二，从基本特征异质来看，劳动力面临空气污染风险时，其是否发生流动不仅是个人决策，也是一种家庭决策。教育程度高、养老观点淡薄、社会阶层高、家庭规模大、家庭未成年子女多，即流动后家庭人均期望收益高的群体发生流动的概率更高。第三，从政策需求异质来看，在一定条件下，不同政策需求水平会影响空气污染感知风险下的劳动力以流动的方式进行健康人力资本投资的动机。一般地，多数情况下，处在政策需求中等水平的劳动力群体面临空气污染感知风险时更容易发生流动。具体地，公平中等和幸福中等以及就业环境满意中等、公共教育服务满意中等水平的群体发生流动的概率更高。综上所述，这也从微观视角，为刘易斯拐点论是否到来的争议和流动群体与本地群体健康水平差异原因的争议找到了额外的证据。由此，为顺利实现高质量发展战略目标和

"健康中国2030"战略目标，给出以下政策含义。

第一，用"协同"换"力道"，打造空气污染协同治理、精准治理模式样板。空气污染是健康人力资本损害的根源之一，空气污染风险显著影响着劳动力的健康人力资本投资决策。因此，要摒弃以往蛮力治理方式，利用协同治理、精准治理思维为指导核心，进一步加大空气污染治理力度，选择典型区域，破除治理权分割障碍，打造协同治理和精准治理样板，为其他地区树立可借鉴的典例经验，可有效避免各地区盲目治理的混乱局面。

第二，提高劳动力的空气污染风险感知水平，增强健康人力资本投资意识。研究表明，不同特征的劳动力空气污染风险感知水平存在显著差异，因此，必须加大劳动力的污染—健康教育培训，提高其空气污染感知的通识水平；主动构建空气污染感知指标体系，拓宽劳动力对空气污染感知维度；研发空气污染感知的生活装备或用具，增大劳动力对空气污染感知的强度，整体提高劳动力的空气污染风险感知水平。同时基于流动健康人力资本投资是个人与家庭的决策结果，应顺势强化其健康人力资本投资意识，将有利于健康家庭建设。

第三，消除"污染逃离"的偏见，创新劳动力合理流动的发展与管理思维。研究表明，劳动力在面临空气污染感知风险时，其可选择"流动"进行健康人力资本投资，这是一种合理且正当的社会发展权利，应得到充分尊重，不能因劳动力为规避污染的健康冲击逃离"北上广"而盲目颁布经济等市场引力要素补贴条件，吸引劳动力再次回流，这即便尊重了自由的市场经济精神，也没有尊重劳动力市场的健康发展。因此，有必要正确且理性看待劳动力因污染而逃离"北上广"的行为，消除发展的固有偏见，而应创新推动劳动力合理流动的发展与管理思维，将此因素纳入劳动力供给管理当中，围绕污染健康冲击风险治理，从产业结构调整入手，兼用环境规制手段，优化劳动力供给。

第四，锚定中间诉求群体，强化流动人口健康的发展与管理。研究显示，劳动力流动是健康人力资本投资方式，尤其是中等政策需求的劳动力更易采取流动的方式进行健康人力资本投资，同时流动人口对流入地和流出地的经济也有着重要的影响，因此，中间政策诉求群体的健康管理能够强化流动人口的健康发展与管理，是实现"健康中国2030"战略目标和高质量发展目标的关键。

第6章

空间范式下健康人力资本投资的经验评估

——跨区流动视角

本章主要是基于空间经济模型研究范式（以下简称"空间范式"），从健康冲击视角，对空气污染与劳动力空间层面流动的关系进行实证研究。首先，基于环境流行病学和环境毒理学、环境经济学、环境健康经济学等学者关于空气污染主要来源以及成分的分析和空气污染对不同健康终点反应关系的识别与确定，并结合可得数据，构建复合指标体系，利用主成分－熵权法测度出各省空气污染指数、健康冲击指数和空气污染的健康冲击指数等。其次，在此基础上，运用中介效应模型、门槛模型等研究空气污染对劳动力空间流动影响，同时根据政策区域、经济水平、不同污染程度等众多异质条件分别考察不同组间的影响差异。为保证结果的可靠性，本章通过不同模型方法和工具变量回归，进行稳健性综合判断。

6.1 引　　言

"健康中国 2030"战略的提出，是我国社会经济发展由人口红利向健康红利的战略性转变（杨利春，2018）。从要素流动视角来看，新中国成立 75 年以来，我国劳动力流动规模空前，这是推动国家社会经济发展的重要力量（Lewis，1954；林毅夫，1999）。截至 2010 年，无论是跨县还是跨省的人口流动规模一直处于上升态势，2010 年后出现下降，但规模仍空前庞大，如跨县人口总迁移量在 1982 年、2010 年和 2015 年分别为 2863 万人、1.46 亿人和 1.32 亿人（马忠东，2019）。基于这一现象，学界从工资水平下的供需互动关系视角，利用刘易斯拐点理论质疑了中国以民工为主的劳动力流动无限供给的可能（蔡昉，2008）。尽管"民工荒"现象在部分城市显现，但从流动人口规模来看，刘易斯拐点下的剩余劳动力耗尽观点尚不能定论。与此同时，如 2010 年，中国环境污染尤其空气污染的加剧，损害了大量民众的生命健康，导致疾病负担年均增长 1.65%。[①] 在空气污染健康冲击威胁持续加剧的背景下，各省的年均劳动力净流入率则呈持续下降态势（"出逃"上升），空气污染的健康冲击与劳动力流动趋势变化如图 6-1 所示。

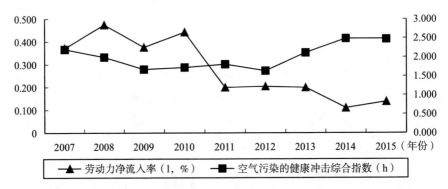

图 6-1 空气污染的健康冲击与劳动力流动趋势变化

注：数据来源于 EPS 数据库，经计算所得。

由此，众多学者也分别从行业部门流动（Beladi and Frasca，1999；Jha and Whalley，2001；李晓春，2005；刘君等，2018）和一般空间流动（Hsieh and Liu，1983；Xu and Sylwester，2016；Chen et al.，2017；孙中伟和孙承琳，2018；Li et al.，2017）视角研究认为，空气污染显著影响着劳动力的流动，这也在一定程度上从外生影响视角冲击了刘易斯拐点下的剩余劳动力耗尽的观点。特别是经济发达、东部沿海地区，人们在遭受污染的健康冲击后，甚至主动或被迫作出了"逃离北上广"和"逆城市化"之举（张海峰等，2019；肖挺，2016）。然而，目前关于空气污染对劳动力流动影响的经验研究仍不多见，已有研究也更多地局限于利用某种污染

---

① 《2010 年全球疾病负担评估》研究报告发布 ［EB/OL］. （2013 – 04 – 02）. http：//www. 587766. com/news5/28640. html.

量或浓度以及污染感知等变量构建指标进行直接分析（肖挺，2016；Chen et al.，2017；楚永生，2015；Lu et al.，2018），缺少了真实污染通过损害健康进一步影响劳动力流动的直接证据。同时，环境污染对劳动力流动的影响途径较多。例如，环境作为一种生产要素，其副产品"污染"可能会持续加剧，进一步反向制约地区经济发展，发生经济萎缩，从而导致劳动力发生流动；同时，环境污染的加剧也将进一步强化环境规制力度，影响就业环境（王勇等，2013；秦楠等，2018；马骥涛和郭文，2018），可能导致劳动力发生流动性转变；此外，环境污染损害健康（涂正革等，2018），也能够进一步影响劳动力健康人力资本投资方式而导致劳动力发生流迁，等等。目前正是缺乏从健康冲击视角进行的研究。而且，尽管前文从微观视角给出的流动个体健康冲击的规避机制也是拉丁移民健康悖论现象——流动人口与本地人口健康水平差异的原因，但仍缺乏宏观层面的经验证据。鉴于劳动力在面对空气污染造成的健康冲击时，跨省流动的概率可能要大于跨县流动的概率，即健康状况对劳动力流动的影响在大空间上更为敏感（宁光杰，2012；许和连等，2019），因此，从健康冲击视角出发，结合可得数据，利用主成分—熵权法创新测度空气污染健康冲击效应，从省域空间给出空气污染健康冲击对劳动力流动影响的直接证据，从而验证前文相关假设具有重要意义。

6.2 研究假设

空气污染、健康冲击与劳动力流动存在显著的互动关系。首先，空气主要污染物有 PM2.5、PM10、SO_2、NO_2、CO、O_3 等，其严重损害着公众健康（祁毓等，2014）。环境流行病学或毒理学领域学者研究认为，不同空气污染物与死亡率和预期寿命（Dominici et al.，2002；Chen et al.，2013）、婴儿死亡率（Chay and Greenstone，2003；Arceo-Gomez，2012）、呼吸道疾病（Gauderman et al.，2015；崔亮亮等，2018）、心血管疾病（Ghosh et al.，2016；Brandt et al.，2017；Song et al.，2019）、皮肤病（Lee et al.，2008；Krutmann et al.，2014）、眼表疾病（Torricelli-André et al.，2013；Jung et al.，2018）、神经性疾病（Perera，2017；Perera et al.，2012）、癌症（Raaschou-Nielsen et al.，2013；Yu et al.，2015；Pedersen et al.，2017）、慢性病（Tran et al.，2018）等不同健康终点存在着不同的反

应关系。环境健康经济学领域学者则研究认为，空气污染损害公众健康，降低健康人力资本水平（Cropper，1981），产生家庭负担（Van zon and Muysken，2001），降低工作效率（Zivin and Neidell，2012）等，会产生一定的经济后果，但收入、教育等的提高可以抵御部分空气污染对健康的危害，这取决于个体支付意愿（涂正革，2018）。其次，健康状况影响着劳动力流动。部分学者分别从医保等医疗服务制度（Stroupe et al.，2001；秦雪征和郑直，2011）间接视角和健康冲击直接视角（王智强和刘超，2011；魏霄，2015；Adhvaryu and Nyshadham，2017）研究认为，健康状况显著影响着劳动力流动。但也有学者研究结论与之不同，认为健康状况对农村流动人口选择自雇与受雇的影响不大（景再方，2018），农村劳动力自身外出务工意愿与父母健康状况关系不显著（宁光杰，2012）。最后，环境污染影响着劳动力流动。这部分研究主要集中在基于"H - T 模式"的行业或部门（Beladi and Frasca，1999；Jha and Whalley，2001；李晓春，2005；刘君等，2018）和基于人口迁移理论的一般空间（Hsieh and Liu，1983；Cao et al.，2018；Chen et al.，2017；孙中伟和孙承琳，2018）两个层面流动的研究，结果表明环境污染尤其是空气污染显著影响着劳动力的流动。

综上所述，空气污染与健康冲击以及劳动力流动两两存在互动关系，同时研究三者关系的学者不多，且环境污染对劳动力流动的影响可能存在多种途径：一是环境污染损害健康（涂正革等，2018），劳动力因受到污染健康冲击影响而发生流动；二是环境作为一种生产要素，粗放生产模式下的非期望产出的"污染"会持续加剧（Grimaud and Rougé，2005；黄茂兴和林寿富，2013）可能反向制约地区经济发展，出现经济萎缩，从而导致劳动力发生流动；三是环境污染的加剧进一步强化了环境规制力度，可对就业规模和就业结构产生影响（马骥涛和郭文，2018），并进一步影响着劳动力流动，等等。因此，有必要给出空气污染通过健康冲击对劳动力流动产生影响的直接证据。由此，从劳动力跨省流入视角，提出假设 H_{21}：

H_{21}：空气污染严重阻碍着劳动力的跨省流入，这种影响主要来自健康冲击的中介作用，可为劳动力流动供给下降（刘易斯拐点现象）找到额外影响的经验证据。

在考察环境污染与劳动力流动关系时，学者更注重从异质性视角深入探讨。有的学者从劳动力异质性视角研究认为，自身内在的健康状况越好，其外出打工或迁移的意愿越高（Stroupe et al.，2001；Adhvaryu and Nyshadham，2017）或者外在健康冲击程度越高，其流动愿意越高（魏霄，

2015）。同时，环境污染尤其是空气污染对男性、年轻群体（Li et al.，2017）和高收入、高教育或高技能群体（Xu and Sylwester，2016；崔颖，2017；楚永生等，2015；Lu et al.，2018）流动影响更大。有的学者则从空间异质视角分析认为，大空间范围（跨省）、生活在大城市、经济水平开放高地区的群体的流动意愿受到空气污染的影响更为敏感（孙中伟和孙承琳，2018；许和连等，2019）。还有学者从行业或部门异质视角分析认为，工业、生活服务业群体更易因空气污染发生流动（肖挺，2016）。

从现有研究来看，无论是何种异质性条件，本质均是在一定条件下，空气污染的健康冲击效应越高，劳动力流动的决策越容易受到影响。如在男性和老年人以及工业、生活服务业、经济水平开放度高、淮河以北地区等异质条件下，个体或类别劳动力会因污染暴露水平和污染 - 健康的反应剂量参数水平高而更容易受到空气污染的健康冲击，同时高收入、高技能等群体也会因空气污染健康冲击后的经济成本过高而更容易发生迁移。由此，这种影响在不同条件禀赋的区域内也会存在显著差异。那么，这是否意味着空气污染健康冲击越高，对劳动力流入的阻碍越大呢？基于 19 世纪英国学者拉文斯坦（E. G. Ravenstein）首次提出的关于人口移动的理论以及 20 世纪 60 年代美国学者李（E. S. Lee）进一步系统提出的推拉理论可知，一个地区同时存在着阻碍和吸引劳动力流入的双重因素。而基于我国现实，一般的，早期粗放发展的地区，其经济水平较高，配套的公共服务水平也可能较高，吸引着劳动力的流入，但这些地区的空气污染也可能更为严重，导致其健康冲击效应可能更大，这又反向阻碍着劳动力的流入，这意味着空气污染健康冲击越高，其对劳动力流入的阻碍弹性未必越大。由此，进一步基于空间异质视角和推拉理论，提出假设 H_{22} 和 H_{23}：

H_{22}：空气污染健康冲击对劳动力流动的影响在不同维度的空间上存在显著差异，一般地，空气污染健康冲击水平高地区会显著阻碍劳动力的流入，表明空气污染健康冲击的规避机制也是流动人口与本地人口健康水平差异（拉丁移民健康悖论现象）的重要原因。

H_{23}：空气污染健康冲击对劳动力跨省流入的阻碍弹性存在门槛效应，其不同水平下的影响弹性大小取决于拉力与推力实际作用的相对大小。具体地，在粗放发展方式下，当空气污染健康冲击越过一定门槛，地区的引力要素作用可能发挥强吸引作用，能够减弱空气污染健康冲击对劳动力流入的排斥作用。

基于以上分析，本章研究的具体基本分析框架如图 6 - 2 所示。

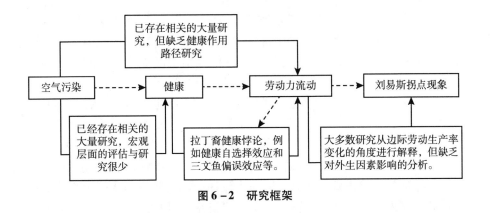

图6-2 研究框架

6.3 研究设计

6.3.1 空气污染健康冲击的测度与分析

关于空气污染健康冲击的测度，环境流行病学领域主要基于美国科学院提出的危害鉴别、剂量—反应关系评价、暴露评价和风险表征"四步法"基本框架，衍生出了如美国国家环境保护局（EPA）暴露风险评价模型、线性模式和指数模式的泊松回归相对危险度模型、环境效益评价模型法（BenMAP）和去死因寿命法等（李巍，2016），以及基于空气质量指数（AQI）改进，考虑某种健康终点反应关系而构建的 AQHI——空气质量指数法（Li et al.，2017）。经济学等领域大多直接将空气污染量作为健康冲击的替代变量。如直接利用污染排放浓度（Mitsakou et al.，2019）、所处排污源距离（张文晓等，2017）和构建的综合指数（Ho et al.，2019）等代替空气污染的健康冲击水平。

现有研究多集中于对某种污染物的健康冲击或者多个污染物的某种健康冲击进行评估，这样不仅会忽略多重共线性和赋权主观随意的缺陷，也忽略了对多种污染物的多种健康终点损害的评估（包括交叉的影响），因而不能够直接综合反映全国地区空气污染健康冲击全貌。基于此，本书利用主成分-熵权法，从空气污染对不同健康终点损害视角，测度空气污染健康冲击效应。该方法不仅能够将不同污染与多种健康终点的反应关系同时纳入复合系统考察，更加全面地反映地区的空气污染健康冲击全貌，还能够利用主成分分析的降维优势避免多个指标之间的多重共线性，也能够利用信息熵提取法克服指标赋权的主观随意性，同时包含层次分析过程，也便于下文污染系统和健康冲击系统的单独测度，为中介效应分析提供基本条件。

6.3.1.1　空气污染健康冲击指标体系的建立

依据科学性、系统性、可操作性、实际客观等原则，选择单位面积烟粉尘排放量、单位面积工业废气排放量、单位面积二氧化硫排放量、PM2.5 浓度作为空气污染物的直接来源。另外，据能源消费和"污染天堂"理论，能源消耗和对外贸易是空气污染的重要来源（黄寿峰，2017），因此，本书在研究中还纳入了单位产值能源消费量和进出总额与 GDP 比值。

从健康冲击系统来看，空气废物排放成分包含了主要污染物 PM2.5、PM10、SO_2、NO_2、CO、O_3 等，它们的主要来源为烟粉尘、工业废气等排放，且从前文梳理表明，它们与不同的健康终点存在反应关系。因此，此处将健康冲击系统纳入如表 6 – 1 所示的指标进行测度。

表 6 – 1　　　　　　　　　　空气污染健康冲击测度体系

空气污染健康冲击系统指标体系			作用方向
空气污染的健康冲击风险	空气污染系统	单位产值能源消费量（吨标煤/万元）	正向
		进出总额与 GDP 比值	正向
		单位面积烟粉尘排放量（吨/每平方千米）①	正向
		单位面积工业废气排放量（万标立方米/每平方千米）	正向
		单位面积二氧化硫排放量（吨/每平方千米）	正向
		PM2.5 浓度（微克/每立方米）	正向
	健康冲击系统	全因死亡率（‰）	正向
		围产期婴儿死亡率（‰）	正向
		医院分科门急诊人次数（万人）	正向
		耳鼻喉科门急诊人次数（万人）	正向
		皮肤科门诊人次数（万人）	正向
		内科门诊人次数（万人）	正向
		外科门急诊人次数（万人）	正向
		眼科门急诊人次数（万人）	正向
		精神科门急诊人次数（万人）	正向

---

① 2010 年及以前的烟粉尘总量缺失，利用 2010 年及以前烟尘与工业粉尘之和替代。

续表

空气污染健康冲击系统指标体系			作用方向
空气污染的健康冲击风险	健康冲击系统	结核科门急诊人次数（万人）	正向
		肿瘤科门急诊人次数（万人）	正向
		儿科门急诊人次数（万人）	正向
		妇产科门急诊人次数（万人）	正向
		出生＜2500克人数比重（％）	正向

6.3.1.2 空气污染健康冲击测度的方法及步骤

为避免在标准化测度过程中丢失面板样本中的个体效应和时间效应下的变化信息，本书采取主成分—熵权法，分别从时间和空间两个维度对其标准化后的值（正向指标采取极小值标准化、负向指标采用极大值标准化）进行分析①，最终测度得到两个维度上的相对损害冲击值分别为 q 和 r，同时为保证两个维度上个体间的差异，进一步得到综合冲击指数为：

$$h = e^q \times e^r = e^{(q+r)} \qquad (6-1)$$

具体测度步骤如下：

首先，分别按年份和按省份提取样本，从时间和空间两个维度上分别进行标准化，然后针对子系统分别进行主成分提取的降维分析，提取主成分则依据 KMO 统计量值大于 0.7、碎石图的趋势变化较快和累积方差贡献率大于80％三者综合判断。

其次，对各系统内提取的主成分计算标准化得分，结合或者不用提取的标准化指标系统变量，分别进行熵信息提取，确定在两个维度上的每个系统下指标的权重。

最后，利用权重计算两个维度上的相对冲击值 q 和 r，进而得到如前文叙述的各省的空气污染健康冲击综合指数 h。

下文中的空气污染综合指数（pol）和健康冲击综合指数（d）则分别基于空气污染系统指标和健康冲击系统指标单独进行测算，具体测度步骤同上。以上指标数据来源见下文6.3.2.2节"数据来源与说明"。

6.3.1.3 空气污染健康冲击测度结果分析

2007～2015年间空气污染指数和健康冲击指数年均值分布如图6－3

---

① 因此方法为常规测算方法，故具体测算过程公式介绍略。

所示，由图6-3可知，从上海到吉林，空气污染指数依次降低，利用k-均值聚类的等级划分①，低污染综合指数的省份包括：甘肃、安徽、陕西、内蒙古、湖南、湖北、新疆、江西、黑龙江、吉林10个省份；中等污染指数省份主要包括：重庆、海南、四川、云南、河南、青海、福建、广西8个省份；高污染综合水平主要包括：上海、天津、河北、江苏、宁夏、广东、山西、辽宁、北京、山东、贵州、浙江12个省份。由此可知，高污染主要集中在东部省份，中污染水平主要集中在西部发展较快省份，低污染水平则集中在中、西部发展速度相对较慢的省份。而尽管健康指数在不同省份间差异较大，但除北京、贵州、山西个别省份健康冲击指数较高，整体基本与空气污染指数分布形式较为一致。

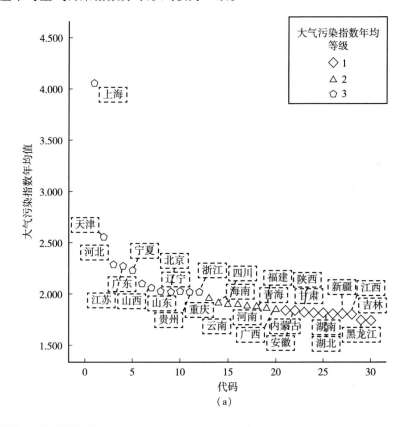

(a)

① 空气污染指数k-均值聚类的等级划分标准为：等级1∈(1.743, 1.840)，等级2∈[1.840, 1.957)，等级3∈[1.957, 4.060)；健康损害指数等级标准为：等级1∈(1.704, 1.967)，等级2∈[1.967, 2.201)，等级3∈[2.201, 3.970)。

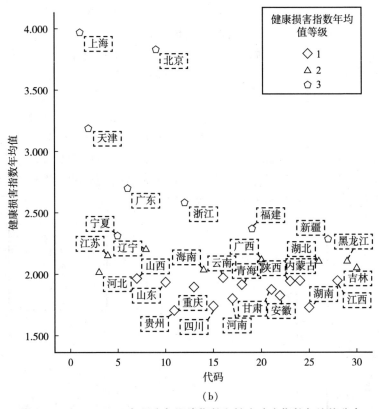

图 6 - 3 2007～2015 年间空气污染指数和健康冲击指数年均值分布

注：数据结果为来自 EPS 数据库，经笔者计算得出。

无论是利用参数相关检验还是非参数相关检验，Pearson、Kendall、Spearman 相关系数检验均为正向显著，表明空气污染与健康冲击存在着正向相关关系，这也进一步从侧面证实了空气污染指数测度与健康冲击指数测度的可靠性。空气污染指数与健康冲击指数相关性如表 6 - 2 所示。

表 6 - 2　　　　　　　　　空气污染指数与健康冲击指数相关性

Pearson	p	Kendall	p	Spearman	p	N
0.699 ***	0.000	0.241 *	0.061	0.372 **	0.043	30

注：*** 、** 、* 分别表示在1%、5%、10%水平下显著，数据结果来自 EPS 数据库，经笔者计算得出。

　　2007～2015 年间全国空气污染指数和健康冲击指数年均变化如图 6 - 4 所示。从全国年均变化来看，2012 年以后空气污染指数显著上升，健康冲击指数也从此刻上升速度加快，但在 2015 年 4 月，中共中央、国务院印发《关于加快推进生态文明建设的意见》，明确了生态文明建设的总体战略部署，同年，"十三五"规划指出，这一时期（2016～2020 年）为中国的环境保护困难期和关键期，应采取更加有力的措施推进绿色发展、循环发展、低碳发展，加强生态环境保护，努力实现环境与经济协调融合。因此，2014 年以后，空气污染指数有下降势头，但健康冲击指数仍有上升势头，这表明空气污染只是健康冲击的部分原因，这也符合继 2015 年以来，健康问题备受关注，已成为影响高质量发展的重要障碍的实情。2016 年 8 月 19 日～20 日，习近平总书记在全国卫生与健康大会上则强调把人民健康放在优先发展战略地位。[①]

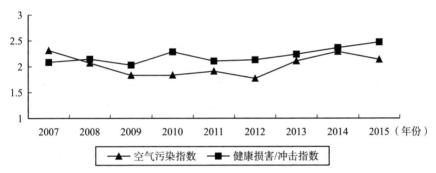

图 6 - 4　2007～2015 年间全国空气污染指数和健康冲击指数年均变化
注：数据结果来自 EPS 数据库，经笔者计算得出。

　　为进一步研究空气污染的健康冲击效应，将空气污染与健康冲击两个系统构成复合系统，2007～2015 年间空气污染 - 健康冲击综合指数年均值分布如图 6 - 5 所示，从 2007～2015 年期间的年均值来看，风险在不同省份间的变化基本一致，上海、北京、天津、浙江等东部地区的空气污染健康冲击风险普遍高于中、西部，但东部福建、海南较低，西部宁夏较高，

　　① 习近平：把人民健康放在优先发展战略地位［EB/OL］.（2016 - 08 - 20）. http：//news. china. com. cn/2016 - 08/20/content_39132753. htm.

中部山西、湖南较为突出。①

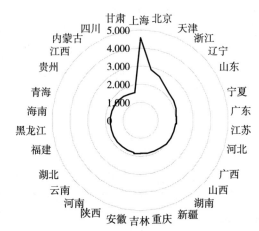

图 6 – 5　2007 ~ 2015 年间空气污染 – 健康冲击综合指数年均值分布

注：数据结果来自 EPS 数据库，经笔者计算得出。

分大区的健康冲击年均值变化趋势如图 6 – 6 所示。从考察期年均值变化来看，东部高于全国水平，中西部低于全国水平，全国整体 2007 ~ 2009 期间呈现下降趋势，2010 ~ 2011 年后呈波动上升趋势，2012 年有所下降，但 2012 年之后全国整体的空气污染健康的绝对风险急剧上升，尤其是东部，上升速度较快，且远高于全国平均水平。2014 年后，全国因西部的风险下降而出现下降势头，但中部仍然呈强劲的上升势头。

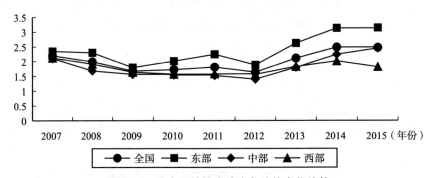

图 6 – 6　分大区的健康冲击年均值变化趋势

注：数据结果来自 EPS 数据库，经笔者计算得出。

---

① 书中从东、中、西视角分析均是按照国家关于东、中、西的政策性划分进行阐述，非严格地理东、中、西，下同。

由此，置于我国城乡二元结构破除和城镇化战略推进的背景下，劳动力迁移或流动的规模和频度空前绝后，与此同时，空气污染和健康冲击风险的加剧不仅提高了人们的感知度（Lu et al.，2018），还严重影响着人们幸福指数（张海峰等，2019），那么空气污染健康冲击会严重影响着劳动力迁移或流动的决策吗？健康冲击在其中扮演着怎样的角色？这种影响在不同区域、门槛等异质条件下情况又如何？为此，有必要进一步进行实证。

6.3.2　实证研究设计

6.3.2.1　研究模型设计

进一步地，基于式（4-19），锁定空气污染健康冲击对劳动力流动性变化影响的研究视角，设计实证模型，将空气质量健康度用空气污染健康冲击度替代，而资本（K）和工资水平（w）等的投入均与地区人均真实产出显著相关，利用人均真实产出（gp）替代（具体内涵见下文），并将其纳入控制变量中，因此，实证模型可进一步等价为式（6-2），具体公式如下：

（1）复合变量基准模型：

$$l_{it} = \beta_0 + \beta_1 h_{it} + B \times contr + \omega_i + \delta_t + \varepsilon_{it} \tag{6-2}$$

（2）进一步稳健检验与分析的中介效应基准模型：

$$l_{it} = \alpha_0 + \alpha_1 pol_{it} + B1 \times contr + \omega_i + \delta_t + \varepsilon_{it} \tag{6-3}$$

$$d_{it} = \gamma_0 + \gamma_1 pol_{it} + B_2 \times contr1 + \omega_i + \delta_t + \varepsilon_{it} \tag{6-4}$$

$$l_{it} = \lambda_0 + \lambda_1 pol_{it} + \lambda_2 d_{it} + B_3 \times contr + \omega_i + \delta_t + \varepsilon_{it} \tag{6-5}$$

（3）门槛效应检验与分析模型：

$$l_{it} = \mu_0 + \mu \times M \times I(\cdot) + \omega_i + \varepsilon_{it} \tag{6-6}$$

其中，ω、δ、ε 分别表示个体效应、时间效应和随机效应；B、B_1 和 B_2 分别为各对应模型中控制量的系数向量；α_0、β_0、γ_0、λ_0、μ_0 分别为各模型常数项；α_1、β_1、γ_1、λ_1、λ_2 分别对应各模型中解释变量系数；μ 为门槛模型所有解释变量的系数向量；M 为方程式（6-2）中的所有解释变量向量；$I(\cdot)$ 为将要分析的各门槛条件的示性函数。

同时，中介效应模型估计借鉴巴伦和肯尼（Baron and Kenny，1986）提出的层级回归分析法和温忠麟等（2004）的中介效应检验思路，对模型中的方程式（6-3）、式（6-4）、式（6-5）进行检验。当方程式（6-3）中系数 α_1 显著，则表明空气污染总体上对劳动力流动有影响；继而进行方程式（6-4）、式（6-5）的检验，若系数 γ_1、λ_1、λ_2 检验显著，则说明空气污染影响劳动力流动过程中有一部分是通过产生健康冲击效应风险实现的；若 γ_1、λ_2 系数检验显著，而 λ_1 不显著，则说明空气污染影响劳动力流动过程完全是因为产生健康冲击效应或风险来实现的；若系数 γ_1、λ_2 中检验只有一个或全都不显著，则需进行 Sobel 或 Bootstrap 检验，通过该检验进一步判断是否存在中介效应。

主要因变量与解释变量包括：劳动力净流入率（l）、健康冲击效应指数（d）和空气污染指数（pol）。劳动力净流入率（l）参考林理升和王晔倩（2006）的测度思路，从每个地区人口总变动中剔除相应的自然增长所导致的人口变化，得到人口净变动规模，并在人口净变动规模中保留 15～64 岁劳动人口，视为劳动力净流量。而根据"六普"数据，流动人口中的90%是适龄劳动力（段平忠，2013），因此，以人口净流入量乘以90%作为劳动力净流入量估值。由此，地区 i 在（t，t+1）时期内的劳动力净流入率 l_{it} 为：

$$l_{it+1} = \frac{(p_{it+1} - p_{it} \times (1 + n_{it})) \times 90\%}{(p_{it} + p_{it-1})/2}① \qquad (6-7)$$

其中，l_{it+1} 表示地区 i 在第 t+1 期的劳动力净流入率，p 为地区年末人口数。$l_{it+1} > 0$ 表示净流入，$l_{it+1} < 0$ 表示净流出。

健康冲击效应指数（d）和空气污染指数（pol）分别为上述空气污染和健康冲击两个系统独立测度的综合指数，分别表示健康冲击水平（包括空气污染损害和其他因素损害的综合损害水平）和空气污染水平。h 则为空气污染和健康冲击两个系统耦合测度指数，直接表示或特指空气污染的健康冲击指数。

控制变量：方程式（6-2）、式（6-3）、式（6-5）中的控制变量集合（contr）包括：人均真实收入（gp）、地区开放度（iemport）、地区教育水平（pore）、产业结构（thr）、日均降水量（rain）、人均道路面积

---

① 计算式分母为前两期期末人口之和均值，此处与林理升和王晔倩（2006）采用上一期时点的期末人口数表示上一期时期内地区人口数有着重要区别，从统计学视角来看，矫正后的表示前一期时期内的地区人口数更为准确，且用于后文的实证分析也更为严谨、科学，这因为矫正后分母数值变小，净流入率将变大，若要找到大气污染健康损害对劳动力流迁存在负面影响证据的难度将更大，因此所得结论也更为严谨和科学。

（perroad）。人均真实收入（gp）利用真实人均 gdp 与商品房价比值表示，有学者认为空气污染是影响房价的重要因素之一，而地区房价也是劳动力流动影响的重要因素之一，因此，将地区人均收入剔除地区房价因素尤为重要，剔除后表示的地区人均真实收入越高，越可能吸引劳动力流入（肖挺，2016）。地区开放度（iemport）利用进出口总额与国内总产值（GDP）比值表示，地区越开放，越具备交流融合发展特质，越会吸引劳动力流入。地区教育水平（pere）利用加权人均教育水平表示，意味着教育水平越高，越可能吸引劳动力流入。[①] 产业结构（thr）利用第三产业与总产值比重表示，这表明三次产业越发达，越可能吸引劳动力流入。日均降水量（rain）利用年降水量与对应年份天数比值表示，日均降水量越多，日照可能越少，越可能不利于劳动力流入，同时在我国以农民工为主力军的劳动流动人口背景下，降水量越多越可能影响其工作状态，越可能对劳动力流入有负面影响。人均道路面积（perroad）利用道路面积除以年末人口数表示，其值越大，表明城市交通越便利，基础设施也越好（陈诗一和陈登科，2018），越可能吸引劳动力流入。为尽量消除量纲大小影响和避免多重共线性及异方差的影响，控制变量集合在模型中具体形式为 contr = {lngp, iemport, lnpere, lnthr, lnrain, perroad}。

　　而方程式（5-4）中 contr1 = {pergdp, iemport, lnpere, lntemper, lntec}，其中 pergdp 为人均 GDP，表示地区经济发展水平，一般认为经济水平越高，越利于抵御健康冲击；地区开放度（iemport）含义同前文，地区越开放，越可能获得新技术，越利于抵御健康，但也有学者认为，地区越开放越会产生污染天堂，越不利于抵御健康冲击，但总的认知是地区开放度对环境污染以及健康抵御有着重要影响；人均教育水平（pere）越高，健康卫生意识越强，收入也可能越高，也越利于抵御健康冲击；地区平均气温（temper）用各省主要城市平均气温代替，其是影响健康或疾病发生的重要外生因素；每千人口卫生技术员数（tec）表示地区医疗水平，医疗水平越高，越利于抵御健康冲击。

6.3.2.2　数据来源与说明

　　本章数据主要来源 EPS 数据库、我国各省 2008～2016 年统计年鉴、

---

① 人均教育水平具体计算式为：劳动力平均接受教育年数 = 文盲、半文盲的就业人口比重 × 1.5 + 接受小学教育的就业人口比重 × 7.5 + 接受初中教育的人口比重 × 10.5 + 接受高中教育的人口比重 × 13.5 + 接受大专及以上的就业人口比重 × 17。

国泰君安数据库、中经网、《中国统计年鉴》《中国卫生健康统计年鉴》《中国环境统计年鉴》以及哥伦比亚大学气象监测数据等。因为本书研究重点探讨的是空气污染和其对健康影响的相对严重时期，以此探讨空气污染通过健康冲击对劳动力流动的影响，且因为测度空气污染健康冲击综合指数的个别指标的数据样本可得性所限（如分省的工业废气排放量只统计公布到本文的最后研究期年份），以及为排除在"十三五"期间如2016年实施的《"健康中国2030"规划纲要》等一些政策的外生干扰，同时2018年前后发生中美贸易摩擦，国内经济外生影响较大，对劳动力就业流动的外生性影响也较大，因此，本书研究选择上述数据样本进行研究。其中涉及如GDP产值数据均按照2007年基期进行价格调整，人均GDP按照人均GDP指数进行实际调整，进出口额等变量值按照各年实际汇率和商品价格进行实际调整，其他指标计算同上文介绍。主要变量描述性统计如表6-3所示。

表6-3　　　　　　　　　　实证模型主要变量描述性统计表

变量	含义	均值	标准差	最小值	最大值	总观测数
l	劳动力流入率（%）	0.279	1.163	-5.360	5.077	270
h	空气污染的健康冲击综合指数	2.012	0.797	1.085	7.389	270
pol	空气污染指数	2.029	0.563	1.164	4.552	270
d	健康冲击指数	2.206	0.715	1.284	6.185	270
pergdp	人均GDP（元/人）	33514.940	19462.150	6915.000	106184.200	270
gp	人均真实收入（平方米/人）	6.467	2.013	2.300	14.075	270
iemport	进出口总额与GDP比值	0.146	0.224	0.000	1.101	270
pere	平均教育年限（年/人）	10.864	1.128	8.267	14.610	270
thr	第三产业产值占GDP比（%）	41.342	8.823	28.600	79.653	270
rain	日均降水量（亿立方米）	4.954	3.467	0.151	13.965	270
perroad	人均道路面积（平方米/人）	13.543	4.289	4.040	25.820	270
temper	平均气温（摄氏度）	14.474	5.045	4.300	25.333	270
tec	每千人口卫生技术员数（人）	5.094	1.912	2.140	15.460	270

注：数据为来自EPS数据库、中国各省2008~2016年统计年鉴、国泰君安数据库、中经网、《中国统计年鉴》《中国卫生健康统计年鉴》《中国环境统计年鉴》以及哥伦比亚大学大学气象监测数据等。

6.4　实证结果分析

6.4.1　OLS 和 GMM 探索性分析

经多重共线性和平稳检验后，再依据豪斯曼（Hausman）等检验采用双向固定模型分析，具体形式如表 6 - 4 所示。首先，从表 6 - 4 的最小二乘法估计（OLS）结果来看，当其他条件一定情况下，空气污染健康冲击综合指数每提升一个单位，将显著降低劳动力净流入率 31%，当加入控制变量以后，模型影响模式不变，当其他条件一定情况下，空气污染健康冲击综合指数每上升一个单位，劳动力净流入率将显著下降 24.9%；其次，从高斯混合模型（GMM）估计结果来看，未加入控制变量时，其他条件一定情况下，空气污染健康冲击综合指数每提升一个单位，劳动力净流入率将显著下降 18.5%，加入控制变量时，在其他条件一定情况下，空气污染健康冲击综合指数每提升一个单位，劳动力净流入率将显著下降 44.7%，这与张华（2019）利用全国 285 个城市样本研究认为 SO_2 排放量每增加 1%，劳动力就业人数则减少 0.3345 个百分点，即 SO_2 排放量每增加一个单位，劳动力就业人数增加 33.45 个单位的研究结果较为接近，而本书采用的是空气污染复合指数，其对劳动力流动率的影响弹性略高于此研究结果，在正常范围以内。由此可以看出，劳动力对空气污染健康冲击的反应十分敏感，空气污染产生的健康冲击效应将显著降低本地区的劳动力净流入。

表 6 - 4　　　　　　空气污染的健康冲击综合指数对劳动力流动
影响的 OLS 和 GMM 估计结果

变量	OLS1	OLS2	GMM1	GMM2
h	− 0.310 ** （− 2.17）	− 0.249 ** （− 2.58）	− 0.185 ** （− 2.08）	− 0.447 *** （− 3.77）
lngp		1.148 ** （2.10）		0.075 （0.09）

续表

变量	OLS1	OLS2	GMM1	GMM2
iemport		2.844*** (3.81)		3.065*** (2.63)
lnpere		3.486** (2.27)		-2.455 (-1.35)
lnthr		0.038 (0.04)		0.142 (0.08)
lnrain		-0.297 (-1.09)		-0.518** (-2.08)
perroad		0.132* (2.00)		0.121 (1.25)
L.1			0.369*** (3.15)	0.185* (1.82)
Constant	0.903*** (3.14)	-11.040* (-2.04)	0.523** (2.13)	4.801 (0.85)
观测数	270	270	240	240
调整 R^2	0.0606	0.183	—	—
F	4.703**	2.847***		
Wald			9.93***	53.18***
个体效应	Y	Y	—	—
时间效应	N	Y	—	—

注：*、**、***分别表示在10%、5%、1%水平下显著，括号内数值为t值，数据结果为经回归估计计算得出。

从控制变量影响来看，在 OLS 估计下，人均真实收入、人均教育水平、地区开放度、人均道路面积越高（或越多），劳动力流入量则越多，发挥着吸引人才要素的作用。而三次产业占比和日均降水量分别对劳动力流动有吸引和阻碍作用倾向，但不明显。从加入控制变量的 GMM 估计结果来看，前一期和当期的劳动力流动有显著的正向自相关，这表明劳动力流动偏好存在一定惯性。而人均真实收入和日均降水量分别正向和负向影响着劳动力流动，这表明地区真实收入水平越高，越会显著吸引劳动力流入；同时日均降雨量越多，越不利于劳动力流入，其经济学的内在逻辑可解释为：据"六普"调查，我国跨省流动的劳动力中有 82% 是农村劳动力的流动①，这一以农民工为代表的流动群体劳动技能偏低，仍旧更多地"靠天"吃饭，因而日均降水量越多，越可能会降低其收入，进而对劳动力流入产生显著的负面影响；若从物理视角来看，劳动力则不太喜好流入日照时数少的地区。其他变量的影响则不显著。由此，本书基于空气污染健康冲击视角，找到了其对劳动力流入产生阻碍性影响的直接证据。

6.4.2　稳健性检验

有学者认为，人口集聚会影响本地区的环境污染（李泉和马黄龙，2017；何雄浪，2019），因此，为进一步考察稳健性，从排除当期空气污染健康冲击综合指数与劳动力流入量的内生影响视角，利用空气污染健康冲击综合指数的滞后一期进行稳健性检验，滞后一期的稳健估计结果如表 6-5 所示，从滞后一期的 OLS 和 GMM 估计结果看，空气污染健康冲击综合指数对劳动力流入率均有显著的负向影响，当其他条件一定的情况下，滞后一期的空气污染健康冲击综合指数每上升一个单位，本地区的劳动力流入率将分别显著下降 42.8% 和 36.9%，与上文作用结果基本一致。

表 6-5　　　　　　　　　　滞后一期的稳健估计结果

变量	OLS	GMM
L.h	-0.428 * （-2.02）	-0.369 ** （-2.20）
观测数	240	240

---

① 中国 2010 年第六次人口普查资料［M］. 北京：中国统计出版社，2012.

变量	OLS	GMM
调整 R^2	0.204	—
F	3.067***	—
Wald		85.26***
控制变量	Y	Y
个体效应	Y	—
时间效应	Y	—

注：*、**、***分别表示在10%、5%、1%水平下显著，括号内数值为 t 值，数据结果为笔者运用相应回归方法估计计算得出。

6.4.3 中介效应估计结果分析

鉴于本书的面板数据为短面板且 OLS 回归与 GMM 回归结果基本一致，因此，为便于分析，下文均采用 OLS 回归法进行中介效应研究。中介效应估计结果如表6–6所示，从中介效应估计结果来看，空气污染指数对劳动力流动有显著的负向影响，其他条件一定时，每提高一个单位，将使得地区劳动力流入率减少30.8%，而空气污染对健康的损害也有显著的正向影响，其他条件一定时，每提高一个单位，健康冲击水平将提高16.5%，从 model 12 看，空气污染对劳动力流入有负影响倾向，但不显著，而健康冲击显著影响着劳动力的流动，其他条件一定时，健康冲击水平每提高一个单位，将使得地区劳动力流入率减少54.6%，由此，中介效应检验结果可断定为：空气污染对劳动力流入的负面影响全部是通过影响劳动力的健康水平而引起的。尽管有国外学者认为空气污染会影响房价，进而影响劳动力流动（Chay and Greenstone，2005），但针对我国现实情况，在样本研究期内的房价刚性影响因素众多，空气污染这一因素微不足道，且对房价影响甚微（席鹏辉和梁若冰，2015），因此，本书得出的结论与实际较为相符，即空气污染阻碍劳动力流入的影响绝大多数是通过影响劳动力的健康水平而引起的，从而验证了假说 H_{21}，这一结论不仅冲击着刘易斯内生影响的拐点论，也冲击着流动个体健康差异原因探究下的健康损耗效应和健康移民效应以及三文鱼偏误效应，继而表明，空气污染健康冲击的风险规避机制也是劳动力流动供给量下降且流动个体健康水平差异的重要原因。

表 6 - 6　　　　　　　　　　　　中介效应估计结果①

变量	model 10	model 11	model 12
	因变量：劳动力流入率	因变量：健康冲击	因变量：劳动力流入率
pol	− 0. 308 ** (− 2. 50)	0. 165 * (1. 97)	− 0. 139 (− 1. 11)
d			− 0. 546 *** (− 3. 16)
lngp	1. 415 ** (2. 46)		0. 872 * (1. 87)
iemport	3. 811 *** (4. 36)	− 2. 052 *** (− 2. 92)	1. 956 ** (2. 34)
lnpere	4. 529 ** (2. 72)	− 2. 472 (− 1. 50)	− 1. 836 (− 1. 43)
lnthr	0. 193 (0. 22)		− 0. 436 (− 0. 77)
lnrain	− 0. 253 (− 0. 92)		− 0. 157 (− 0. 76)
perroad	0. 134 * (1. 98)		0. 081 (1. 66)
lnpergdp		− 2. 406 * (− 1. 78)	
lntemper		0. 155 (0. 32)	

---

① 中介效应 model 12 结果中的平均教育质量对劳动力流迁率影响不显著，这主要与选择的教育质量度量变量有关。肖挺（2016）认为利用千人口高等教育大学生数度量的教育水平对劳动力更具吸引力，因此，我们将其替换为每十万人口高等教育在校生数的自然对数进行回归，系数约为 1. 787，在 1% 水平显著为正。尽管本文考察的是整体平均教育质量对劳动力吸引作用，影响效果不甚明显，但这也对主要解释变量估计的影响甚微。

续表

变量	model 10	model 11	model 12
	因变量：劳动力流入率	因变量：健康冲击	因变量：劳动力流入率
lntec		-1.236 *** (-3.52)	
Constant	-14.601 ** (-2.43)	32.794 ** (2.52)	4.974 (1.24)
观测数	270	270	270
调整 R^2	0.172	0.492	0.234
F	3.490 ***	9.484 ***	4.991 ***
个体效应	Y	Y	Y
时间效应	Y	Y	N

注：*、**、*** 分别表示在10%、5%、1%水平下显著，括号内数值为 t 值，数据结果为笔者运用相应回归方法估计计算得出。

从控制变量看，model 10 和 model 12 中综合判断，人均真实收入、地区开放度、教育质量、人均道路面积的提升会吸引劳动力流入；而 model 11 中，贸易开放度、人均收入、每千人口卫生技术员数的提升将显著降低空气污染对健康的损害效应，同时平均气温和教育对健康冲击效应分别有加剧和减轻倾向，但不明显。

为进一步确保中介效应结论的可靠性，本书进行 Sobel 检验，因此，回归 Sobel 统计量构建的原始文献（MacKinnon，1995），直接利用各主要效应的系数计算 Sobel 统计量及 p 值，得到 Sobel 的95% 置信区间为 [1.616，1.738]，值为 -1.67 < -0.97，在5% 水平显著。另外，利用空气污染指数和健康冲击指数的滞后一期进行稳健检验，具体如表6-7所示，得到与表6-6一致的结果，即空气污染对劳动力流入的阻碍影响主要来自健康冲击的中介效应，从而进行证明了上述中介效应的可靠性。[1]

---

① 麦金农等（MacKinnon et al.，1995）将0.97设置为检验分布0.05显著水平的界值，同样参见温忠麟等（2004）。

表 6 - 7　　　　　　　滞后一期的中介模型的稳健检验

变量	model 41	model 42	model 43
	因变量：劳动力净流入率	因变量：健康冲击①	因变量：劳动力净流入率
L. pol	− 0. 363 * (− 1. 77)		− 0. 226 (− 1. 36)
pol		0. 165 * (1. 97)	
L. d			− 0. 684 *** (− 3. 91)
调整 R 方	0. 157	0. 492	0. 276
F	3. 774	9. 484	6. 690
个体固定效应	Y	Y	Y
时间固定效应	Y	Y	Y
控制变量	Y	Y	Y
观测数	240	270	240

注：＊、＊＊＊分别表示在10%、1%水平下显著，括号内数值为 t 值，数据结果为笔者运用相应回归方法估计计算得出。

6.4.4　区域影响差异分析

同上，此处采用 OLS 面板回归分别从政策、地理、经济和防治协同等异质条件视角，考察空气污染健康冲击综合指数对劳动力流动的影响。

6.4.4.1　按政策和淮河界划分分析

中国自第七个五年计划开始，便依据战略划分了东中西三个经济发展带，截至目前，又重新划分了"两横三纵"的五大经济带，其中长江经济带的"共抓大保护、不搞大开发"的高质量发展和破除机制体制问题备受关注。为保证样本估计的合理性，本书选择东中西和长江经济带比较分析。同时，部分学者认为淮河为界的南北区域空气污染差异大，健康冲击效应也不同，因此，还需按照淮河界划分区域比较分析，结果如表 6 - 8 所示。

① 按照中介模型思路，方程（6 - 4）回归中本应将污染指数和健康损害指数均滞后一期同时回归，但二者仍是同期一一对应关系，因此，实际操作并不用滞后一期。

表 6-8　　　　　　　　　　按政策和淮河界划分区域估计结果

变量	东部	中部	西部	长江经济带	淮河北	淮河南
h	-0.331 ** (-2.61)	0.072 (0.54)	0.055 (0.59)	-0.346 *** (-5.43)	-0.318 * (-1.89)	-0.218 (-1.33)
R-squared	0.718	—	—	0.363	—	—
控制变量	Y	Y	Y	Y	Y	Y
个体固定效应	Y	N	N	Y	N	N
时间固定效应	Y	Y	N	N	N	N
观测数	99	72	99	99	135	135

注：*、**、*** 分别表示在 10%、5%、1% 水平下显著，括号内数值为 t 值，数据结果为笔者运用相应回归方法估计计算得出。

首先，按政策划分区域来看，东部的空气污染健康冲击显著阻碍着劳动力的流入，当其他条件不变时，空气污染健康冲击综合指数每上升一个单位，劳动力净流入率显著下降 33.1%，而中、西部影响则不明显，反而有上升倾向，这也一定程度上反映出了劳动力面对东部严重的空气污染健康冲击，出现了"东部外逃，中西部承接"的状态。据粗略估算，2015 年较于 2007 年，东部地区劳动力净流入率下降约 86.35%，中西部则分别上升 85.24%、196.44%。[①] 同时，长江经济带的影响也非常显著，当其他条件不变时，空气污染健康冲击综合指数每上升一个单位，劳动力净流入率显著下降 34.6%。这不仅符合长江经济带规模以上化工企业达 12158 家，占全国 46%，化工行业产值全国 41% 的重工业沿江集聚，形成"化工围江"，存在强烈的同质化竞争而造成高污染排放的现实，也更加表明在长江经济带高质量发展推进的过程中，空气污染的健康冲击对劳动力的负面影响不容忽视。[②] 其次，按淮河界划分区域来看，淮河北部影响显著，南部则影响不显著，当其他条件不变时，空气污染健康冲击综合指数每上升一个单位，淮河北部省份劳动力净流入率显著下降 31.8%，这符合陈等（Chen et al.，2013）、罗知和李浩然（2018）等的观点，即淮河北部因供暖等政策加剧了空气污染，导致淮河以北区域人们的健康冲击效应大于南部，因而北

① 数据来自 EPS 数据库、中国各省 2008~2016 年统计年鉴等，经笔者整理的研究样本计算得出。

② 数据来源于陈庆俊，吴晓峰. 长江经济带化工产业布局分析及优化建议 [J]. 化学工业，2018，36（03）：11-15。另外，长江经济带化工企业的整改也是在 2015 年以后，有效避免了对劳动力"外逃"的外生性影响。

部对劳动力流入率的影响显著为负，且大于南部的影响（Li et al.，2017）。

6.4.4.2　按照经济水平和防治不协同程度划分

以上为政策和地理划分，不能严格反映出经济水平差异显著的区域情况，因此，本小节按照经济水平进行划分分析。此外，有学者认为治理权分割越严重，表示防治越不协同，越不利于空气污染治理（Guo and Lu，2019；张义等，2019），且在我国城乡二元制度结构背景下，属地治理权分割越严重，转移性的户籍制度障碍则越多，也越易阻碍劳动力流入。为找到些许经验证据，有必要按属地治理权分割程度划分进行分析，划分结果如图 6 – 7[①] 所示。

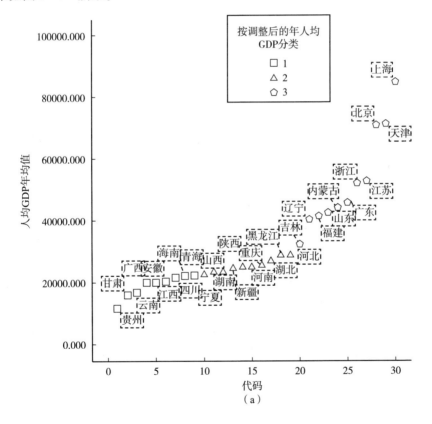

（a）

———————

[①]　利用均值聚类法，经济水平等级为：调整后的年均人均 GDP 在（0，22430.905］为等级 1，（22430.905，28785.556］为等级 2，（28785.556，+）为等级 3；防治不协同即属地治理权分割等级为：年均县区划数 GDP 在（0，60］为等级 1，（60，109］为等级 2，（109，+）为等级 3。

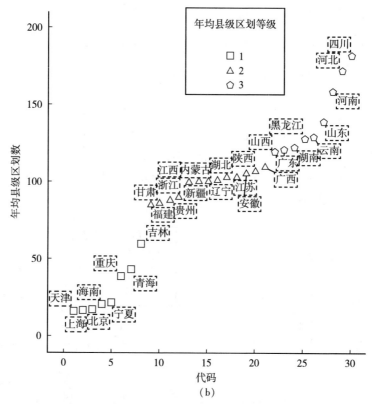

图 6-7 经济水平和属地治理权分割等级划分图

注：图形结果为笔者运用相应上文原始数据计算得出。

　　按经济水平和防治不协同划分区域估计结果如表 6-9 所示，从不同经济水平划分区域来看，经济水平越高，空气污染健康冲击对劳动力流动的影响越大，这表明在我国过去粗放发展的背景下，经济水平高的大部分区域，其前期劳动力流入量不仅大，而且空气污染愈加严重，劳动力对健康冲击愈加敏感，劳动力流入率则会出现显著下降，其中当其他条件一定时，空气污染健康冲击每上升一个单位，经济水平高的区域劳动力净流入率显著下降 31.7%，约为经济中等区域的 2 倍，经济水平低的区域影响则不明显。但经济水平高的地区的拉力作用因素水平也应该较高，为何负面影响如此之大，进一步分析发现，经济水平高的地区不仅空气污染健康冲击均值远高于经济水平中低的地区（2.367 > 1.839 > 1.771），同时房价水平与真实收入波动性也远高于中西部，因此经济水平高的地区的负影响比

经济水平中等的地区大得多。从防治不协同程度划分结果来看，空气污染
健康冲击对劳动力流动的影响在不协同程度低和程度高的区域均显著为
负，而不协同程度低的区域包括了北京、天津和上海和重庆四个直辖市，
将其剔除，h 的系数为 - 0.041，P 值为 0.392，t 值为 - 0.98，变得不显
著。同时，防治不协同高等级的地区中只有广东和山东两个经济水平高的
省份，其他则为经济水平中低地区，但此时空气污染健康冲击对劳动力流
入有着显著的阻碍作用，即当其他条件不变，空气污染健康冲击每上升一
个单位，防治不协同程度高的区域劳动力净流入率显著下降27.7%，这进
一步表明：当不协同程度达到一定界值，则会明显加剧空气污染健康冲击
对劳动力流入降低的影响。

表 6 - 9　　　　　　　按经济水平和防治不协同划分区域估计结果

变量	经济水平低	经济水平中	经济水平高	防治不协同低	防治不协同中	防治不协同高
h	- 0.055 (- 0.73)	- 0.163 ** (- 2.09)	- 0.317 * (- 2.08)	- 0.583 *** (- 3.88)	- 0.061 (- 0.63)	- 0.277 ** (- 2.42)
R-squared	—	—	0.669	0.579	—	—
控制变量	Y	Y	Y	Y	Y	Y
个体固定效应	N	N	Y	Y	N	N
时间固定效应	N	N	Y	N	Y	Y
观测数	81	90	99	72	117	81

注：*、**、*** 分别表示在10%、5%、1%水平下显著，括号内数值为t值，数据结果为
笔者运用相应回归方法估计计算得出。

6.4.4.3　按照空气污染损害程度、劳动力净流入水平和综合自御能力划分

空气污染冲击程度、劳动力净流入水平和综合自御能力划分估计结果
如表 6 - 10 所示。从表 6 - 10 看，空气污染健康冲击高、劳动力净流入率
高水平的区域，空气污染健康冲击显著阻碍着劳动力的流入，而其他水平
作用则不显著。同时自御能力低和高的两个水平下，空气污染健康冲击显
著抑制劳动力流入，原因为，自御能力低水平的地区，其医疗等公共服务
水平低，空气污染排放防治理成本高，导致空气污染健康冲击相对较高，
对劳动力流入有着显著的抑制作用；而自御能力高水平的地区，尽管其医

疗等公共服务水平较高，空气污染排放防治理成本较低，但因自御能力是被迫发展的能力，即粗放的规模发展，导致其空气污染健康冲击水平仍然较高，对劳动力的流入仍然呈10%水平下显著的抑制作用。

表6-10 空气污染冲击程度、劳动力净流入水平和

综合自御能力划分估计结果[①]

变量	空气污染冲击低	空气污染冲击中	空气污染冲击高	劳动力净流入低	劳动力净流入中	劳动力净流入高	自御能力低	自御能力中	自御能力高
h2	0.010 (0.08)	-0.084 (-1.19)	-0.418** (-3.06)	-0.046 (-0.48)	-0.049 (-1.26)	-0.563*** (-3.16)	-0.310*** (-3.49)	-0.080 (-0.64)	-0.112* (-1.85)
R-squared	—	—	0.512	—	—	—	0.612	—	—
控制变量	Y	Y	Y	Y	Y	Y	Y	Y	Y
个体固定效应	N	N	Y	N	N	N	Y	N	N
时间固定效应	N	N	N	N	N	N	Y	N	N
观测数	90	90	90	90	90	90	90	90	90

注：*、**、***分别表示在10%、5%、1%水平下显著，括号内数值为t值，数据结果为笔者运用相应回归方法估计计算得出。

综上所述，空气污染健康冲击对劳动力流动的影响在不同维度的空间上存在显著差异，而这种差异性更进一步直接冲击健康移民效应、健康损耗效应和三文鱼偏误效应，更加表明空气污染健康冲击的规避行为是流动个体健康水平差异的重要原因。一般的，粗放经济水平高地区、施行供暖地区、防治不协同严重地区、自御能力低高地区的空气污染损害水平较高，其对劳动力流入的抑制影响更为明显，从而验证了假说H_{22}。

---

① 此处划分按照各省大气污染健康损害（h）与劳动力净流入率（l）年均值从高-低排名，每取10组按照1、2、3等级划分，均通过了了不接受方差齐性的检验（Fh = 8.783，Ph = 0.001；Fl = 11.077，Pl = 0.000)，即分组之间水平存在显著差异，较为合理。而自御能力水平存在差异主要因为自御能力划分不是按照30个省份划分，而是不同年份不同省份综合划分，因此自御能力一般在早些年份时期，劳动力流动水平高，但经济水平低。自御能力低（0，0.345]、中（0.345，0.487]、高（0.487，+]劳动力净流入率平均水平为：0.531＞0.288＞0.0128，人均gdp水平为：26725.790、37114.426、37051.578。自御能力测度体系见附件1，测度方法同前文。

6.4.5　门槛效应分析

为进一步证实空气污染健康风险规避机制对刘易斯拐点论的冲击，结合前文分析，空气污染健康冲击在 2010 年以后变化较大，利用时间作为门槛变量进行分析；同时为验证假设 H_{23}，基于推拉理论存在互为反向双重因素的作用关系，将空气污染健康冲击变量作为门槛变量进行分析，结果如下。

门槛点个数检验如表 6-11 所示。从表 6-11 来看，无论是时间还是空气污染健康冲击作为门槛变量，单个门槛情况均不接受没有门槛的原假设，即存在一个门槛，而有两个门槛和三个门槛的备择假设检验均未通过。因此，本书按照单个门槛进行分析。

表 6-11　　　　　　　　门槛点个数检验

时间门槛检验	RSS	MSE	Fstat	Prob	Crit10	Crit5	Crit1
Single***	94.515	0.362	34.140	0.000	10.361	12.291	17.772
Double	94.052	0.360	1.280	0.713	7.364	11.480	18.015
Triple	93.761	0.359	0.810	0.673	3.383	4.187	6.473
空气污染健康冲击门槛检验	RSS	MSE	Fstat	Prob	Crit10	Crit5	Crit1
Single**	101.840	0.390	12.910	0.037	9.811	11.732	16.100
Double	99.492	0.381	6.160	0.360	9.479	11.367	14.554
Triple	90.635	0.347	25.510	0.100	25.442	37.189	60.642

注：数据结果为笔者运用相应回归方法估计计算得出。

单个门槛点估计如表 6-12 所示，门槛点影响效应估计如表 6-13 所示。从时间门槛估计结果来看，门槛年份为 2010 年，在 2010 年以前空气污染健康冲击对劳动力流动负向作用不明显，主要因为受样本 2007 年起始期所限，但 2010 年以后，空气污染健康每增加一个单位，将平均显著减少 36.619% 的劳动力流入率。这进一步证实了 2010 年以后中国空气污染健康加剧的事实，也从省域层面解释了出现劳动力外逃、民工回流的部分原因，更加有力地冲击了国内刘易斯拐点论。①

表 6 – 12　　　　　　　　　　单个门槛点估计

Th – 1	Threshold	Lower	Upper
时间门槛点	2010	2009	2011
空气污染健康冲击门槛点	1.9873	1.9577	2.001

注：数据结果为笔者运用相应回归方法估计计算得出。

表 6 – 13　　　　　　　　　　门槛点影响效应估计

变量	model 31	model 32
	时间门槛	空气污染的健康冲击门槛
0b. _cat#c. h	0.051 (0.54)	– 0.523 *** (– 3.25)
1. _cat#c. h	– 0.366 *** (– 4.92)	– 0.389 *** (– 3.90)
Observations	270	270
R-squared	0.284	0.201
F	11.51	7.281
控制变量	Y	Y

注：*、**、*** 分别表示在 10%、5%、1% 水平下显著，括号内数值为 t 值，数据结果为笔者运用相应回归方法估计计算得出。

从空气污染的健康冲击门槛估计来看，95% 置信水平下门槛点值为 1.9873，小于 1.9873 情况下其对劳动力流入率的降低影响弹性为 52.3%，高出大于 1.9873 情况下的负影响弹性 13.4 个百分点，即空气污染健康冲击跨越门槛以后，其对劳动力流入率降低的影响弹性却变小。若单纯从污染健康冲击越大，经济发展水平越高（医疗服务水平高等），发挥着劳动力流入吸引作用来解释，将与上文经济水平越高负面影响越大的结果相矛盾，我们经深入比较分析发现，这个有意思现象的背后逻辑为：空气污染

① 国内部分学者认为中国刘易斯拐点在 2007 年之后，但 2008～2009 年为金融危机调整期，因此有的学者将其视为在 2010 年之后。但文中证实 2010 年是大气污染健康损害对劳动力流动外生影响的门槛点，因此更有力地冲击了国内的刘易斯拐点论。

健康冲击等级为 2 的区域（如图 6-8 所示，等级 1 表示空气污染健康冲击 <1.9873，等级 2 表示≥1.9873）人均真实收入水平均值为 6.656，大于 7.106 的占比为 31.2%，稍大于等级 1 区域的均值 6.339 和大于 7.106 的占比为 31.1%，且等级 2 区域的真实收入波动较小（等级 2 标准差为 1.860 <等级 1 的 2.106），[①] 即当空气污染健康冲击跨过门槛值，稳定且高的真实收入发挥着对劳动力流入的强吸引作用，抵消了空气污染健康冲击对劳动力流入的部分排斥效应，这也进一步反映出了劳动力在拉力和推之间的艰难抉择，从而验证了假说 H_{23}。

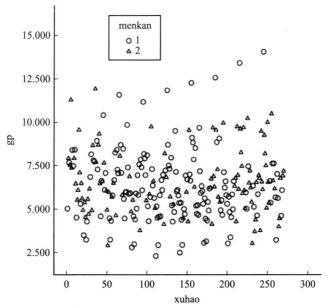

图 6-8　低、高水平的空气污染的健康冲击下的真实收入（gp）样本分布图
注：数据来源于 EPS 数据库，经笔者计算整理得出。

　　进一步的，图 6-9 为以"年份"和"空气污染健康冲击"为门槛变量时的"似然比"作为门槛值函数的趋势图。由图 6-9 可知，两图中对

---

　　① 7.106 界值为将人均真实收入 gp 按照 K-means 聚类所得，占比为列联表分析得出；同时，经分析前文按照经济水平分区域情况发现，尽管经济水平高区域的影响大于中低区域，但其不同等级下收入水平差异明显，且波动性按由低到高等级正向递增，这也从侧面说明此处解释的合理性。

应门槛值的 LR 值远小于临界值 7. 35（95% 的虚线置信水平），从而证实了门槛的真实有效。

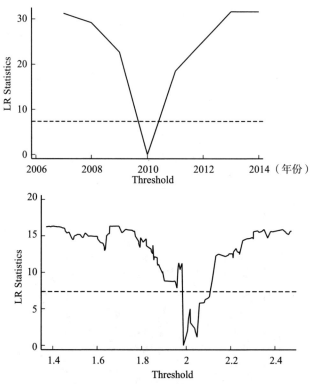

图 6 – 9　时间（上）和空气污染健康冲击风险（下）门槛估计的 LR 统计量图
注：图形结果为笔者运用相应回归方法估计计算得。

6.5　本章小结

　　本章主要结论有以下几点：第一，2010 年以后，全国空气污染健康冲击持续上升，2015 年出现下降势头，但中部地区仍保持上升势头。第二，空气污染会阻碍劳动力流入本地区，这种阻碍主要是因为健康冲击的中介效应作用，当其他条件不变，空气污染健康冲击每上升一个单位，劳动力流入率平均下降在 24.9% ~ 44.7% 之间。这一外生性影响不仅冲击着流动个体健康差异原因探究下的健康损耗、健康移民及三文鱼偏误效应观点，即其是流动个体健康水平差异的重要原因，还直接冲击着流动供给下降的刘易斯拐点论，即其也是流动劳动供给下降的重要原因，表明只有不存在污染健康冲击时，劳动力才可能实现市场化的自由流动。第三，异质条件下，空气污染对劳动力流入的影响存在显著差异，其中东部、长江经济带、淮河以北、经济水平高、防治严重不协同和自御能力低、高水平地区的空气污染健康冲击高，其严重阻碍着劳动力流入，这种负面影响弹性界于 16.3%~34.6% 之间。第四，空气污染健康冲击对劳动力流入存在门槛效应，2010 年后排斥作用更加严重，当空气污染健康冲击跨越 1.9873 门槛值，地区稳定且高水平的真实收入等吸引作用会抵消其对劳动力流入的部分排斥作用。与以往研究相比较，主要存在以下方面特点。

本章利用主成分—熵权法，测算了空气污染综合指数和健康冲击指数，并进一步研究认为劳动力流动受到空气污染的健康冲击的影响。与本书相比，以往研究大都选择现有空气质量指数（AQI）或雾霾（PM2.5）等统计数据作为空气污染的替代变量，研究认为劳动力流动受到空气污染的影响，大多数也并未真正锁定健康冲击视角给出健康作用路径影响的经验证据（Xu and Sylwester，2016；Chen et al.，2017；Li et al.，2017b）。一方面，利用单一的空气污染物不能完全表示空气污染的内涵，且不同的空气污染物之间存在着相关性，空气质量指数（AQI）的测算过程并未消除不同污染物之间的相关性；另一方面，环境污染对劳动力流动的影响存在多种路径，如房价（Chay and Greenstone，2005）、环境规制（Kahn and Mansur，2013；Walker，2011）等，不锁定具体影响路径将使得估计结果难以解释，并使得响应的政策有失偏颇，这也容易使人们忽视健康人力资本的发展。本书不仅更加突出了健康人力资本发展的重要性，还排除了其他路径的影响，使得估计结果更易解释，便于针对性地给出相应的政策。

进一步研究发现，环境污染的健康冲击对劳动力跨省流动的下降性影响在 2010 年以后变得更为显著。这不仅与孙伟增等（2019）研究认为中国空气污染对劳动力流动的影响在 2010 年以后与收入对劳动力流动影响基本相当的观点一致，也与张等（Zhang et al.，2018c）、关等（Kwan et al.，2018）研究认为中国刘易斯拐点为 2010 年的观点相吻合，这说明中国的刘易斯拐点包含了健康冲击的规避效应。即环境污染的健康冲击也是劳动力跨省流动供给下降的重要原因，其与城乡二元结构造成的期望工资水平差异的影响存在着重要区别。劳动力的健康遭受环境污染的冲击，不仅会影响劳动力的期望收入（期望工资），还会增加劳动力的医疗支出负担，减少劳动力的预期寿命等。这包含了对生命价值和市场价值等的综合影响。此外，对于一个环境污染严重的地区而言，从劳动力流入视角来看，当外界劳动力预期感知到该区域可能存在较大的健康冲击时，其会降低流入意愿。这会导致在宏观层面表现出整体流入率的下降和流入本地的劳动力群体可能比未流入的劳动力群体的平均健康水平要高，因为他们不必担心其健康人力资本受到污染冲击的影响。这会进一步导致本地居民的平均健康水平低于流动人口的平均健康水平，从而容易诱发出现拉丁移民健康悖论的现象。这也契合阿杰芒（Agyemang，2019）的观点，即健康移民效应和三文鱼偏误效应等均是简单的解释性假设，对于移民健康差异的研究必须跳出这些所谓的假设，应更多注重环境等其他因素的作用。暴露的社会风险也是移民与非移民健康差异的重要原因（Lau et al.，2013）。

　　同时，基于推拉理论分析发现，当空气污染的健康冲击跨越 1.9873 门槛值，地区稳定且高水平的真实收入等吸引作用会抵消其对劳动力流入的部分排斥作用。这与李等（Li et al.，2020）观点既有联系又有所区别，联系是：空气污染对劳动力流动影响包含了收入等因素，区别是：李等人（Li et al.，2020）认为，空气污染严重的地区将降低流动人口收入，进而会降低其迁移意愿。更多的研究也是只关注空气污染对劳动力流动的负面影响（Chen et al.，2017；Li et al.，2017b）。但环境污染具备零结合性（Null Jointness），其不仅是生产的副产品，也是生产的重要投入品（Färe et al.，2007），随着污染水平的提升，地区经济能够快速实现粗放型增长。因此，当空气污染的健康冲击风险跨越 1.9873 门槛值，地区粗放增长的经济水平较高，对劳动力跨省流入有较强的吸引力，会减弱健康冲击对劳动力流入的推力作用。这符合中国城乡二元结构造成劳动力离乡不离土，外出打工谋生的现实。

　　综上所述，本章主要的政策含义有：第一，成立"精准治理"研究小组，把握好治理与发展的关系。不同条件禀赋的区域内空气污染健康冲击对劳动力的影响存在显著差异，尤其空气污染健康冲击越高，越会阻碍劳动力的流入，凸显了环境健康与劳动力流动对实现高质量发展的重要性。各省应迅速成立"精准治理"研究中心，厘清实现高质量发展下的治理思路，进一步合理地加大空气污染治理投入，尤其是中部省份面临空气污染健康冲击持续上升，在未产生明显的劳动力"外逃"之前，更应率先成立研究小组，指导相关部门提前做好环境健康冲击与人才流失防范工作。第二，加大流动人口公共服务支出比，建立流动人口的健康冲击防御与保障机制，做好"健康中国 2030"的战略对接。研究表明，劳动力在面临日益严峻的空气污染健康冲击时，会产生规避性的流动决策。各省应积极关切这一负面影响，进一步加大流动人口公共服务支出比（肖挺，2016），及时建立流动人口的健康冲击防御与保障机制，将地区环境健康与保障救助力度实时挂钩，消除人才工作背后健康隐患，为长期留住和吸引人才和实现"健康中国 2030"战略目标提前作好工作部署。第三，实施并加强"引力"要素评估，建立人才流入引导和工作考核衔接机制。分析表明，地区经济、医疗水平、稳定且高水平的真实收入等"引力"要素可以很好地抵消空气污染健康冲击对劳动力流动的负面影响，因此，各地政府人才办有必要牵头及时制定和定期发布人才"引力"要素评估清单，这样不仅便于衔接政府工作考核，还可引导人才流入。

第 7 章

空间范式下健康人力
资本投资的经验评估
——跨行业流动视角

本章主要从工业行业污染健康冲击度等异质视角，捕捉空气污染对劳动力行业流动影响的经验证据。首先，依据实际情况，结合可得数据及研究可行性等，对工业行业的研究对象进行圈定；其次，借鉴赵细康（2003）、王丽萍和夏文静（2019）等前人研究，对污染健康冲击等异质条件进行识别和划分；最后，利用分组回归、比较分析法对空气污染与劳动力行业流动的关系进行实证分析。同时，为保证研究结论的可靠性，本章主要采用分阶段回归、分组回归和工具变量法进行稳健性检验。

7.1 引　　言

近年，我国劳动力行业就业环境得到大幅改善，但环境规制措施、环保产业政策、行业工资差距、行业对外直接投资、产业结构调整或升级、产业价值链、产业外移、技术进步（包括人工智能）等因素的存在严重影响着劳动力行业就业形势，这也引致了大量研究对此进行深入探讨。但是正值现代经济体系的构建之际，这些因素尚不能完全反映出时代的主要问题。当下，在随着劳动力健康意识的不断提高，行业污染的风险仍经常存在的情况下，以往研究均忽视了劳动力就业行业中的污染健康冲击这一客观的环境健康因素。例如，从 2019 年的碳九爆炸泄漏事件和以往的矽尘过度排放导致的劳动力肺部病变等事件的爆发可见一斑。尽管这些均是一些特定行业、特定情况下的个别事件，但这些影响对于劳动力将环境健康因素纳入自身行业就业决策之中而言，也具有一定的普遍性。由此，日益加剧的环境污染与健康冲击可能已成为影响劳动力就业选择或行业间流动行为的重要因素。王兵和吴福象（2019）认为，现代化产业体系主要是指工业化进程比较健康且第三产业所占比重稳定上升的产业构成。这更加表明欲构建现代经济体系应充分考虑影响人们经济生活质量的重要影响因素，如污染、健康冲击等因素。这些因素在以往的市场经济体系中均被视为外生影响因素，没有完全被纳入经济体系考量之中，但在环境污染加剧，健康冲击愈加严重的经济社会背景下，理性"经济人"必然将这些因素内部化，将其融入到自身的经济活动行为之中，因为这些已经成为影响其最大期望收益的重要因素。那么如何将这些传统的外生因素内部化到现代经济体系之中，构建符合新时代的经济运作体系是一个重要议题。较于空间层面，进一步从行业层面研究劳动力的流动行为或就业选择行为更为契合其市场经济的活动行为。因此，十分有必要率先充分考察这些因素到底如何影响劳动力于行业间的就业流动情况。

　　就业是最大的民生。党的十九大在指出坚持就业优先战略和积极就业政策，实现更高质量和更充分就业的同时，也作出了实施健康中国战略的重大决策部署，《"健康中国 2030"规划纲要》提出："实施职业健康保护行动。劳动者依法享有职业健康保护的权利。针对不同职业人群，倡导健康工作方式……加强尘肺病等职业病救治保障。到 2022 年和 2030 年，接尘工龄不足 5 年的劳动者新发尘肺病报告例数占年度报告总例数的比例实现明显下降，并持续下降。"这说明我国行业员工得呼吸道感染型职业病的现象较为严重，其直接原因则为就业环境普遍存在较为严重的空气污染。2017 年，中国有 124 万人死于空气污染，归因于空气污染的年龄标化伤残调整寿命年（DALY）率为 1513.1/100000，慢性阻塞性肺病的 DALY 有 40.0% 归因于空气污染。[①] 这些污染源来自于不同的行业，造成中国行业环境健康风险参差不齐，严重威胁劳动力的健康发展。如部分行业的矽尘过度排放导致劳动力肺部病变等事件的影响广泛而深远。由此，《"十四五"规划和 2035 年远景目标纲要》将保障人民健康放在了优先发展的战

---

① 数据参考 Peng Y, Brauer M, Cohen A J, et al. The effect of air pollution on deaths, disease burden, and life expectancy across China and its provinces, 1990 – 2017: An analysis for the Global Burden of Disease Study 2017 [J]. Lancet Planet Health, 2020, 4: e386 – 98. 基本原始数据为该篇文章估算研究所得。

略地位。而健康不仅是疾病的对立终点，更是一种能够提升收入水平、获得足够营养和创造美好生活环境的人力资本。对于健康意识不断增强的以80后、90后新生代为主体的劳动力而言，环境健康人力资本发展的需求愈加强烈。劳动力会为了健康人力资本发展而流动（张义，2021），更偏好流向环境生态健康的城市（张海峰等，2019）。然而对于行业而言，则更可能流向污染健康风险小的行业。如2018年第四季度同比2017年，采矿业、电力煤气及水生产和供应业等行业市场需求人数分别下降了15.8%和14.5%。类似此行业就业的下降是否包含了空气污染的健康冲击效应？即空气污染的健康冲击是否已成为影响劳动力行业就业选择的重要因素之一？此种影响在不同的行业之间具体又如何表现？这是本章研究的重点。然而目前研究大多只注重环境污染与劳动力跨区流动效应探讨，不仅缺乏一定的研究范式，忽视了健康冲击的异质作用，同时也缺乏以此对行业或部门间流动进行的经验研究。因此，从行业异质视角，研究空气污染的健康冲击下的就业选择效应意义重大。

7.2　研究假设

从前文的理论模型分析表明，当行业或部门产生严重的污染时，劳动力就业增量将显著下降。结合异质劳动力区位选择的空间经济研究范式内涵，这主要包含了劳动力主动选择效应和被动选择效应。结合低技能水平工人集聚区环境一般较差的实际（梁琦等，2018），假设行业的环境健康冲击水平与劳动技能水平需求呈负相关，即主动选择效应为：劳动力为了保证最优的预期收益，会主动选择流出特定环境健康冲击水平的行业或部门，以匹配自身的人力资本水平；被动选择效应则主要为：特定环境健康冲击水平的行业或部门会吸引或淘汰特定人力资本水平的劳动群体。对于污染健康冲击暴露水平较高的工业而言，一方面，劳动力受到健康冲击以后，不仅会产生疾病负担，降低劳动生产率，还会增加医疗支出负担，从而大幅降低最优边际收益；另一方面，因该类行业岗位技能需求水平普遍较低，劳动力技能水平仍能满足其生产需求，因此，此类行业劳动力在遭受污染的健康冲击后更偏好主动流出，就业流出的主动选择效应较大，而此时行业吸纳低技能劳动群体而发生的被动选择效应有限（即低技能劳动力被迫进入此部门替代劳动需求有限），最终会产生一定的就业挤出效应，即当行业产生严重的污染健康冲击，劳动力就业增量将显著下降。部分研究也捕捉到了这一现象。如肖挺（2016）基于产业结构作为门槛变量研究表明，当某城市中第三产业占比在 52.17% 以下或 68.48% 以上时，废气污染排放对劳动人口均有显著的驱赶效应。这意味着，以工业化为主的城市，废气污染的加剧对劳动人口存在明显的驱赶效应，这种效应可能主要来自于工业就业人口的减少；而服务业占主导地位的城市，废气污染对人口迁移决策的影响较之工业化城市更为明显，这主要因为污染气体排放可分为工业类和生活类两个主要来源（肖挺和刘华，2014），当服务业占比高时，服务业的人口也较为集中，污染排放主体将从以工业类排放为主转为以生活类排放为主。由此，此时驱赶效应则可能主要来自第三产业就业量的下降。而我国目前大部分地区仍主要靠工业支撑发展，因此，就全国平均而言，此时驱赶效应主要可能来自工业就业增量的下降。这也与贝拉蒂和拉普（Beladi and Rapp，1993）、贝拉蒂和弗拉斯卡（Beladi and Frasca，1999）、杰哈和惠利（Jha and Whalley，2001）等基于哈里斯 – 托达罗的"H – T 模式"，以不发达的二元经济结构为背景所得的研究结论之中包含的污染要素与劳动要素具有替代关系的内涵一致，他们的分析均表明，当政府严格控制工业部门污染要素使用的情况下，即使得污染下降，工业部门就业将增加。由此，提出研究假设 H_{31}。

　　H_{31}：在其他条件一定的情况下，工业等环境健康冲击高的行业，空气污染对劳动力行业就业流入增量有显著的负面影响。

　　进一步的，从行业异质视角来看，不同水平的污染健康冲击的行业会因自身的禀赋条件不同，对劳动力就业流出效应带来不同的影响。基于推拉理论，有研究表明，环境规制对劳动力就业挤出效应取决于环境规制的强弱和行业的异质性（王勇等，2013；李梦洁和杜威剑，2016；李珊珊，2015；秦楠等，2018；李斌等，2019）；也有研究表明技术进步对劳动力就业也有挤出效应（Gali and Rabanal，1999；王君斌和王文甫，2010；刘宗明和李春琦，2013）。因此，若某行业存在一定的污染的健康冲击水平，但其环境规制强度过大、技术进步指数高等，则会加剧空气污染对劳动力行业就业的负面影响，相反则有可能缓解这一负面影响，也很可能因为推拉因素的相互作用，使得污染的健康冲击的劳动力流出效应并不明显。另外，肖和麦克赖特（Xiao and McCright，2012）认为，女性关注环境风险的意识高于男性。前文分析也表明，在空气污染感知风险意识等其他条件一定情况下，男性流动意愿低于女性流动意愿倾向，即女性劳动力群体采取流动式的健康人力资本投资动机要强些（张义，2021）。因此，从行业流动来看，女性就业占比高的行业本身就具备一定的吸引力，但若当某行业的女性就业占比过低，空气污染对劳动力在该行业的就业选择将具显著的负面作用；当某行业的女性就业占比过高，女性对空气污染更为敏感，因此，空气污染对劳动力在该行业的就业选择也将有负面作用；当某行业的女性就业占比处于中等水平时，这种吸引力和排斥力相互作用，导致空气污染对劳动力在该行业的就业选择的影响可能不显著。同时，一个福利较好且污染健康冲击暴露水平较小的就业环境的存在，如国企就业规模占比越大和要素生产率高的行业，也可能缓解这种负面影响。但是对于创新投入而言，同一污染健康冲击水平下，尽管某行业的 R&D 研发投入越高，越有助于增加就业（高杰，2007；赵利等，2011；郭际等，2014），但 R&D 投入的就业效应呈"S"型，就业创造效应有限（赵利等，2011），况且 R&D 研发投入高的行业中非国企单位一般较多，因此同等污染的健康冲击水平下，劳动力空气污染暴露风险可能更高（李卫兵和张凯霞，2019），由此，空气污染对劳动力行业就业净流入的负面影响将较大。因此，提出研究假设 H_{32} 和假设 H_{33}。

H_{32}：不同污染健康冲击的行业受自身的异质条件影响，对劳动力就业流动的影响不同。特别的，若处于某特定污染健康冲击水平的行业的引力和推力作用相当，则其污染健康冲击的就业流出效应可能表现得不明显。

H_{33}：基于假设 H_{32}，进一步的，同等污染健康冲击水平的行业中，工资越高、环境规制度越强，R&D 投入水平越高、技术进步水平越高，将加剧污染健康冲击产生行业的就业负面影响；而若行业的国企就业占比越小、全要素生产率越高，可缓解污染健康冲击产生行业就业的负面影响；行业的女性就业占比对污染健康冲击产生行业就业效应的影响存在界值效应。

基于以上分析建立的研究框架如图 7-1 所示。

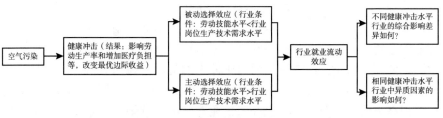

图 7-1　研究基本分析框架

7.3　研　究　设　计

7.3.1　实　证　步　骤

首先，基于我国工业优先粗放发展的实际历程和工业行业构成的行业具体属性认知，工业较于第三产业的环境健康风险水平更高，因此，选择工业分析空气污染健康冲击对行业的总体就业流动效应。

其次，参照赵细康（2003）、王丽萍和夏文静（2019）以工业三废污染排放综合测算结果，并结合可得数据（即各省在研究期内均拥有的行业样本），将圈定的 29 个工业行业划分为高、中、低三种污染健康冲击等级①分别进行分析。同时依据贺曲夫和刘友金（2012）、王金杰和王庆芳（2018）行业要素密集类型的识别，具体划分结果如表 7 - 1 所示。

表 7 - 1　　　　29 个工业行业健康风险及要素密集类型划分表②

行业	环境健康冲击值	环境健康风险等级	要素密集类型	行业	环境健康损害值	环境健康风险等级	要素密集类型
非金属矿采选业	0.28685	2	资源密集	医药制造业	0.1664	2	技术密集
农副食品加工业	0.14095	2	劳动密集	橡胶和塑料制品业	0.0592	1	资本密集
食品制造业	0.1955	2	劳动密集	非金属矿物制品业	0.906	3	资本密集
酒、饮料和精制茶制造业	0.2829	2	劳动密集	黑色金属冶炼及压延加工业	0.9075	3	资源密集

---

①　笔者认为，工业三废污染排放程度高的行业，其大气污染的绝对暴露风险可能不仅高，而且存在其他污染健康损害作用，更会加剧大气污染健康损害暴露的剂量反应风险，因此，将工业三废污染排放程度高的行业识别为环境健康损害程度大的行业。

②　表中工业环境健康风险值参照标引文献测度结果，取 2006~2010 年和 2011~2015 年两个阶段的测度均值表示；等级划分采用 k - 均值聚类分析法进行识别划分。等级 1、2、3 数值越大，表示的指标含义或内涵越大，下同。

续表

行业	环境健康冲击值	环境健康风险等级	要素密集类型	行业	环境健康损害值	环境健康风险等级	要素密集类型
烟草制品业	0.0345	1	劳动密集	有色金属冶炼及压延加工业	0.3866	2	资源密集
纺织业	0.26255	2	劳动密集	金属制品业	0.0888	1	资本密集
纺织服装、服饰业	0.0379	1	劳动密集	通用设备制造业	0.0216	1	技术密集
皮革、毛皮、羽毛及其制品和制鞋业	0.09025	1	劳动密集	专用设备制造业	0.02655	1	技术密集
木材加工及木、竹、藤、棕、草制品业	0.098	1	劳动密集	交通设备制造业	0.03245	1	技术密集
家具制造业	0.04965	1	劳动密集	电气机械和器材制造业	0.0097	1	技术密集
造纸及纸制品业	1.2177	3	劳动密集	计算机、通信和其他电子设备制造业	0.03285	1	技术密集
印刷和记录媒介复制业	0.02395	1	劳动密集	电力、热力生产和供应业	1.9386	3	资本密集
文教、工美、体育和娱乐用品制造业	0.1093	1	劳动密集	燃气生产和供应业	0.2128	2	资本密集
石油加工、炼焦和核燃料加工业	0.30985	2	资本密集	水的生产和供应业	0.19765	2	资本密集
化学原料和化学制品制造业	0.3969	2	资源密集				

注：环境健康风险数据来自 EPS 数据库中的历年《中国统计年鉴》《中国环境统计年鉴》等，经计算所得；要素密集类型资料来源于贺曲夫和刘友金（2012）、王金杰和王庆芳（2018）文章。

最后，为进一步探究异质性行业的空气污染对劳动力就业流动的影响，选择行业数（14 个）较多的低污染健康冲击行业，参照朱智洺和张伟（2015）对工业行业不含废物排放约束的全要素生产率和技术进步指数测度结果，采用 k - 均值聚类法进行划分。然后结合仅有的分行业可得数据指标，如平均工资水平、环境规制强度、R&D 研发投入力度等异质性特征（详见后文分析涉及的指标）进行等级划分，考察同一环境健康冲击水平下，空气污染在不同条件禀赋下，对不同行业劳动力就业流动的不同影响。特别的，分行业的环境规制强度采用李小平和李小克（2017）以单位污染排放的治理支出衡量行业环境规制强度，无量纲化的测算公式为：

$$ER_{jt} = \sum_n \left[\frac{\dfrac{exp_{jnt}}{poul_{jnt}}}{\sum_n \dfrac{exp_{jnt}}{poul_{jnt}}} \right] \qquad (7-1)$$

其中，ER_{jt} 为 t 时期行业 j 的环境规制强度，exp_{jnt} 为 t 时期行业 j 第 n 种污染处理费用或成本支出，$poul_{jnt}$ 为 t 时期行业 j 第 n 种污染排放，因年鉴未报告工业分行业固体废物设施运行费用，因此，此处采用分行业废水、废气设施运行费用表示污染治理支出。测算处理后，具体划分结果如表 7 – 2 所示。①

表 7 – 2　　　　　低水平环境健康冲击行业的异质特征等级划分

环境健康风险低行业	工资分类	女性就业占比分类	国有单位就业占比分类	环境规制分类	R&D投入分类	要素生产率1分类	技术进步指数1分类
烟草制品业	3	2	3	2	1	2	3
纺织服装、服饰业	1	3	1	3	1	1	3
皮革、毛皮、羽毛及其制品和制鞋业	1	3	1	2	1	1	3
木材加工及木、竹、藤、棕、草制品业	1	2	2	1	2	2	1
家具制造业	1	2	1	1	1	3	2

---

① 全要素生产率和技术进步指数参照朱智洺和张伟（2015）不含废物排放约束的测度结果；女性就业占比和国有单位就业占比分别为城镇单位女性就业数和国有单位就业人数占城镇单位总就业人数比重。以上数据均来源于历年《中国统计年鉴》《中国环境统计年鉴》《中国劳动统计年鉴》和《中国科技统计年鉴》以及特定的参考文献资料。等级识别均依据各行业各时期的测算结果，进一步求研究期内（即 2007～2015 年内）的均值，再采用 k – 均值聚类法进行识别。

环境健康风险低行业	工资分类	女性就业占比分类	国有单位就业占比分类	环境规制分类	R&D投入分类	要素生产率1分类	技术进步指数1分类
印刷和记录媒介复制业	2	2	3	3	1	2	1
文教、工美、体育和娱乐用品制造业	1	3	1	2	3	1	2
橡胶和塑料制品业	3	3	1	1	1	2	1
金属制品业	2	1	2	3	2	2	1
通用设备制造业	2	1	2	2	2	1	1
专用设备制造业	3	1	2	1	2	1	1
交通设备制造业	3	1	3	2	3	3	1
电气机械和器材制造业	2	2	2	3	3	1	2
计算机、通信和其他电子设备制造业	3	3	1	3	3	2	3

注：数据来自 EPS 数据库中的历年《中国统计年鉴》《中国环境统计年鉴》等，经计算划分所得。

以上均通过采用分阶段、分组回归和工具变量进行稳健性检验。

7.3.2 基准计量模型

基准计量模型设计如下：

$$\Delta l_{ijt} = \beta_0 + \beta_1 \ln rw1_{it} + \beta_2 \ln proex_{it} + \beta_3 \ln k_{it} + \beta_4 chye_{it}$$
$$+ \beta_5 waizizhbi_{it} + \beta_6 \ln pere_{it} + \mu_i + \omega_t + \varepsilon_{it} \qquad (7-2)$$

其中，i 表示区域，j 为行业，t 为年份，β_j 分别为各变量系数（j = 0，1，2，3，4，5，6），μ_i 为个体效应，ω_t 为时间效应，ε_{it} 随机误差效应。

主要因变量：参考赵德昭（2009）、肖挺（2014）等的研究，利用跨区跨行业就业增量指标表示劳动力跨行业就业流动情况。具体测度公式为：

$$\Delta l_{i,j,t} = L_{i,j,t} - (1 + g_{i,t}) \times L_{i,j,t-1} \qquad (7-3)$$

其中，Δl_{ijt} 为在时期 t 省 i 的工业分行业 j 的劳动力跨行业流转数量，g_{it} 为时期 t 省区域 i 总体的就业增幅，某省就业增幅为该省本期的就业人数净增额除以上期就业人数。若某一细分行业从业人数增幅与该地区总体就业增幅一致，就不存在劳动力的跨行业流动问题，但事实并非如此。若 Δl_{ijt} 大于 0，表示时期内省区域行业劳动力人口跨行业的流入，反之则表示流出。同时依据可得数据，本书的 L 利用细分行业的城镇单位年末就业人数进行测算，而城镇就业单位人员不包含私营就业企业，也就意味着这一批劳动力就业户口问题大都能够解决，即能够有效反映出劳动力流动的内涵。

主要解释变量：参照前文表 6-1 及 6.3.2.1 节测度空气污染指数，稳健变量为：空气污染健康冲击指数（同样参照表 6-1 及 6.3.2.1 节测度）、PM2.5 浓度［因为众多研究表明，PM2.5 严重威胁着劳动力生命健康（Raaschou-Nielsen et al.，2013；Song et al.，2019），并且显著影响着劳动力流动（陈友华和施旖旎，2017；Li et al.，2017b）］。

控制变量：参照赵德昭和许和连（2013）的研究认为，收入水平吸引劳动力，应为包含扣除就业机会成本后的期望收入，即直接影响劳动力转移的并非是部门或行业间收入的绝对差距，而是考虑了就业概率加权后的期望工资水平，即期望工资水平 $rw1_{it}$、调整后的实际工资 w_{it} 和失业率 r_{it} 关系为：

$$rw1_{it} = w_{it} \times (1 - r_{it}) \tag{7-4}$$

如众多研究表明，环境规制对劳动力就业存在显著的影响（王勇等，2013；李梦洁和杜威剑，2016；李珊珊，2015；秦楠等，2018；李斌等，2019），他们研究认为，环境规制与就业可能存在"U"型或倒"U"型关系，但这不是本书考察的重点，而且此处研究的是劳动力在行业间的就业量净增减的情形，因此，环境规制强度只加入一次项进行控制，利用各省环保支出占比表示；另外，参照赵德昭和许和连（2013）、肖挺（2014）的研究认为，资本存量或资本深化程度，对劳动力具备一定吸引力，采用地区人均资本量表示。因本书重点研究工业行业劳动力流动情况，而产业结构变动也是跨区跨行业流动的重要影响因素（肖挺，2014），因此，借鉴干春晖等（2011）、肖挺（2014）等利用区域第三产业与第二产业产值比作为产业结构升级的度量。同时，毛日昇（2009）、李斌等（2019）认为，外商直接投资可以通过作用于产出和生产效率等因素对劳动需求产生影响，进而影响就业，因此，本书参照此利用外资实际利用额与 GDP 比值表示；此外，高波等（2012）、肖挺（2014）认为教育、医疗条件和贸易发达程度可以作为人均资本量的替代变量，这说明上文已加入的人均资本量变量能够包含以上三个变量的影响效应，但也有众多研究认为人均教育水平是劳动力就业或流动的重要影响因素（张华，2019；李斌等，2019；肖挺，2016），为保证解释变量间不存在严重的多重共线性，此处选择个别重点变量控制，即还控制了地区人均教育水平，利用不同阶段教育年限加权的人均教育水平表示，如前文6.3.2.1 节计算式。

特别的，鉴于劳动力于行业间的就业流动选择与环境污染等变量存在的双向因果关系可能更强，且劳动力在跨区跨行业就业抉择时可能更多参照上一时期的主要因素水平情况，因此，解释变量及控制变量均采用滞后一期参与分析。同时为消除多重共线性以及异方差影响，控制变量均采用自然对数形式参与分析。

7.3.3 数据来源与说明

本章数据均来自 EPS 数据库中历年的《中国统计年鉴》《中国环境统计年鉴》《中国劳动统计年鉴》等。选择 2007~2015 年为研究期，主要理由为：第一，空气污染测算指数中 PM2.5 数据获得截止期为 2015 年，因而空气污染指数测度截至 2015 年，而空气污染健康指数中健康冲击效应部分疾病科室就诊指标起始为 2007 年。第二，部分研究表明，2004 年以后，开始出现劳动供给不足的刘易斯拐点，尤其 2007 年以后，去除 2008 年金融危机效应，出现更为明显（蔡昉，2008，2010；马忠东，2019），而截至 2015 年，是我国"十一五"至"十二五"发展实践时期，这一时期环境污染问题仍然严重，居民健康问题日渐突出，从而导致国家在"十三五"时期开始将健康问题纳入发展战略规划，因此，本书选择 2007~2015 年研究期有一定的探究价值，为当前的绿色、健康发展战略事业提供些许经验性的支撑证据，从而得到有一定价值的实践启示。

研究中涉及工资等货币价值指标均按照 2007 年为基期利用工资指数或消费等价格指数进行实际可比性调整。特别的，资本存量依据固定资产投资量利用永续盘存法计算各省的实际资本存量，计算式为 $K_{it} = I_{it}/p'_{it} +$

$(1-\delta_{it})K_{it-1}$（I_{it}、p'_{it}、K_{it}、δ_{it} 分别为 i 省第 t 年的固定资产投资、按照 2007 年基期调整后的固定资产投资价格和实际资本存量和折旧率），并借鉴霍尔和梅雷斯（Hall and Mairesse，1995）采用初始期固定资产投资量除以初始期折旧率与考察期内固定资产投资的平均增长率之和得到基期的资本存量，公式为 $K_0 = I_0/(\delta_0 + \bar{g})$（$I_0$，$\delta_0$，$\bar{g}$ 分别为初始期的固定资产投资额、固定资产折旧率、考察期内固定资产投资的年均增长率，本书基期均为 2007 年）。此外，若直接采用张军等（2004）文章中的 9.6% 的全国平均资本折旧率将会高估资本边际贡献，导致其他因素边际效应绝对值估计偏低，尤其对空气污染等对劳动力跨区跨行业就业增量的边际效应估计的影响较大。因此，鉴于不同省份的折旧率差异较大且数据不能直接获得，本书基于张健华和王鹏（2012）对我国 28 个不同省份 1993~2010 年期间折旧率的估计，且通过了徐淑丹（2017）86% 的基本一致性验证，分别将 1993~2010 年期间各省资本折旧率整理如表 7-3 所示，其中重庆市按照四川折旧率 5.8% 近似，海南省因地理气候特殊和经济发展水平相对落后，采用张军等（2004）全国平均折旧率 9.6% 近似。同时，因为 2010 年后各省资本折旧率数据较难获得，但 2010 年以后国内投资环境相对于 2008 年前后趋于稳定，为保证各省折旧率之间差异性不受破坏，遂将 2010~2015 年期间各省折旧率仍按照表 7-3 的值给出。最后利用得到的当年资本存量与全市年末总人口的比值表示区域的人均资本存量。

表 7-3　　　　各省份 1993~2010 年的资本平均折旧率估算（%）

地区	北京	天津	河北	山西	内蒙古	辽宁	吉林	黑龙江	上海	江苏	浙江	安徽	福建	江西	山东
折旧率	6.4	6.1	5.1	6.3	5.5	6.5	6.4	6.8	7.6	6.7	6.4	6.4	5.7	6	6.8

地区	河南	湖北	湖南	广东	广西	海南	重庆	四川	贵州	云南	陕西	甘肃	青海	宁夏	新疆
折旧率	5.1	6.8	5.9	10.8	6	9.6	5.8	5.8	5.7	6	4.8	6.7	4.2	4.5	3.6

注：数据来自张健华和王鹏（2012）文章测算结果，经笔者整理所得。

外资利用率是基于外资利用额按照各年美元汇率进行调整为人民币实际值后与当年 GDP 的比值计算所得。样本描述性统计如表 7-4 所示。

表7-4 变量基本描述性统计①

变量	名称	归类的行业个数	Mean	Std. Dev.	Min	Max
gongye	工业行业就业净流入量（万人）		-7.3495	29.2829	-142.0321	320.2045
sanchan	第三产业就业净流入量（万人）		-8.9952	19.0442	-111.7785	71.6219
lrk3	污染健康风险高行业净流入量（万人）	4	-1.4336	3.1800	-17.9233	11.1692
lrk2	污染健康风险中行业净流入量（万人）	14	-2.3266	4.7514	-27.0860	24.8606
lrk1	污染健康风险低行业净流入量（万人）	11	-1.8152	24.2771	-115.3182	299.8439
h3	空气污染指数		2.0405	0.5849	1.2601	4.5522
h2	空气污染健康冲击指数		2.0363	0.8235	1.0854	7.3891
pm25	雾霾浓度		37.9009	15.6139	10.1230	81.7899
rw1	期望工资（元）		40080.0300	16231.8200	17527.1000	110056.2000
proex	环保支出（%）		1.3259	0.5735	0.4000	3.1600
k	人均资本量（万元/人）		11.0828	6.5819	1.3433	32.9816
chye	产业结构比		0.9318	0.5303	0.4991	4.0355
waiziz~i	外资利用率		0.0277	0.0183	0.0023	0.0850
pere	人均教育年限（年/人）		10.9145	1.1671	8.2673	14.6097
观测数			N = 234，i = 26，T = 9			

注：数据均来自 EPS 数据库中的历年《中国统计年鉴》《中国环境统计年鉴》《中国劳动统计年鉴》等。

———————————

① 海南的皮革、毛皮、羽毛及其制品和制鞋业，工美、体育和娱乐用品行业数据缺失；西藏的金属制品业，橡胶和塑料制品业，交通设备制造业，通用设备制造业，电气机械和器材制造业数据缺；青海的文教、工美、体育和娱乐用品制造业，木材加工及木、竹、藤、棕、草制品业，皮革、毛皮、羽毛及其制品和制鞋业，家具制造业，烟草制品业，计算机、通信和其他电子设备制造业数据缺失；宁夏的文教、工美、体育和娱乐用品制造业，木材加工及木、竹、藤、棕、草制品业，计算机、通信和其他电子设备制造业数据缺失；新疆文教、工美、体育和娱乐用品制造业 2012 及以前就业数据缺失，对行业合并影响较大；港、澳、台等数据样本暂获得。因此，样本不包含上述省份。另外，行业异质进一步分析将低污染健康风险行业按照不同特征进行划分所得结果的描述性统计见附件。

7.4　实证结果分析

7.4.1　空气污染对劳动力工业就业流迁的影响

劳动力就业选择工业行业流入量近年整体呈下降趋势，各地差异较大，具体的，空气污染对劳动力工业就业流迁估计结果如表 7 – 5 所示，从工业行业就业流入的影响估计来看，空气污染对就业流入增量影响显著为负，采用不同控制组分别回归结果显示，每组结果趋于一致，由此表明，这种负向影响大小较为稳定且可靠。按照 model 7 结果分析，空气污染对工业行业就业净流入增量的影响系数在 5% 水平下通过显著性检验，即在其他条件一定的情况下，空气污染指数每上升一个百分点，工业就业净流入增量平均显著地下降约 0.158 万人，即若上升一个标准单位，工业就业净流入增量平均显著地下降 15.789 万人。而徐鸿翔和张文彬（2017）利用烟粉尘的自然对数作为解释变量，估计其对劳动力就业的影响，结果是烟粉尘排放每上升一个百分点，劳动力总就业供给平均下降 0.045 个百分点，即若烟粉尘排放每上升一个单位，按照 26 个省 2007～2015 年工业行业城镇单位就业的年均人数约为 193.729 万人计算,[①] 即降幅变动约为 8.718 万人，这低于本书降幅约为 15.789 万人的研究结果。这主要因为：第一，本书的空气污染指数包含了除烟粉尘以外的其他空气污染要素的影响；第二，污染针对健康风险较大且处在产业结构升级时期的特定工业的就业环境影响要比对全国范围内总的就业环境影响更富有弹性；第三，本书的被解释变量为跨区跨行业的就业净流入增量，测算条件更为苛刻，因此，相比于他们利用的区域总就业量作为被解释变量而言，空气污染对前者影响更大。[②] 但空气环境的改善有利于增加工业行业劳动力供给，这一结论与徐鸿翔和张文彬（2017）、肖挺（2016）等分析结果基本一致。由此，前文的假设 H_{31} 得以验证。

---

① 数据来源：经历年的《中国劳动统计年鉴》相关数据计算而得，即研究样本中包括的 26 省在 2007～2015 年间工业行业城镇单位的总年均就业人数。

② 另外，本书还做了对第三产业就业净流入增量的影响估计，发现均为正向影响，由此可见，若以区域总就业作为被解释变量进行分析，将忽略劳动力跨行业就业流动行为所产生的结构性影响，从而导致对大气污染所产生就业供给的负面影响的低估，因此对工业行业就业净流入增量的影响更富有弹性。由于第三产业不是分析重点，结果未全部列出，但从下文的稳健检验部分所列的结果可见一斑。

表 7-5　空气污染对劳动力工业就业流迁估计结果

变量	model 1 工业	model 2 工业	model 3 工业	model 4 工业	model 5 工业	model 6 工业	model 7 工业
L. h3	-15.441** (-2.44)	-13.199* (-2.01)	-12.738* (-1.89)	-13.264* (-1.94)	-13.864* (-1.94)	-15.993** (-2.11)	-15.789** (-2.08)
L. lnrw1		103.282* (1.85)	126.036* (2.00)	108.309* (1.81)	119.758* (1.99)	113.529* (1.94)	119.169* (1.98)
L. lnproex			-10.798** (-2.12)	-11.967** (-2.38)	-12.869** (-2.52)	-13.154** (-2.56)	-13.087** (-2.53)
L. lnk				14.796** (2.10)	28.106*** (3.38)	28.010*** (3.31)	30.143*** (3.47)
L. chye					29.983** (2.35)	33.617** (2.48)	31.764** (2.38)
L. waizizhibi						373.664* (1.91)	353.703* (1.85)
L. lnpere							-48.455 (-0.85)
Constant	3188.459* (2.05)	26936.279* (1.97)	31239.844** (2.07)	32356.117** (2.19)	40884.096** (2.54)	38975.900** (2.51)	39045.009** (2.52)

续表

变量	model 1 工业	model 2 工业	model 3 工业	model 4 工业	model 5 工业	model 6 工业	model 7 工业
时间效应	Y	Y	Y	Y	Y	Y	Y
个体效应	Y	Y	Y	Y	Y	Y	Y
Observations	208	208	208	208	208	208	208
R-squared	0.046	0.062	0.069	0.073	0.079	0.084	0.085
Number of daima	26	26	26	26	26	26	26
r2_a	0.0369	0.0483	0.0508	0.0496	0.0510	0.0517	0.0483
F	3.488	2.107	1.533	1.964	2.575	2.252	2.170

注：*、**、***分别表示在10%、5%、1%水平下显著，括号内数值为 t 值，数据结果为经相应回归估计计算得出。

从控制变量影响结果看（见表 7 – 5 中 model 7），当其他条件一定时，地区期望工资每上升一个百分点，工业行业劳动力就业净流入增量在 10% 显著水平下，平均上升 0.01 × 119.169 ≈ 1.912（万人），而徐鸿翔和张文彬（2017）认为，工资水平与劳动力就业供给呈现倒 "U" 型曲线关系，在工资水平较低的情况下，增加工资的收入效应大于替代效应，劳动力供给增加，而随着工资水平的上升，劳动者对生活质量（空闲）的追求高于对工资的追求，此时增加工资的替代效应大于收入效应，劳动力就业供给减少。因此，从本书研究结果来看，劳动力的期望工资对工业行业劳动就业净增量存在正向作用，这表明我国工业行业实际工资仍普遍偏低，与国内实际情况基本相符。地区环保支出占比每上升一个百分点，工业行业劳动力就业净流入增量在 5% 显著水平下，平均减少约 0.131 万人。尽管本书未考察二次项关系，但所得结论与王勇等（2013）研究观点基本一致，其研究表明，我国 2010 年的环境规制强度远低于 "U" 型拐点，即环境规制强度对工业就业规模仍是负面影响。这也表明，当前我国采取的环境规制在工业行业中的就业替代效应大于就业创造效应，但随着工业行业的就业机会下降，劳动力就业开始向第三产业等领域转移，因此，环境规制对我国就业的总体影响却可能为正，正如马骥涛和郭文（2018）研究认为，环境规制影响重污染地区就业规模的 "U" 型曲线向右下方移动，影响第三产业为主地区就业规模的 "U" 型曲线向左上方移动，其拐点值小于工业为主地区。这意味着工业行业更易受到环境规制对就业的负面影响，而且这一负面影响的持续时间也比其他行业要长，且与受到污染异质程度有关（秦楠等，2018）。地区的资本深化程度即人均资本量每上升一个百分点，工业行业劳动力就业净流入增量在 1% 显著水平下，平均增加约 0.301 万人，这表明在研究期内，我国地区资本深化带来的就业规模增长的规模效应大于资本对劳动力的替代效应，与秦楠等（2018）、王勇等（2013）观点一致。而地区前一期的产业结构升级每上升一个百分点，工业行业劳动力就业净流入增量在 5% 显著水平下，平均增加约 0.318 万人，这一结论与我们的直觉相悖，即地区的第三产业与第二产业产值比值越大，工业的劳动力就业净流入增量越多。这可能涉及对鲍莫尔效应的系统探讨，但这不是本书分析的重点，对此不再进行赘述，而深入思考不难理解，地区产业升级尤其是第三产业的快速发展必然拉动我国国内的消费需求，进而能够带动地区的工业不断发展。这也与欧阳艳艳等（2016）利用 2000 ~ 2011 年 58 个国家样本分组分析所得结论一致，即发达国家的第一、第三产业对工业就业呈现负的产业间溢出效应，而发展中国家则呈现积极的产业间溢出。这正符合我国的实际情况，即作为一个发展中国家，产业结构正处于调整阶段，劳动力资源相对丰富，三大产业可同时实现发展，从而推动就业增长（欧阳艳艳等，2016）。地区外资利用所占 GDP 比率每上升一个百分点，工业行业劳动力就业净流入增量在10%显著水平下，平均增加约3.54万人，即外商投资企业能够直接吸收东道国的劳动力就业，还可通过技术溢出等方式影响本土企业的生产效率，提高竞争力，从而为工业提供更多的就业机会（王勇等，2013）。这也与龚晓莺和甘梅霞（2007）观点基本相符。而人均教育年限对工业行业劳动力就业净流入增量影响并不明显。这可能因为劳动力跨区的行业就业选择对人均教育年限并不敏感，但对高等教育资源可能更为敏感，但我们进一步地利用地区人均大学院校数作为人均教育资本替代变量加入回归分析，结果仍不显著，这印证了高波等（2012）、肖挺（2014）认为教育、医疗条件和贸易发达程度可以作为人均资本存量的替代变量的观点，即教育资本影响的显著效应部分被人均资本存量即资本深化程度的影响效应所吸收，但此处不妨碍本书对所研究的问题的分析判断。

7.4.2　分行业结果分析

需要说明的是，尽管污染程度与环境规制强度可能存在正相关关系（李萍等，2017），但李小平和李小克（2017）研究认为，部分污染行业的环境规制强度还比较低，而少数清洁行业的真实环境规制强度却较高，而且更为重要的是一些污染强度高（低）的行业，其环境规制强度未表现出相应的强关联性，这也与王勇和李建民（2015）结论基本一致。这意味着污染健康冲击高的行业其环境规制强度未必高。与此同时，本书因变量为跨区跨行业，也已经控制了地区的环境规制水平，这意味着在同一环境规制水平下，劳动力跨区跨行业的就业选择仍然受到空气污染健康冲击的影响。至此，基于前文对环境健康风险的测度与划分，给出的这类行业的一些经验证据基本可靠。

具体的，按照污染健康冲击等级划分的工业行业估计结果如表7-6所示，首先，空气污染对劳动力就业净流入增量仍均呈下降影响，进一步说明了上文估计结果的可靠；其次，不同污染健康冲击等级的行业受到的影响不同，污染健康冲击水平高和水平低的行业其就业净流入增量下降效应显著，且污染健康冲击水平高的行业受到的行业平均影响要小于污染健康冲击水平低的行业，两种行业受到的行业平均影响弹性分别约为：$-1.618/4 \approx -0.405$，$-13.549/14 \approx -0.968$，[1] 而污染健康冲击水平中等的行业受到的影响则不显著。这主要是因为污染健康冲击水平高的行业和水平低的行业的期望工资水平、环境规制强度和技术进步水平等差异不明显，但污染健康冲击水平低的行业其女性就业占比规模过高，R&D 投入过大，国企就业空间较小等因素很可能加剧了这一负面影响，具体如表7-7所示，[2] 从而导致其遭受的空气污染的行业就业净流入增量影响大于污染健康冲击水高的行业；同时，污染健康冲击中等的行业也因这种额外的推力和拉力要素的作用而未表现出明显的就业增量下降效应。结合上文的工业整体结果分析发现，空气污染对劳动力的行业就业流动的影响不仅与地理空间尺度与有关，还与行业空间尺度有着紧密的关系。从控制变量看，估计结果基本与前文作用方向一致。

表7-6　　按照污染健康冲击等级划分的工业行业分别估计结果

变量	model 1	model 2	model 3
	污染健康冲击高	污染健康冲击中	污染健康冲击低
L. h3	-1.618** (-2.41)	-0.666 (-0.78)	-13.549** (-2.17)
L. lnrw1	12.444** (2.54)	18.399** (2.31)	78.146 (1.49)
L. lnproex	-0.706 (-1.03)	-0.047 (-0.05)	-11.397* (-1.89)
L. lnk	2.973** (2.39)	5.601*** (2.80)	19.347*** (3.09)

———————

① 4 和 14 分别为高污染健康风险行业和低污染健康风险行业所包含的行业个数。

② 牛建林等（2011）基于深圳 2009 年流动人口微观调查样本分析表明，个人收入高的流动者比个人收入低的流动者身体健康更差，即对于流动人口群体而言，高收入往往更多地意味着高水平的劳动付出和健康代价。而本书的污染健康损害低和高的行业劳动力期望工资水平高，也与牛建林等分析结果一致。另外，李卫兵和张凯霞（2019）研究表明，空气污染健康损害的生产率降低效应在非国有企业会被放大，这意味着非国有企业受空气污染健康损害而导致的企业生产率下降效应大，将大幅降低企业劳动需求，这与本书国有企业较少的污染健康损害低的行业劳动力流出效应大的结论本质一致，从而一定程度上加剧了对劳动力流迁的负面影响。

续表

变量	model 1	model 2	model 3
	污染健康冲击高	污染健康冲击中	污染健康冲击低
L. chye	5. 871 *** (3. 60)	4. 881 * (1. 85)	18. 187 * (1. 79)
L. waizizhbi	60. 857 ** (2. 09)	60. 137 (1. 17)	270. 548 * (1. 79)
L. lnpere	0. 605 (0. 08)	− 22. 017 (− 1. 52)	− 12. 491 (− 0. 34)
year	− 2. 245 *** (− 3. 70)	− 2. 992 ** (− 2. 72)	− 13. 077 * (− 1. 91)
Constant	4373. 593 *** (3. 71)	5859. 934 ** (2. 73)	25479. 296 * (1. 92)
时间效应	Y	Y	Y
个体效应	Y	Y	Y
Observations	208	208	208
R-squared	0. 086	0. 065	0. 069
Number of daima	26	26	26
r2_a	0. 0494	0. 0278	0. 0321
F	3. 829	1. 738	1. 756

注：* 、** 、*** 分别表示在10% 、5% 、1% 水平下显著，括号内数值为 t 值，数据结果为经相应回归估计计算得出。

表 7 - 7　　　　　　　　　三种行业指标特征

环境健康风险等级	行业城镇单位平均工资（元）	城镇单位女性就业平均占比（%）	国有单位就业平均占比	年 R&D平均投入（万元）	全域全要素生产率	技术进步指数	环境规制平均强度
污染健康冲击低行业	41836. 849	45. 544	0. 098	191627. 085	0. 993	1. 025	0. 070
污染健康冲击中行业	36736. 737	38. 219	0. 171	13616. 204	0. 995	1. 013	0. 066

续表

环境健康风险等级	行业城镇单位平均工资（元）	城镇单位女性就业平均占比（％）	国有单位就业平均占比	年R&D平均投入（万元）	全域全要素生产率	技术进步指数	环境规制平均强度
污染健康冲击高行业	40993.81	29.098	0.239	10762.442	1.001	1.002	0.073

注：数据来源于 EPS 数据库，经笔者计算所得。

7.4.3 进一步稳健检验

进一步采用空气污染健康冲击指数 h_2 和雾霾浓度 PM2.5 作为空气污染指数的替代变量进行稳健分析，具体如表7-8和表7-9所示，结果表明，空气污染健康冲击指数对工业总体、污染健康冲击水平高、低的行业的就业流入的净增量仍具显著的负向影响，对污染健康冲击中等水平的行业就业流入的净增量无明显影响，对第三产业行业就业流入的净增量有正向影响，这种正向影响则来自劳动力跨区跨行业主动和被动就业流入决策的综合结果，这也符合工业健康冲击水平高于以服务业为主的第三产业健康冲击水平的实际情况，正如牛建林等（2011）针对流动人口健康问题分析表明，与制造业外来务工人员相比，交通运输业、批发零售业、居民服务业等行业务工的流动者健康状况明显较好。姚瑶等（2017）则利用 1995~2011 年百余个国家的面板数据研究发现：发展健康投资行业有助于增加服务业就业人口比重，并且私人健康投资对增加服务业就业人口比重的影响系数大于公共健康投资，这意味着第三产业的污染健康冲击下的就业流动效应可能更多地体现出了主动选择效应；另外，雾霾浓度 PM2.5 作为替代变量稳健检验结果也基本一致。值得注意的是，它们对工业行业就业流入净增量的影响均小于空气污染指数对工业行业就业流入净增量的影响，这主要是因为空气污染指数不仅较于 PM2.5 而言包含的污染因素信息更为丰富，而且较于本书的空气污染健康冲击指数而言，也包含了未能量化的潜在的健康疾病终点以及其他如环境规制、舒适度等外部因素的影响信息。因此，替代变量作用结果均小于空气污染指数对工业行业就业流入净增量的影响结果。但总体不影响给出以上结论基本可靠的判断。

表 7 - 8   按照污染健康冲击等级划分的工业行业
分别稳健检验估计结果

变量	model 3	model 4	model 1	model 2	model 3
	工业	第三产业	污染健康冲击高	污染健康冲击中	污染健康冲击低
L. h2	− 7. 108 ** (− 2. 30)	3. 749 ** (2. 01)	− 0. 685 * (− 1. 91)	0. 077 (0. 14)	− 4. 122 * (− 1. 71)
L. lnrw1	7. 399 (0. 39)	− 14. 201 (− 1. 54)	15. 095 *** (3. 10)	20. 321 ** (2. 55)	104. 091 * (1. 88)
L. lnproex	− 6. 945 * (− 1. 75)	6. 740 * (1. 65)	− 0. 720 (− 0. 92)	− 0. 077 (− 0. 07)	− 11. 623 ** (− 2. 33)
L. lnk	1. 311 (0. 12)	5. 866 (1. 61)	1. 966 (1. 45)	5. 374 ** (2. 51)	11. 753 * (1. 89)
L. chye	− 4. 255 (− 0. 28)	4. 506 * (1. 71)	5. 547 *** (3. 19)	4. 415 * (1. 78)	13. 983 (1. 56)
L. waizizhbi	158. 794 (0. 74)	42. 777 (0. 62)	34. 807 (1. 32)	46. 837 (0. 91)	40. 763 (0. 29)
L. lnpere	− 73. 144 (− 1. 17)	− 28. 912 (− 1. 15)	− 1. 671 (− 0. 22)	− 22. 595 (− 1. 60)	− 29. 940 (− 0. 89)
Constant	100. 878 (0. 57)	181. 917 ** (2. 08)	4485. 773 *** (3. 82)	6182. 887 ** (2. 79)	27662. 980 ** (2. 35)
时间效应	N	N	Y	Y	Y
个体效应	Y	N	Y	Y	Y
Observations	208	208	208	208	208
Number of daima	26	26	26	26	26
r2_a	− 0. 00749	0. 0561	0. 0294	0. 0253	0. 00406
F	2. 890	8. 18	3. 985	1. 824	2. 411

注: * 、 ** 、 *** 分别表示在 10% 、 5% 、 1% 水平下显著, 括号内数值为 t 值, 数据结果为相应回归估计计算得出。

表 7 - 9　　　　　按照雾霾变量下的工业行业分别稳健检验估计结果

变量	model 1	model 2	model 3	model 4	model 5
	工业	污染健康冲击高	污染健康冲击中	污染健康冲击低	第三产业
L. pm25	- 1. 197 * (- 1. 73)	- 0. 020 ** (- 2. 18)	- 0. 026 (- 1. 31)	- 1. 150 * (- 1. 80)	- 0. 117 (- 1. 19)
L. lnrw1	143. 593 ** (2. 46)	- 0. 210 (- 0. 18)	- 1. 695 (- 1. 04)	97. 371 * (1. 93)	- 12. 874 (- 1. 26)
L. lnproex	- 13. 337 *** (- 3. 07)	0. 521 (1. 37)	0. 945 (1. 04)	- 11. 576 ** (- 2. 26)	4. 937 (1. 07)
L. lnk	29. 628 *** (3. 22)	- 0. 923 ** (- 2. 24)	- 0. 147 (- 0. 16)	19. 500 *** (2. 83)	4. 789 (1. 10)
L. chye	27. 422 ** (2. 22)	0. 065 (0. 18)	0. 822 * (1. 81)	14. 973 * (1. 72)	5. 454 (1. 59)
L. waizizhbi	119. 650 (0. 70)	24. 043 ** (2. 22)	26. 818 (1. 30)	76. 688 (0. 68)	117. 438 (1. 53)
L. lnpere	- 70. 995 (- 1. 29)	2. 803 (0. 88)	- 0. 738 (- 0. 16)	- 32. 550 (- 0. 95)	- 15. 438 (- 0. 65)
Constant	44511. 991 *** (3. 07)	- 4. 000 (- 0. 50)	16. 810 (1. 12)	30090. 796 ** (2. 42)	147. 533 (1. 40)
时间效应	Y	N	N	Y	N
个体效应	Y	N	N	Y	N
Observations	208	208	208	208	208
Number of daima	26	26	26	26	26
r2_a	0. 0278	0. 0225	0. 0270	0. 0135	0. 0485
F	2. 422	27. 8	8. 50	2. 081	9. 83

注：*、**、***分别表示在10%、5%、1%水平下显著，括号内数值为t值，数据结果为相应回归估计计算得出。

综上所述，前文所得结论基本可靠，即在其他条件一定的情况下，环境健康冲击高的行业，劳动力就业流入增量下降明显。但不同污染健康冲击的行业受自身的异质条件影响，对劳动力就业流动的影响不同，特别的，若处于某一特定污染健康冲击水平的行业的引力和推力作用相当，则其污染健康冲击的就业流出效应可能表现得不明显。由此，假设 H_{31} 和 H_{32} 得以验证。

7.4.4　行业异质进一步分析

进一步从异质特征视角验证前文的分析，结果如表 7 – 10 所示，在同一水平的空气污染健康冲击的行业中，实际工资越高的行业，空气污染对劳动力行业就业流入的负面影响越大，这进一步佐证了上文分析的结论，在平均实际工资高的行业中，劳动力更加注重生活质量，在同等污染健康冲击下，更容易减少就业供给（徐鸿翔和张文彬，2017），而此时劳动力更加注重生活质量的根源在于同等污染健康冲击下，平均实际工资高的行业中劳动力边际生产力下降后的期望损失将更大，因而这更易导致其生活质量大幅下降，才使得其更加注重生活质量。在同一水平的空气污染健康冲击的行业中，女性就业占比水平高和低的行业空气污染对劳动力行业就业流入的负面影响显著，且女性就业占比水平高的行业负面影响更大。这主要是因为女性就业占比水平高的行业本身就具备一定的吸引力，但若当某行业的女性就业占比水平过低，空气污染对劳动力在该行业的就业选择将具有显著的负面作用；当某行业的女性就业占比水平过高，空气污染对女性的健康冲击更大（董夏燕和何庆红，2019），导致女性对空气污染更为敏感，因此，空气污染对劳动力在该行业的就业选择也将有负面作用；当某行业的女性就业占比处于中等水平时，这种吸引力和排斥力相互作用，导致空气污染对劳动力在该行业的就业选择的影响不显著。在同一水平的空气污染健康冲击的行业中，国企就业占比越低的行业，空气污染对劳动力行业就业流入的负面影响越大。这主要因为：一是国企就业因制度福利的优越性，本身就具备一定的吸引力；二是以国企就业规模占比按照不同等级划分的行业也一定程度上代表了空气污染暴露风险的程度不同，国企就业容纳能力越大，该行业的污染暴露风险越小，因此，空气污染在非国有企业的损害影响大于国有企业（李卫兵和张凯霞，2019），这也表明某行业的国企就业容纳能力越大，空气污染对劳动力行业就业流入的负面影响越小。这意味着，为了缓解此负面影响，必须加快完善企业制度改革，一方面在加快国企市场化改革的同时，确保福利制度供给的有效性不降低，另一方面应进一步完善私人企业的福利制度供给机制。同等污染健

表7-10

行业异质估计结果1

变量	model 1 工资低行业	model 2 工资中行业	model 3 工资高行业	model 4 女性占比低行业	model 5 女性占比中行业	model 6 女性占比高行业	model 7 国企占比低行业	model 8 国企占比中行业	model 9 国企占比高行业	model 10 R&D投入低行业	model 11 R&D投入中行业	model 12 R&D投入高行业
L. h3	-3.781* (-2.03)	-3.757* (-1.93)	-6.011** (-2.14)	-3.000** (-2.37)	-2.287 (-1.53)	-8.262** (-2.13)	-8.602** (-2.10)	-4.239** (-2.26)	-0.709 (-1.52)	-3.763* (-1.94)	-2.688** (-2.73)	-7.098* (-1.98)
行业平均影响弹性	-0.756	-0.939	-1.202	-0.750	-0.457	-1.652	-1.434	-0.848	-0.236	-0.627	-0.672	-1.775
控制变量	Y	Y	Y	Y	Y	Y	Y	Y	Y	Y	Y	Y
时间效应	Y	Y	Y	Y	Y	Y	Y	Y	Y	Y	Y	Y
个体效应	Y	Y	Y	Y	Y	Y	Y	Y	Y	Y	Y	Y
Observations	208	208	208	208	208	208	208	208	208	208	208	208
r2_a	0.0248	0.0193	0.0411	0.109	0.0132	0.029	0.0272	0.0332	0.0673	0.0115	0.0822	0.0294
F	0.955	2.161	2.219	3.494	0.971	0.978	0.978	2.649	4.318	1.06	4.062	1.208

注：*、**、*** 分别表示在10%、5%、1%水平下显著，括号内数值为t值，数据结果为相应回归估计计算得出。

康冲击水平行业中，研发投入（R&D）越高的行业，空气污染对劳动力特定行业就业流入的平均负面影响越大。同等污染健康风险行业中，尽管某行业的研发投入（R&D）越高越有助于增加就业（高杰，2007；赵利等，2011；郭际等，2014），但进一步分析发现，其国有企业单位就业占比则越低，R&D 投入水平由高到低的国企单位就业平均占比依次约为：13.395%、8.277%、5.862%。这加大了空气污染对劳动力行业就业流入的平均的负面影响。

行业异质性估计结果如表 7-11 所示。从表 7-11 可得，同等污染健康冲击水平的行业，空气污染对不同要素密集类型行业的劳动力就业流入净增量的影响不同，从强到弱依次为：技术密集型行业 > 资本密集型行业 > 劳动密集型行业。这主要是因为同等污染健康冲击水平下，技术密集型行业就业门槛更高，就业人员技能教育水平普遍较高，工资水平也较高（技术、资本和劳动密集行业工资均值依次约为 38691.016 元、40546.889元、46757.000 元），更加注重生活质量；资本密集型行业次之，劳动密集行业更低。因此，空气污染对技术密集型行业的劳动力就业流入净增量的影响最大，资本密集型行业次之，劳动密集行业最后。同一污染健康冲击水平的行业中，若环境规制强度越大，空气污染对劳动力在该行业就业流入的负面影响将越大。这表明对于同等污染健康冲击水平的行业来说，环境规制越强，其所造成的就业替代效应将远大于创造效应。同一污染健康冲击水平行业中，技术进步指数越高的行业，空气污染对劳动力行业就业净流入增量下降影响越大。尽管如赵利等（2011）的总结表明，技术进步不仅具备就业创造效应（Vivarelli and Pianta，2000），也具备就业破坏效应（Aghion and Howitt，1994）或替代效应（程承坪和彭欢，2018），这与时间的长短期有着紧密关系（姜作培和管怀鎏，1998；龚玉泉和袁志刚，2002；姚战琪和夏杰长，2005），但从本书的技术进步行业划分表现特征来看，技术进步高的行业平均工资水平也高，环境规制强度也大。因此，在本书研究期内，同等污染健康冲击水平下，技术进步指数越高的行业，空气污染对劳动力行业就业净流入增量下降影响越大的主要原因有：一是因为技术进步越高，其所带来的资本深化对就业的破坏效应越大于创造效应，这与姚遂和雷钰婷（2018）研究认为制造业的技术进步偏向资本，一定程度抑制了就业增长的观点一致；二是行业就业人员的收入水平越高，其对空气污染健康冲击越敏感，依据技术进步水平高、中、低行业的平均工资水平为：48085.389 元、40961.867 元、37713.000 元；三是该类型行

表7-11

行业异质性估计结果2

变量	model 13 劳动密集型行业	model 14 资本密集型行业	model 15 技术密集型行业	model 16 技术进步低行业	model 17 技术进步中行业	model 18 技术进步高行业	model 19 环境规制弱行业	model 20 环境规制中行业	model 21 环境规制强行业	model 22 全要素生产率低行业	model 23 全要素生产率中行业	model 24 全要素生产率高行业
L. h3	-4.024* (-1.97)	-1.592* (-1.83)	-7.816** (-2.16)	-2.925** (-2.54)	-4.162* (-1.82)	-6.462** (-2.15)	-1.910** (-2.49)	-3.833** (-2.53)	-7.806* (-1.91)	-7.373** (-2.18)	-5.371* (-2.06)	-0.806* (-1.81)
行业平均影响弹性	-0.575	-0.796	-1.563	-0.585	-0.832	-1.616	-0.478	-0.767	-1.561	-1.053	-1.074	-0.403
控制变量	Y	Y	Y	Y	Y	Y	Y	Y	Y	Y	Y	Y
时间效应	Y	Y	Y	Y	Y	Y	Y	Y	Y	Y	Y	Y
个体效应	Y	Y	Y	Y	Y	Y	Y	Y	Y	Y	Y	Y
Observations	208	208	208	208	208	208	208	208	208	208	208	208
r2_a	0.0224	0.00244	0.0411	0.0428	0.0216	0.0354	0.0186	0.0511	0.0253	0.0292	0.0244	0.0794
F	0.956	1.572	2.571	4.307	1.751	1.089	2.512	2.466	1.42	1.72	1.102	3.282

注：*、**、***分别表示在10%、5%、1%水平下显著，括号内数值为t值，数据结果为相应回归估计计算得出。

业的环境规制强度在短期内对就业产生的替代效应大于创造效应,技术进步水平高、中、低行业的环境规制平均强度依次为:0.093、0.065、0.057。因此,同等污染健康冲击水平下,对技术进步水平越高的行业来说,空气污染对劳动力行业就业净流入增量的下降效应越大。同一污染健康冲击水平行业中,全要素生产率越高的行业,空气污染对劳动力净流入增量下降的影响越小。这表明同一污染健康冲击水平下,全要素生产率较高的行业,便于扩大生产规模,行业整体利润空间较大,劳动力就业机会较多,且生产率普遍较高,使得劳动力的期望收益也较高,从而带来的就业创造效应或补充效应大于就业破坏效应(张微微,2019),在一定程度上缓解了空气污染对劳动力净流入增量下降的影响。

综上所述,同一污染健康冲击水平的行业中,工资越高、环境规制度越强、R&D 投入水平越高、技术进步水平越高,将加剧污染健康冲击产生行业的就业负面影响;而若行业的国企容纳力越大、全要素生产率越高,可缓解污染健康冲击产生行业就业的负面影响;行业的女性就业占比对污染健康冲击产生行业就业流入效应的影响存在界值效应。由此,假设 H_{33} 得以验证。

7.5 本章小结

本章利用 29 个工业行业可得数据以及 26 个省级面板数据,基于劳动力的跨区跨行业就业选择视角,精心设计,从行业层面,捕捉得到了空气污染对劳动力就业流动的影响,研究表明:第一,工业等环境污染健康冲击等级高的行业,空气污染对劳动力行业就业流动的影响存在着显著的负面影响;第二,分行业来看,不同条件禀赋的行业下,污染健康冲击的就业流出效应存在明显差异,具体而言,空气污染健康冲击低的行业对劳动力就业流出平均效应最大,污染健康冲击中等的行业无明显的就业流出效应,空气污染健康高的行业就业流出效应较小;第三,进一步地,基于同一损害水平行业异质分析发现,此种不同的影响主要是因为行业内存在推力和拉力要素相互作用的结果。具体的,同一污染健康冲击水平的行业中,工资越高,环境规制度越强;技术进步水平越高,R&D 投入越大,空气污染对劳动力行业就业流入效应的负面影响越大;而若行业的国企就业占比越高、全要素生产率越高,可减小污染健康冲击产生行业的就业流出效应；而女性就业占比对空气污染产生行业就业效应的影响则存在界值效应。由此，可给出以下重要政策含义。

第一，长期内，持续加大推进行业清洁健康转型是根本解决路径。研究表明，污染健康冲击的存在是劳动力就业流出的重要原因，这一原因也是期望收入下降、身体健康遭受损害、引起不同环境规制、阻碍行业技术发展等的重要原因，因此，长期内持续加大推进行业清洁健康转型是根本解决路径。

第二，短期内，基于因素识别，合理利用调节手段是劳动供给充足的重要保障。研究表明，空气污染健康风险对工业行业的就业流出效应的影响因行业禀赋条件不同而不同，主要原因在于作用于行业就业效应的因素众多，取决于推拉力之间相互作用的大小，因此，决不能够施行"一刀切"的行业就业政策，更没有"一招出，天下鲜"的万能政策。我们可借助此特点，合理利用拉力要素，避开或削弱推力要素作用，对行业就业增量进行合理适度地调节，这是在人口老龄化和"用工荒"等问题加剧背景下，使得劳动供给充足的重要保障。

第三，定期评估，建立健康冲击损失与期望收益的弹性防控机制是稳定就业环境的关键一招。如同一健康冲击风险水平下，工资水平越高的行业的就业流出效应越大，这表明劳动力在面临同样污染健康冲击时，其期望工资损失会有所不同，主要原因在于工资定价机制摆脱了环境健康冲击，应该将其纳入工资弹性调节之中。

第 8 章

污染背景下流动式健康
人力资本投资模式探究

当劳动力遭受空气污染的健康冲击时,其愿意以流动的方式进行健康人力资本投资,但当前健康人力资本投资呈无序混沌、模糊不清的状态,未形成一个系统有效的发展与管理模式。此种模式必然是社会融合政策的产物,而一定的社会融合政策有助于从根本上解除流动人口——环境弱势群体的社会排斥危机(严惠麒,2018)。因此,结合目前具体实践,分析当前流动式健康人力资本投资存在的主要问题,构建出一个能够顺利推进"美丽中国""健康中国"和"高质量发展"战略的有效的健康人力资本投资模式迫在眉睫。

8.1 引　　言

人口流动会为世界公共卫生带来重大挑战(Gushulak et al.,2009)。目前中国国内人口流动规模庞大,第七次人口普查显示中国流动人口规模达到了37582万人,比2010年增长了69.73%,流动规模进一步扩大。流动人口的卫生健康问题亟须重视。回顾中国的相关政策实践主要经历了两大阶段:2003年以前更多关注流动人口的计划生育问题,2003年以后开始关注流动人口的一般卫生健康问题(郑韵婷等,2017)。这些政策的出台主要是由中央与地方政府主导,个别部门制定与负责实施的碎片化实践,以人口流动后的状况结果为导向,缺乏将健康发展政策融入其他发展政策的系统部署,尤其是在环境污染的特定背景下,并没有从预防视角和有利于健康人力资本投资视角来引导劳动力合理流动。这意味着劳动力在污染背景下的流动式健康人力资本投资行为将对国家的公共健康安全产生重大影响。

健康是促进人的全面发展的必然要求。它不仅是一种疾病对立的终点，更是一种人力资本。健康投资和教育等投资存在着互补性，劳动力流动式的健康人力资本投资行为是劳动力实现全面发展的重要决策活动。当下，污染产生的健康冲击已成为影响劳动力流动的重要因素。目前世界面临最大的环境健康威胁为空气污染。[①] 空气污染对劳动力健康产生冲击，进而通过影响劳动力生产率等，进一步影响企业劳动需求和劳动力期望收益等（最为直接的影响如实际工资水平），最终会导致劳动力发生流动式的健康人力资本投资行为。中国目前仍处在流动式健康人力资本投资的早期阶段。人们在这一阶段仍然更多地注重对收入型流动进行发展管理，忽略了健康型流动的发展管理，缺乏对污染背景下的流动式健康人力资本投资行为的引导、规范与管理，本质上是缺少有效的健康人力资本投资模式，这将不利于实现环境、健康与劳动供给三个系统间的协调发展，不利于"美丽中国""健康中国"和"高质量发展"战略的推进。然而，目前关于健康人力资本模式的探究较少，大都要么从宏观视角，对政府的健康投资模式进行了简要分析（梁鸿，1994），要么从微观视角，将健康投资行为引入个人效用函数，分析其对经济等的宏观影响（张东敏和金成晓，2014；王弟海等，2008），没有锁定劳动力流动视角，系统深入地探究污染背景下的高效的健康人力资本投资模式。因此，探究污染背景下流动式的健康人力资本投资模式意义重大。

8.2 存在的主要问题

探究流动式健康人力资本投资模式的前提是厘清我国流动人口卫生健康发展实践的现状。这主要依赖政府主导，经历五大阶段：一是只侧重于流动人口的计划生育问题的管理与发展阶段（1985～2002年）。《流动人口计划生育工作管理办法》（1985，1998）、《中华人民共和国人口与计划生

---

① 世卫组织发布2019十大健康威胁 空气污染等名列其中 [EB/OL]. (2019 – 01 – 17). http：//www. world. gmw. cn/2019 – 01/17/content_32368678. htm.

育法》（2001）等政策的出台，使得地方政府更多地关注流动人口的计划生育问题。二是重视农民工的职业病防治和健康教育问题（2003～2010年）。除了持续关注计划生育问题以外，《国务院办公厅关于做好农民进城务工就业管理和服务工作的通知》（2003）指出要加强农民工的健康教育，要改善农民工的生产生活条件，高度重视农民工的生产安全和职业病防治问题。《卫生事业发展"十一五"规划纲要》也强调减少环境污染对居民健康的危害，控制水源性疾病发生。加强医疗卫生机构的医疗废弃物管理，完善相应法规制度，推动无害化处理。同时积极开展以公共场所和流动人群为重点的普及健康教育活动。《国务院关于解决农民工问题的若干意见》（2006）则进一步明确了解决农民工问题的重要战略地位，强调保障农民工职业安全卫生权益，抓紧解决农民工大病医疗保障问题，加强农民工疾病预防控制，改善其就业生活环境等。三是做好一般性流动人口的公共卫生服务工作（2011～2015）。四是将流动人口全面纳入流入地的卫生健康发展与管理之中（2016～2020）。《"十三五"卫生与健康规划》直接强调维护流动人口健康。按照常住人口（或服务人口）配置资源，将流动人口纳入流入地卫生计生服务体系。五是从2021年开始，"十四五"时期将全面推进健康中国建设。注重预防为主，将健康融入所有政策。由此可见，以前的卫生健康政策主要是围绕流动人口的身份问题展开实施的，2021年以后的政策制定与实施则直接围绕健康问题而展开。

综观发展历程，目前健康人力资本发展与管理的状况主要存在以下几个问题。

8.2.1　单凭政府主导，难以满足真实需求

目前健康投资模式主要由政府主导，不能有效满足流动人口真实需求。一是因为政府主导，社会参与缺位，脱离了流动人口真实需求。对流动人口卫生健康的发展与管理主要以中央与地方政府主导下实践为主，个体、社会组织等微观主体的参与缺位，基层组织参与不够，许多政策落地执行效果有限，不能满足流动人口的真实需求。二是健康投资方向错位，偏离了流动人口真实需求。全国卫生总费用投入与GDP比值如图8-1所示。近年政府对公共卫生健康的发展与管理投入持续增大，2010年以后，卫生费用投入与生产总值的占比超过5%，之后持续增长，年均增速为3.48%，2019年卫生总费用投入占比则达到了6.64%。

图 8-1　全国卫生总费用投入与 GDP 比值

注：原始数据来源于 EPS 数据库，经笔者计算所得。

　　与此同时，我国人均预期寿命连年提升，2002 年就已达到了 72 岁以上，① 达到了福利性健康投资的基本条件。因此，从总体来看，我国在2020 年以后开始出现由生产性健康投资向福利性健康投资转变的迹象，但我国目前仍为劳动密集型的发展中国家，此时只能被认为是出现了转变的迹象，仍处于生产性健康投资和福利健康投资相互交织的阶段。这使得政府健康投资的方向并不清晰，没有严格区分是生产性投资还是福利性投资用途。2009~2018 年间各省卫生费用投入占 GDP 的比例均值如表 8-1 所示。分区域来看，东部投入比例大都小于 5%，主要是生产性健康投资条件，这与健康公平等福利性需求形成错配，中西部劳动力健康水平较低，却达到了福利性健康投资标准，背离了生产性健康投资功能需求。同时，政府更注重于大病统筹医疗保险服务建设，忽视了广覆盖、低投入、高产出的初级健康服务领域建设（杨玲，2008）。这是实现健康公平性、减轻民众健康负担和提高健康投资效率、提高民众健康产出的有效途径。

表 8-1　　　　　　　　2009~2018 年间各省卫生费用投入
占 GDP 的比例均值

东部省份	北京	天津	河北	辽宁	上海	江苏	浙江	福建	山东	广东	海南	
占比均值（%）	7.014	4.188	5.313	4.996	5.800	3.778	4.822	3.827	4.164	4.163	6.941	

---

　　① 出生时的预期寿命，总体（岁）[EB/OL]. https：//www. data. worldbank. org. cn/indicator/SP. DYN. LE00. IN？ locations = JP - CN - IN - KR - VN - GB - 1W - US&name_desc = false.

中部省份	山西	吉林	黑龙江	安徽	江西	河南	湖北	湖南				
占比均值（%）	6.186	5.859	6.870	6.316	5.439	5.510	5.165	5.418				
西部省份	内蒙古	广西	重庆	四川	贵州	云南	西藏	陕西	甘肃	青海	宁夏	新疆
占比均值（%）	4.480	6.120	5.836	6.918	7.273	7.649	9.948	6.582	8.783	8.309	7.160	8.431

注：原始数据来源于 EPS 数据库，经笔者计算所得。

资料来源：原始数据来源于国家卫生和计划生育委员会、国家中医药管理局，由 EPS DATA 整理，笔者剔除极值后所求得的几何均值。东中西是按照国家以往的政策性划分作为依据识别，文中含义相同。

8.2.2　注重市场经济引导，缺乏健康引导

目前对劳动力流动注重市场经济政策引导，缺乏健康引导干预，扭曲了劳动力市场的资源配置。为缓解劳动力市场的资源错配，以往注重市场经济政策引导劳动力流动，但是在收入型流动和健康型流动并存的背景下，仅凭市场引导，不仅容易加剧劳动力市场资源错配，还会出现健康风险与劳动力流动方向不匹配，产生严重的价值错配，即市场价值与健康价值不匹配，同时也会产生严重的不可持续后果。收入型和健康型劳动力流动的长期并存进一步加剧了劳动力流动的无序性。在粗放发展的背景下，发达地区一般污染的健康冲击较为严重，单靠以市场经济政策为主的劳动力流动的引导机制更易诱导不健康或健康状况差的劳动力，甚至健康的低技能劳动力盲目流向发达地区，[①] 将造成技能与岗位、健康水平与健康冲击风险的不匹配，市场价值与健康价值不配位，将进一步扭曲流入地的劳动力市场资源配置，导致整体的劳动效率下降。同时，第七次人口普查显示，我国 65 岁及以上人口占比 13.5%，较于第六次普查上升了 4.63 个百分点，总人口年均增长 0.53%，近十年保持低速增长态势。[②] 在人口老龄化和低生育率的社会里，劳动力被市场政策引导持续不断地涌入健康冲击风险高的地区，风险低的地区会出现劳动供给短缺，经济发展不振，长期

---

① 若某地污染严重，导致高技能劳动力外逃，而健康低技能劳动力则会权衡收入和健康状况，可能更易留在或涌进污染严重地区。

② 数据来源于第七次人口普查报告。

来看，风险高的地区也会出现较高的健康人力资本损耗，造成不可持续发展，劳动供给质量下降，总劳动供给也将出现进一步短缺，进而可能导致严重的不可持续后果。此外，以往注重市场经济的绿色绩效更多侧重在环境发展绩效，很少涉及健康人力资本发展绩效，尽管各种福利指数如人类发展指数等考虑到了健康人力资本发展，但在实践中也未能将环境健康和劳动力流动纳入统一发展框架之中。因此，对劳动力流动以市场经济政策引导为主，缺乏健康引导措施的干预，将进一步扭曲劳动力市场资源的配置效率。

8.2.3 注重医疗服务供给建设，普适的健康权缺失

目前注重医疗服务供给建设，普适的健康权缺失，导致流动后的劳动力无法获得预期的健康收益。医疗服务供给包括为人们提供的医疗保险参与机会、医疗就诊、救助机会、医疗福利等享受机会。从以往对流动人口的健康发展与管理来看，均是在一定条件下，为外来的劳动力提供了健康权的使用机会，但并不是确立普适的健康所有权。这不仅会影响医疗服务供给的效率，影响社会参与率，不利于社区自组织发展模式的建立，还可能会阻碍区域的环境污染治理，加剧区域的环境污染问题，导致劳动力流动后无法获得期望的健康收益。

8.2.3.1 健康权缺失，将加剧区域的环境污染

很多研究均认为，在一定条件下，人口规模和人口集聚会加剧区域的环境污染（井焕，2001；焦若静，2015；徐辉和杨烨，2017；祝伟和张旭东，2021）。然而，这些研究均侧重于对经验证据的探索，或者从产业结构视角进行阐释（徐辉和杨烨，2017），并没有从健康权缺失视角分析其中的深层内涵。

以空气污染为例：空气质量或空气污染具备公共品属性（郭高晶，2016；刘华军和雷名雨，2018），可视为一种公共资源（阳晓伟，2015）。公共资源非排他性和竞争性的特点容易导致空气环境"公地悲剧"和"反公地悲剧"的发生。而空气环境的"公地悲剧"更多的在于企业等多个发展主体对良好的空气质量资源的使用过度；空气环境的"反公地悲剧"则更多的在于片区政府或行政单位等多个管制主体对空气污染治理权使用效率的不足。因此，要避免这两种情况发生，实施什么样的防治政策和如何

实施这些防治政策十分关键。

目前我国空气污染防治政策主要包括管制型、市场型和自愿型三种政策（赵新峰和袁宗威，2016；吴芸和赵新峰，2018），基本形成了立体的防治体系，但这较于欧美发达国家的多维治理体系仍略显不足。欧美发达国家早已形成了环保规制、激励、技术治理、产业发展、区域协同创新等比较完善的政策治理体系（Cooper et al.，2009）。《2030 中国清洁空气市场展望报告》也指出，至 2017 年底，中国已出台大气相关的政策、法规、标准、规划方案等 280 余项，主要包括：《大气十条》《京津冀及周边地区大气污染联防联控 2015 年重点工作》《控制污染物排放许可制实施方案》《京津冀及周边地区 2017 ~ 2018 年秋冬季大气污染综合治理攻坚行动强化督查方案》《大气污染防治行动计划实施情况考核办法（试行）》《控制污染物排放许可制实施方案》《环境空气质量标准》以及《中华人民共和国大气污染防治法》等。虽然我国目前的治理举措改善空气质量已取得较大进展，但 2017 年的中国仍有 70% 以上的城市没有实现空气质量达标。[①] 人们的健康权缺失可能是重要的原因之一。这使得防治政策效果大打折扣，甚至不利于丰富的有效政策产出，具体表现如下。

（1）健康权缺失，割裂健康人力资本价值与价格，导致经济类配套政策单一，防治政策创新激励不足。1982 年国务院颁布《征收排污费暂行办法》，1992 年国家发布《关于开展征收工业燃煤二氧化硫排污费试点工作的通知》，2003 年国家发布《排污费征收标准管理办法》，规定：对向大气排放污染物的单位和个体工商户，按照排放污染物的种类、数量计征废气排污费。对机动车、飞机、船舶等流动污染源暂不计征废气排污费。但"十一五"之后中国的空气污染治理相关政策主要集中在目标物来源解析和污染物测定上，经济激励政策仍不足，"通盘顶层规划"尚未形成，且多集中于行政化的环境规制政策措施（张永安和邬龙，2015）。而诸如财税类、补贴类等经济手段并不完善，经济激励政策的导向也值得商榷。究其根本，这是忽视健康权确立造成的，容易致使具有公共物品属性的清洁的空气环境利用产生"公地悲剧"。

自哈丁提出"公地悲剧"理论以来，以往关于"公地悲剧"（公共草地、私人、牛）的案例分析，按照私人利益最大化原则，即当边际收益等

---

① 专家报告：近五年已出台与大气治理相关政策法规等 280 余项［EB/OL］.（2018 - 04 - 19）. http：//www. baijiahao. baidu. com/s？id = 1598154646537476959&wfr = spider&for = pc.

于边际成本时，给出了牛的最优放牧数量，案例则假定了草地消失或消耗并不会影响牛的单位成本价格，即仅是将牛的单位成本价格视为定值 P^* 所得。而若将公地资源使用条件要素转变适用于公共清洁空气资源、企业和劳动力，此时重点关注清洁空气资源的消耗，当消耗达到一定界值，会产生严重的健康冲击效应，将侵害劳动力的健康权，绝对健康的劳动力数量将下降，企业雇佣的劳动力的成本价格将随着健康劳动力市场供求变动而变动。

具体分析之前，给出几个基本假定。

第一，假定健康权相关法律较为完善，明确赋予了劳动力健康所有权。这意味着劳动力的健康劳动价值会能够在市场价格变化之中充分体现。

第二，企业均按照边际收益和边际成本最大化原则进行生产。

第三，企业对单位劳动的需求并非简单的劳动力，而是健康人力资本构成的劳动；这种劳动与资本（非人力资本）之间不存在完全替代关系，而是存在一定最优比例，即要求二者缺一不可。

第四，一定时期内，尤其是短期内，机器设备等固定资产构成的非人力资本不能任意调整，即要求劳动需求依据现有非人力资本生产资源进行最优配置；1995~2018 年就业职工平均工资与固定资产投资价格指数变化情况如图 8-2 所示。从图 8-2 可见，1995~2018 年，固定资产投资价格指数变动弹性远小于职工平均工资指数变化弹性。

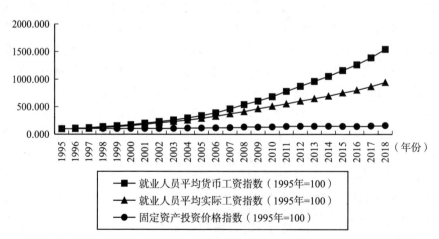

图 8-2　1995~2018 年就业职工平均工资与固定资产投资价格指数变化情况
注：数据来源国家统计局，从 EPS 数据库端口下载。

第五，健康人力资本构成的劳动的培育与发展则全部源于自企业收入所购买的营养品、教育服务等消费支出。

第六，传统理论认为，人力资本在工资决定中起重要作用，人力资本投资量不同，其边际产量不同，工资也不同。因此，可假定劳动力与企业之间的工资或者单位成本价格变动不仅取决于供求关系的变动，也取决于双方的议价能力，即劳动力市场存在价格歧视。例如，徐鸿翔和张文彬（2017）研究认为，空气污染提高了工资水平，但东、中、西三区提高弹性依次减小，存在明显差异。而东、中、西三区污染水平是依次降低的，这意味着空气污染会加剧劳动力工资水平分化，从而形成一个存在成本价格（工资）歧视的劳动力市场。皮和石（Pi and Shi，2019）构建了三个部门的一般均衡模型分析认为，公共污染治理对熟练工人和非熟练工人工资不平等有着显著的影响。这意味着公共污染程度越高，越可能导致工资不平等，即导致劳动力市场存在严重的价格歧视。盛鹏飞（2017）研究发现，环境污染会通过加剧健康冲击，城乡居民因健康人力资本投资动机不同而使得城乡居民绝对收入差距进一步拉大。

第七，在一定技术进步率等条件下，污染随着经济生产规模增长而加重。

第八，若劳动力成本价格变化，其与空气污染有关，关系假定为线性反比关系。

第一种情景：市场垄断，存在一个企业情况。

当只存在一个企业，垄断市场，劳动力成本价格刚性不变。劳动力市场需求函数为：$P = a - b \times L$，劳动力的单位劳动成本价格为 P^*，此时提供的最优劳动力就业岗位或对劳动力的需求为：

$$L = \frac{a - P^*}{2b} = L_0 \qquad (8-1)$$

第二种情景：市场充分竞争，存在多个企业情况。

此时市场环境为充分竞争的，即存在多个企业，某企业 1 和其余企业 2，可大致分为以下三种情况进行讨论。

第一种情况：清洁空气资源（污染排放量一定条件下），劳动力市场尚能够提供企业所需求的全部健康劳动力数量。

此时情况与传统的公地悲剧案例分析一样，可将健康劳动成本价格视为定值。所得结论与之相同。企业劳动需求函数为：$P = a - b(L_1 + L_2)$，企业 1 的边际收益 $MR_1 = a - bL_2 - 2bL_1 = a - bL - bL_1$，x 为市场中所有企业的实际劳动需求量。令 $L_1 = kL$，依据边际收益等于边际成本，得到：

$$L = \frac{a - P^*}{(1 + k) b} = L_{01} \qquad (8 - 2)$$

其中，L_{01} 为实际最优劳动力数量，数量越多，企业生产越多，污染越大。而此时最优劳动需求量大于垄断（产权明晰）情况下最优需求量，遂易发生"公地悲剧"。

第二种情况：清洁空气资源（污染排放量一定条件下），劳动力市场为企业需求提供的部分健康劳动力数量和不健康劳动力数量。

假设此时企业仍按照以往劳动需求函数进行生产活动，设依然健康的劳动比例为 m，则有 $L = mL + (1 - m)L$，健康和不健康的单位劳动成本价格分别为 P_1、P_2，且 $P_1 > P_2$，这一假设符合顾冉和蒲艳萍（2019）的高污染排放与低工资并存研究结果。[①] 即此时主要分两种情形。

情形一：部分健康劳动力成本价格未变，不健康劳动力成本价格下降（最坏的情况）。即 $P_1 = P^*$，$P^* > P_2$，由此可得总的劳动单位成本价格为：

$$P^{**} = (P_1^* mL + P_2^* (1 - m)L)/L = mP_1 + (1 - m)P_2 = mP^* + (1 - m)P_2$$
$$(8 - 3)$$

依据边际收益与边际成本原则，则有：

$$L = \frac{a - P^{**}}{(1 + k) b} = L_{02} \qquad (8 - 4)$$

其中，L_{02} 为实际最优劳动力数量，数量越多，企业生产越多，污染越大。若小于最优量，企业在一定生产或排污区间可以加大污染末端治理；但此时平均边际成本价格 P^{**} 应该小于 P^*，由此，最优劳动需求量将比以往更大于垄断情况下最优需求量，更加容易发生公地悲剧，应将劳动力健康人力资本价格考虑进去。

情形二：健康劳动力成本价格上升，不健康劳动力成本价格下降（不确定好坏）。由此，可得总的劳动单位成本价格为：

$$P^{***} = (P_1^* mL + P_2^* (1 - m)L)/L = mP_1 + (1 - m)P_2 \qquad (8 - 5)$$

依据边际收益与边际成本原则，则有：

---

① 此处假设不同于沈永建等（2019）以上市公司样本研究认为空气质量与企业职工薪酬水平显著负相关的结论，主要是因为，本书假设的是从市场充分竞争情况下，劳动力健康受损后生产效率下降的视角出发，而非是企业的后期被动作为的结果视角，由此给出书中的假定较为合理。

$$L = \frac{a - P^{***}}{(1 + k)b} = L_{03} \qquad (8-6)$$

其中，L_{03} 为实际最优劳动力数量，若小于最优量，企业在一定生产或排污区间，可以加大污染末端治理；此时平均边际价格 P^{***} 与 P^* 关系大小不确定：第一，倘若健康劳动力成本价格上升过高，造成其远大于 P^*，即最优劳动需求量可能小于垄断情况下最优需求量，经济自然变得低迷，不易发生"公地悲剧"；第二，倘若不健康劳动力成本价格下降过大，即不健康的劳动力以绝对雇佣数量优势弥补了健康劳动力受损而造成的生产率下降的影响，进一步造成了平均边际成本价格远小于 p^*，则即最优劳动需求量大于垄断情况下最优需求量，经济生产需求规模仍在扩张，更易导致发生"公地悲剧"；第三，倘若 P_1 和 P_2 综合变动恰巧导致 $L_{03} = L_0$，此时可以避免发生"公地悲剧"，但是必须接受健康不平等而导致的收入不平等问题的长期存在，此时，更可能需要政府给予不健康、低工资收入水平的劳动力一定的补贴或者设计健康弹性工资制度，加大不健康劳动力的医疗投入，将不健康转变为健康，但工资水平要定期及时调整，以免发生清洁空气消耗过度的"公地悲剧"。这意味着：第一，以往的环境补贴手段来进行污染治理，只是一种鼓励性的管理发展工具，缺乏了客观的激励性工具的运用，从而忽视了不同类型劳动力工资调节的管理办法。第二，一直倡议的雾霾津贴的发放尽管考虑了劳动力健康防护能力的培育，但并未考虑到其对劳动力市场工资差异的冲击，倘若运用不当反而会加剧清洁空气消耗的"反公地悲剧"。正如，河南省郑州市总工会关于"雾霾津贴"发放问题调查结果显示，95% 的职工支持发放"雾霾津贴"，其中 88% 的参与者表示支持和理解优先给户外劳动者发放"雾霾津贴"。[①] 而在河南省政协十一届五次会议上，部分政协委员就提出政府应以"雾霾补贴"的形式，优先为环卫工、交警等一线户外劳动力提供护肺支持，保障市民健康呼吸的权益。但发放津贴最根本的目的应是为他们能够增强自我保护、避免健康受损的条件和能力创造条件，而不是简单的为伤害埋单，因此需要明确来源及如何发放。[②] 但其并未深入考虑到这一管理工具的运用将影响异质劳动力间的工资水平差异，从而可能加剧清洁空气的消耗。由此，本

---

① 吴学安．"雾霾补贴"发与不发是个辩题［N/OL］. 中国妇女报，2016 – 01 – 21. http：// paper. wgcmw. com/content/2016 – 01/21/024216. html.

② 央媒：发不发雾霾补贴不缺少共识来源去向须明确［EB/OL］. (2016 – 01 – 24). http：// news. cri. cn/uc-eco/20170124/363e6d48 – 24a9 – 9ea0 – 42c9 – d98cb8b6265c. html.

书分析也认为，首先，空气污染津贴的发放是必要的，这不仅有利于劳动力健康人力资本发展，也有利于规范企业生产，避免清洁空气的过度利用或消耗；其次，空气污染津贴来源必定为向污染排放相关企业收取相应费用，但其如何发放则必须要被纳入劳动力市场工资调整机制当中，如此才能够为劳动力创造清洁和健康的工作条件。

第三种情况：清洁空气资源（污染排放量较小）一定条件下，劳动力市场不能够全部满足企业的劳动力，存在短缺。

此时，劳动力市场劳动供给短缺，劳动力价格普遍显著大幅上升。劳动最优需求大幅下降小于垄断市场的最优需求，经济需求规模大幅下降，此时，能够降低"公地悲剧"发生的概率或缓解已经发生的"公地悲剧"。但政府往往不容许此种情况发生。由此可见，在人口老龄化、民工荒、用工荒等问题愈加严峻之际，加强劳动力资源合理配置和二胎生育鼓励等政策的实施显得尤为重要。

综上所述，在污染背景下劳动力流动行为带有多重功能属性，其不仅是一种健康人力资本投资行为，还是一种环境改造行为。[①] 这一改造行为的影响是向好发展还是向坏发展在一定程度上则取决于人们对流动式健康人力资本行为的认知、规范与管理。比如空气污染的治理绝不仅是对环境系统的简单治理，必须适配经济系统等调整，辅之市场经济要素资源的调节管理，才能够实现最佳的治理效果。但若不能够确立劳动力的健康权，健康人力资本价值与价格关系将被割裂，市场类经济调节性治理政策实施效果有限，劳动力流入存在环境污染的区域，可能将加剧流入地的环境污染。因此，以健康权的建立为基础，在污染治理的制度设计或管理工具的运用中才能有效体现出劳动力健康人力资本的成本价格变化问题，可将不健康的劳动力成本价格刚性化，设置最低雇佣价格保障，还可依据各种形式补贴等管理工具的运用情况，将健康劳动力的成本价格弹性化，增强健康人力资本发展的弹性化调整的灵敏度。正如李晓春（2005）拓展托达罗模型研究认为，提升工业部门的工资能使工业污染量减少、自然环境得到改善，并有减少工业部门雇佣量的效果。这表明工资降低会加剧工业污染。而李晓春等（2019）进一步基于买方垄断下的劳动力市场，研究了最低工资对环境污染的影响，认为，因初

---

① 此处利用环境改造一词进行表述，指劳动力流动的行为既包含了对环境的不利影响，也包括了对环境的有利影响。

始经济条件不同，最低工资与环境污染之间存在的不同的对应关系，即正相关、负相关和倒"U"型曲线关系。这意味着最低工资标准确实影响着环境污染，一定条件下有助于降低环境污染。沈永建等（2019）的研究认为空气质量与企业职工薪酬水平呈显著负相关。职工的维权意识和非劳动力密集特征会加强空气质量与企业职工薪酬的负相关关系。这意味着提升职工环境健康权益意识和加快产业结构升级能够提高工资水平，从而有效降低空气污染"公地悲剧"发生的概率，这也成为一定条件下实施环境税等能够实现"双重红利"重要解释机制。实施环境税或排污费率征收，同时降低企业对劳动力的雇佣费率，不仅可改善环境质量，还可保证就业。

综上所述，污染背景下劳动力流动式的健康人力资本投资行为必须要考虑其对环境污染的影响，前提是必须要确立明晰的健康权，这样才能依托劳动力健康人力资本价值，形成劳动力成本价格调整体系，这便于制定和实施除了行政规制政策以外的更多的市场经济类调节政策，从而实现最优的污染治理效率。

（2）健康权缺失，忽视了健康发展共同目标，加剧了治理的不协同。治理的协同性是影响污染治理效果的重要因素。在治理权分割与利用的背景下，健康权缺失容易造成不同主体间对健康发展共同目标的忽视，从而会加剧治理权之间使用的不充分和不协同。尽管我国在特殊时期实现了协同治理，且有效改善了空气污染（Schleicher et al.，2012；Wang and Dai，2016）。比如，2008 年北京奥运期间联合治理措施就有效地降低了雾霾污染浓度（Schleicher et al.，2012）。但一般情况下，学界则普遍认为我国当前治理协同性不足，阻碍了污染治理（邵帅等，2016；马亮，2016）。比如，排名制度无助于加强地方政府对空气污染控制的承诺，未能鼓励更好的空气污染管理，反而加剧了司法竞争，抑制了政府间合作（马亮，2016）。

治理协同性的不足实质就是因健康共同发展目标的缺失，导致污染治理权使用的效率低或不足。这可追溯到"反公地悲剧"理论，即自哈丁提出"公地悲剧"（Hardin，1968）的 30 年后，美国法学家和产权经济学家迈克尔·赫勒（Michael Heller）则跳出"过度使用"和"常规使用"的传统二分思维（阳晓伟等，2016），基于"使用不足"视角，提出了与之对应的"反公地悲剧"理论——资源或产权过度分割以致破碎化，导致资源排他性过强，进而造成资源使用不足的悲剧理论（Heller，998）。基于这一理论框架，治理协同性不足主要体现在治理权的使用大小和治理权的使用方向不一致。治理权的使用大小主要影响治理力度间的协调性，而使用方向则主要影响治理政策措施间的协调性。具体可分为三类：第一类是治理主体属性相同、目标种类或实现程度不同，如经济水平不同的片区政府对空气污染的治理情况；多管辖主体的财政分权（黄寿峰，2017）、行政管辖分割"碎片化"治理（Guo and Lu，2019）和经济发展权（张义等，2019）加剧了政府间的竞争，导致了责任冲突、搭便车问题和合作成本的增加，加大了监管"反公地悲剧"发生的可能。第二类是治理主体属性不同，但目标相同，如政府、企业和个人对空气污染的治理参与程度虽不同，但其拥有一个共同目标，如罗福周和李静（2019）以环境治理共同目标为基础，构建了村镇企业、地方政府和农户三方主体环境协同治理的演化博弈模型。第三类是治理主体属性不同，目标也不同，如空气污染、健康和劳动力流动供给三个不同部门主体，其发展管理的目标也不尽相同，会造成三者的发展管理发生"反公地悲剧"，从而阻碍劳动力的健康人力资本发展。但现实中，缺失健康共同发展目标的第一类和第三类普遍存在。尽管第二类目标相同，但若没有赋予个人、社区和企业等有效的健康权（包括所有权和使用权），也会因为治理主体的属性不同，引致治理权的使用效率问题。健康权缺失下的治理权使用与"反公地悲剧"关系图如图 8 - 3 所示。

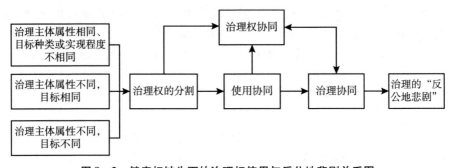

图 8 - 3 健康权缺失下的治理权使用与反公地悲剧关系图

注：借鉴张义等（2019）就权力协同对雾霾污染治理的影响研究一文中的分析框架而绘制。

综上所述，从图 8 - 3 可看出，治理权分割存在是客观的事实，也是国家和地方政府高效运作的必然要求，但因健康权的缺失，导致忽视健康共同发展目标，容易引发污染治理权使用不充分和不协调的问题。这些最终将会产生"反公地悲剧"，影响污染治理绩效，不利于健康人力资本发展。

就目前学界关于空气环境治理可归结于"反公地悲剧"理论分析框架研究主要涉及第一类情况，即主体属性相同（政府），不同主体欲实现不完全相同的空气污染治理目标，对被分割的财政分权和属地治理权进行使用：第一，财政分权对环境治理效果有着重要影响。部分学者认为，财政分权下，政府在污染治理过程中可能存在"搭便车"（Stigler，1957；黄寿峰，2017）、唯传统 GDP 追求的竞争（Holmstrom and Milgrom，1991；吴勋和王杰，2018）、"竞次式"的破坏性环境竞争（Wildasin，1988；俞雅乖，2013）等，不利于污染治理；但有学者则认为，财政分权可使政府间产生"争上游"和邻避效应的竞争关系，可提高环境治理标准（Levinson，2003；Fredriksson and Millimet，2002），且若将环境绩效纳入地方政府考核体系（吴勋和王杰，2018），将有助于污染治理。有的学者则研究表明，财政分权对环境治理效果的影响存在倒"U"型（李猛，2009）、不确定（薛钢和潘孝珍，2012），甚至无显著作用关系（He，2015）。第二，少数学者认为属地治理权的分割对污染治理也产生着重要影响（Guo and Lu，2019；曹伊清和吕明响，2013）。例如，曹伊清和吕明响（2013）从法学视角分析认为，地方政府管辖权的让渡赋予流域机构协调解决跨地区污染的职能，可以更好地实现行政管理的单一目标，有助于污染治理。而郭和卢（Guo and Lu，2019）则实证发现，属地治理权的分割不利于雾霾的治理。另外，张义等（2019）也分别基于财政权、经济发展权和属地治理权三种权力自身的协同视角，研究了其对雾霾污染治理的效果，发现不同权力分割治理所产生的"反公地悲剧"与区域、空间特征以及权力性质有很大的关系。

由此，为重点解决不同区域间同种属性治理权的分割问题，国家以京津冀区域的空气污染联防联控为样板，出台了一系列空气污染联防联控的政策，如 2010 年 5 月，初步探索出台《关于推进大气污染联防联控工作概述区域空气质量的指导意见》提出联防联控思路；2012 年 12 月，进一步规划要求，制定《重点区域大气污染防治"十二五"规划》，正式提出空气污染重点区域联防联控的一个系列、五项新机制；2013 年 9 月，正式提出《大气污染防治行动计划》，提出"建立京津冀、长三角区域空气污染防治协作机制"；2013 年 10 月，京津冀及周边地区六省

（直辖市）和国家七部委主要领导共同协商建立"京津冀及周边地区空气污染防治协作小组"；2014 年 4 月，进一步将联防联治工作要求法制化，修订《中华人民共和国环境保护法》，正式提出重点区域联合防治协调机制，"实行统一规划、统一标准、统一监测、统一防治措施"（何伟等，2019）。由此，2018 年 7 月，《国务院办公厅关于成立京津冀及周边地区空气污染防治领导小组的通知》将"京津冀及周边地区空气污染防治协作小组调整为京津冀及周边地区空气污染防治领导小组"。即便如此，如京津冀片区很早就实行了这些联防联控的举措，也实现了空气污染防治在规划期限内的预期目标（何伟等，2019），但其治理的绩效水平仍很低（吴蒙，2019），这意味着空气污染防治投入的成本效益比过低。这主要是因为在健康权缺失的背景下，未设立健康共同发展目标，以上举措仍大都侧重于解决不同区域间同种属性治理权的分割问题，忽视了不同部门间不同属性治理权之间的分割问题，这种"忽视"主要原因有：一是不同部门间的联系尚不明朗，无法制定协同政策措施。例如，之前对空气污染、健康与劳动力流动供给之间的关系认识不明朗，从而忽略了这三个系统的协同管理。二是认识到不同部门间的联系。例如，空气污染排放与经济发展紧密相关，但仍未就针对这种联系制定有效的健康发展的共同目标和出台协同治理的政策措施，但部分治理主体仍会侧重于谋求经济增长，忽略了空气污染的防治或者导致后期治理投入的成本太大，从而大幅降低了治理绩效水平。正如陈友华和施旖旎（2017）指出，其他发展政策与污染防治政策不匹配，如以往城市的认识偏差与城市规划思路加剧了人口分散，降低了污染整治的规模效应。这也造成污染治理过程效率低下，前端控制为主，末端治理为辅（徐鸿翔和张文彬，2017）和精准对策识别的治理体系尚未形成。这些问题的存在进一步加剧了我国空气污染防治的矛盾，全国 PM2.5 浓度、SO_2 和工业废气排放年均值变化如图 8 - 4 所示，尽管 SO_2 排放近年呈递减趋势，PM2.5 在 2007～2012 年期间有所下降，但 2013 年又开始反弹上升，同时，工业废气排放也一直呈波动上升趋势。综上所述，空气污染治理的反公地悲剧根源在于治理权分割客观存在的背景下，健康权的缺失使得不同主体间未能够设立健康发展的共同目标，加剧了治理权的使用不充分与不协同。

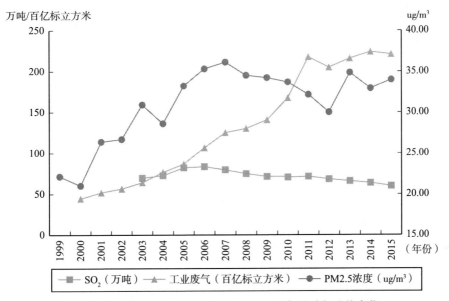

图 8 - 4　全国 PM2.5 浓度、SO₂ 和工业废气排放年均值变化

注：数据来源于历年的《中国环境统计年鉴》，从 EPS 数据库端口下载。

（3）健康权缺失，阻碍了有效的市场化解决方案和"社区自主组织与治理"方案的构建。目前空气污染治理仍以政府主导的行政命令型的解决方案为主，缺乏高效的市场化解决方案和"社区自主组织与治理"方案的构建。20 世纪 70 年代末，西方经济学界对于公共产权资源的治理主要采取以政府行政主导治理或者基于产权清晰界定的市场化政策解决方案（阳晓伟，2015）。而后以奥斯特罗姆为代表的学者则给出了"社区自主组织与治理"方案，这一方案突出了自主组织、自主治理以及自筹资金合约的作用。这样比以往更能够有效地提升治理绩效。但能够采取这一方案的公共池塘资源还必须具备八个要素条件：第一，产权边界清晰，公共池塘资源的边界必须清晰界定，有权从中提取一定资源单位的主体也须清晰界定。第二，占用和供应规则与当地条件及所需劳动、物资和（或）资金的供应规则相一致。第三，集体选择的安排，绝大多数受操作规则影响的个人能够参与对操作规则的制定。第四，监督，积极检查公共池塘资源状况和占用者行为的监督者，或是对占用者负有积极责任的人，或是占用者本人。第五，分级制裁，违反操作规则的占有者很可能要受到其他占有者、有关官员或他们两者的分级制裁，而制裁的程度取决于违规的内容和严重性。第六，冲突解决机制，占用者和他们的官员能够迅速通过成本低廉的地方公共论坛来解决占用者之间或占用者与官员之间的冲突。第七，对组织权最低限度的认可，占用者设计自己制度的权利不受外部政府权威的挑战。第八，嵌套式企业（nested enterprises），将占用、供应、监督、强制执行、冲突解决和治理活动在一个层次的嵌套式企业中加以组织。①

就针对空气环境质量这一公共产权资源来看，清洁空气环境作为典型的公共池塘资源，空气的流动性和不可分割性决定了公共部门在环境保护中的主体责任地位（马海涛和师玉朋，2017），因而目前仍主要以政府行政命令型工具的解决方案为主，但是治理成本却非常大，治理绩效还有很大的提升空间。而目前市场型工具解决方案仍未占主导地位，也仍存在利用不足或不当等问题，这使得"社区自主组织与治理"方案也不能够得到有效地设计与应用，不能够从内部激发出社会参与治理的自主性和积极性。例如，在市场型工具解决方案方面，假若企业在生产过程中存在污染排放，缴纳了污染成本费用，产品价格将上升，生产要素价格也将随之上升，这使得清洁企业的生产成本也将大幅上升。而在终端产品价格上升的情况下，面对庞大的市场规模下的刚性需求，利益空间巨大，从而使得企业存在宁愿承担一定污染成本而过度排放的激励，不利于污染防治。假若基于政府主导的防治演变为企业自筹合约下的防治，即从业务联系紧密度视角划定空气质量遭受损害的产权边界，生成一个污染型企业与清洁型企业为污染排放共同支付合约，政府发挥更大的监管仲裁作用，一定程度上只扮演一定的收取污染税或罚金的污染排放监督角色，这将有利于空气污染的防治，能够提升污染防治绩效。这也有利于推动"社区自主组织与治理"方案的设计与应用。而在此方面，我国空气污染防治的要件仍存在如下几个问题。

一是产权边界不清晰，尤其对于空气环境质量而言，难以界定其产权，主要以地理空间为载体进行界定，利益空间难以实现有效分配，从而导致了选择性激励制度难以被构建。比如除了上文分析的没有充分利用到劳动力价格成本等经济类政策，空气污染也显著存在着空间溢出效应，不同地理属地的空间所实行的防治政策，尤其是经济激励政策可能大不相同，从而减弱了这一政策的激励效应。因此，这也导致了部分经济类防治

---

① ［美］埃莉诺·奥斯特罗姆. 公共事物治理之道——集体行动制度的演进［M］. 余逊达、陈旭东，译，上海：上海三联书店，2000：108。同样参见阳晓伟（2015）、刘筱红和柳发根（2015）。

政策的利用不足。同时政府充当了社区空气环境的产权拥有者身份，将监管者和拥有者角色混淆，但"大政府"代替不了"小社区"，破坏了与企业间的自筹资金合约形成的基本谈判条件。但是从微观个体视角看，健康相对于空气的空间溢出效应要小得多，赋予个体健康权在一定程度上可以代替空气质量的产权。

二是原则不当，空气环境是企业和社区共同拥有的，而当下空气污染排放尤其是生活来源的排放呈快速上升趋势，社区提取清洁的空气环境资源没有被明确考虑进入治理过程之中，目前《中华人民共和国环境保护税法》规定的主要征收范围为：大气污染物、水污染物、固体废物和噪声这四种。而这个范畴包括了大部分制造业和部分污染较严重的加工业，涉及500 多万户各类企业。① 这没有包括生活端即社区方面的规定。没有包括社区方面的规定本质是健康权没有被赋予到个体身上，无论是社区还是企业，其内部的微观主体均是个人，因此，当健康权被赋予个人时，环保法体系的适用范围将自然包含社区方面。

三是社区和企业不能够参与对操作规则的修改，即集体选择的方法论坛主要以政府部门主导。这本质仍是个人没有健康权，削弱了个体的主体参与权。

四是分级制度不完善，过度排放的企业只受到政府的惩罚，而其他清洁环境的拥有者不能参与惩罚，有时得不到一定的补偿。这也是我国当下迫切需要建立和完善生态补偿机制的重要原因。健康权没有确立，很难给出规范统一的损害标准，也就无法建立相应、合理的补偿机制。

五是冲突解决机制仍需要进一步完善，各方间的冲突解决的成本需要进一步控制和削减。利用公共论坛来降低解决冲突机制成本的前提是个人的健康权得到保障，各方才能有效地、低成本地解决矛盾冲突。

六是被认可的组织权很大程度不被承认，这主要是因为社区与企业间的谈判力不对称，导致社区利益受损，这是政府不容许的，因此，政府在以拥有者的身份主导着治理工作。谈判力不对称主要还是因为个人或社区的健康权没有完全确立，没有相应的健康保障与补偿方案对各方加持一定的硬约束。

综上所述，健康权缺失背景下的具体要件情况如表 8-2 所示。

---

① 环境保护税由哪个部门征收？哪些企业要交环保税？纳税人是谁？要缴纳多少钱？［EB/OL］.（2018-04-24）. https：//www. tuliu. com/read-79065. html.

表8-2　　　　　　　健康权缺失背景下的设计原则和制度绩效

要素	产权边界清晰	成员明确	原则适当	集体选择的方法论坛	监督
现状	不清晰	明确	否	否	是
要素	分级制度	冲突解决机制	被认可的组织权	嵌套式单位	治理绩效
现状	否	不完善	很大程度不认可	是	低

　　综上所述，空气污染防治工作任务任重而道远。健康权缺失是导致空气污染治理缺乏有效的市场化工具解决方案和阻碍"社区自主组织与治理"方案的构建的根本原因。政府应集中于履行监管者的角色，依托向个体赋予的健康权，向社区返还其产权身份，由此向社区对污染治理赋权，增强其治理能力和谈判能力，在政府的监管之下，鼓励社区与企业间形成自筹资金合约，从而完成"社区自主组织与治理"方案的构建；对于无法赋权防治的片区，政府也应通过广泛的调研和听取各子社区意见，以利益最大化代表角色行使片区社区的治理权，最终实践或近似实践"社区自主组织与治理"方案，全面提升治理绩效水平。这也符合解决公共池塘资源问题应摒弃政府与社区的"二分法"认识的观点，即在一定条件下，政府与自治组织可以实现协调统一，甚至可以巩固自治组织治理体系的稳定运行（Baland and Platteau，2014）。

8.2.3.2　健康权缺失，流动人口无法享受平等的健康服务

　　流动人口一般属于环境弱势群体。环境弱势群体容易遭受多维度的政治、经济与社会排斥，处于劣势地位，这种排斥反向作用于社会福利推动者，随着社会"再造"，会不断恶性循环（严惠麒，2018）。在人们普遍缺失健康权的情况下，流动人口能够获得医疗卫生资源的渠道与健康管理资源相对更加有限，也没有足够经济能力参与相关健康培训、定期检查和自我养护，加上健康意识薄弱，生活习惯不佳，流动人口职业相关疾病和伤害发生的风险较大。[1] 这会导致部分外来劳动力在一定条件下无法享受到特定医保、获得特定补贴等平等的医疗服务的机会，使得流动人口的健康发展无法得到保障。即使流动人口能够享受到医疗补贴，但这也并不能有效提高流动人口健康投资能力（梁海兵和卢海阳，2014）。此外，人们的健康权缺失容易导致政府公共部门和企业为流动人口展开健康服务建设的激励不足。因此，确

---

[1]　王培安. 我国流动人口健康服务可及性亟待提高［N/OL］. 经济日报，2019-12-19. https：//baijiahao. baidu. com/s? id = 1653350222785704894&wfr = spider&for = pc.

立赋予流动人口健康权是其享受一切平等健康服务的重要前提。

8.2.3.3　健康权缺失，基层自组织投资模式无法建立

劳动力的健康权缺失会导致基层自组织投资模式无法建立，主要体现在两个方面：一方面，劳动力自身的健康意识不能够全面觉醒；另一方面，劳动力自身的健康意识也不能够促使社会产生较为经济的健康人力资本投资条件。这将导致劳动力无法主动积极参与健康人力资本投资。因为健康投资虽然能够改善人力资本结构，提高劳动供给质量，有利于经济增长，但是健康投资成本过大也会严重阻碍物质资本累积，不利于经济增长（张义和王爱君，2020；黄娴静和彭丹丹，2020）。可见，对流动人口的健康人力资本投资并不是个体单个人就能够完成的事情，这需要政府－企业－社区－个人各方之间的协同努力。健康权缺失，各方缺少协同努力的共同目标，各方的主体责任与任务以及他们之间的利益分配问题不能够被清晰地界定与识别。外来劳动力没有被赋予健康权，所在社区也就没有有限的健康所有权和健康服务责任与义务，便无法与企业，甚至政府相关部门机构进行谈判，无法制定清晰的能够平等地享受医疗健康服务的规则，不能够保障到各方的利益，不能够促使各方为健康发展的共同目标作出最大的协同努力，便不能够建立基层自组织投资模式。

8.2.4　缺乏健康绿色就业政策，劳动流动供给不稳

目前缺乏流动人口的健康绿色就业政策，导致劳动力供给不稳定。尽管污染所带来的环境规制对就业结构、就业规模等存在"U"型或倒"U"型的非线性影响，这取决于行业、劳动力等异质性（王勇等，2013；秦楠等，2018；马骧涛和郭文，2018），但这从侧面说明了区域人口就业政策脱离了如环境规制等环境健康发展政策的实施，会导致这些政策在一定条件下加剧劳动力失业态势，加大区域人才流失率。因此，加强流动人口的健康绿色就业政策制定与实施力度，协调区域间的环境保护和促进就业的政策法规十分必要。比如，可以合理地为政府和企业提供一个污染津贴改善高技能人才在受污染城市工作的意愿（Zhang et al.，2018b），根据经济发展的规律采用相适宜的政策引导劳动力转移（李晓春，2005），保持合理的产业结构，缓解环境对人口造成的驱赶效应（肖挺，2016）。但目前中国的健康绿色就业政策体系尚未建成，缺乏对环境健康冲击下的劳动力

供给充足和稳定的保障。如 2015 年调查的流动人口的长期居留意愿如图 8-5 所示，山东省最高，河北省最低；流动人口在不同空气污染健康冲击等级地区的长期居留意愿如表 8-3 所示，按照低、中、高的空气污染健康冲击水平分组统计，其居留意愿均值分别为：0.541、0.572 和 0.635，[①] 但污染健康冲击中等地区的居留方差波动最大，这些地区经济水平较高，这也在一定程度上反映出了流动人口在经济收入和环境健康冲击之间挣扎决定去留的情况，污染健康冲击低的地区方差波动最小。由此可见，环境健康冲击下的劳动力供给稳定性不强，亟待中国健康绿色就业政策体系的建成。

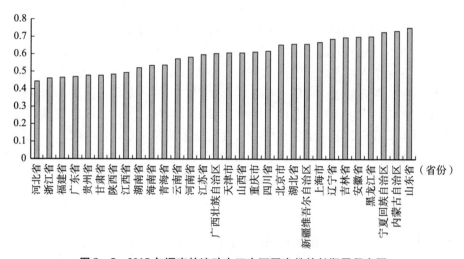

图 8-5   2015 年调查的流动人口在不同省份的长期居留意愿

注：数据来源于 2015 年全国流动人口动态监测数据，原网址：http://www.chinaldrk.org.cn/wjw/#/home. 各省居留意愿据原始调研中针对"5 年内是否打算居留此处"的回答为"打算"占回答总数的比例表示。但流动人口数据平台网站在 2023 年 9 月 22 日，已发布《关于停止中国流动人口动态监测调查数据开放工作的公告》，在 2023 年 9 月 25 日停止对外开放。此处的数据统计笔者在 2020 年~2021 年期间研究申请获得。

表 8-3   流动人口在不同空气污染健康冲击等级地区的长期居留意愿

2015 年地区空气污染的健康冲击风险等级	居留意愿占比均值	居留意愿占比方差
低	0.541	0.004
中	0.572	0.010

---

① 此处只反映个体主动的居留意愿，并不是一种实际发生的流迁行为，也不包括健康损害的被动影响，不包括对地区以外个体的流入影响，因此与前文分析大气污染健康损害会降低净流入率结论并不矛盾。

续表

2015 年地区空气污染的健康冲击风险等级	居留意愿占比均值	居留意愿占比方差
高	0.635	0.008
总计	0.591	0.009

注：污染健康损害为据前文测度 2015 年污染健康损害指数值所得，按照等级低、中、高划分的区间依次为：（1.480，1.600），（1.712，4.649），（2.771，6.185），不包括 2015 年流动人口调查的西藏和新疆生产建设兵团样本点区域。本表数据来源同图 8 - 5，经笔者整理计算得出。

8.2.5　社会融合障碍较多，流动成本仍较高

目前我国劳动力流动的障碍较多，包括户籍制度障碍、政策协调障碍、住房障碍、公共服务资源获得障碍等，这些都会增加劳动力的流动成本。归纳起来，劳动力流动成本则包括流动相关的直接成本、找寻工作发展的机会成本和心理成本以及健康成本。长期以来，我国二元城乡结构固化不仅表现为城乡空间隔离和制度隔离，更表现为劳动力市场的隔离。在不同层面隔离的状态下，劳动力遭受污染选择以流动的方式进行健康人力资本投资的成本主要表现在以下几个方面：一是直接成本过高。比如跨越制度障碍的成本，户口、档案、教育等问题在流动前后均要花一定的经济成本和大量的时间成本去解决，制度成本过高。再如遭受空气污染而发生流动后的住房成本，房价又与空气环境有着正比关系（席鹏辉和梁若冰，2015），这将直接增大住房成本。二是机会成本和心理成本。目前劳动力为健康发展放弃以往工作及福利的决策较难，机会成本较高，融入流入地的心理成本也较大。三是健康成本。劳动力在流动过程中会产生一定的健康损耗（尚越，2019），同时到流入地很可能无法得到原有的或者公平的医疗健康服务，流动的健康成本仍较大。

8.2.6　公共信息服务建设滞后

8.2.6.1　污染监测与预警体系不健全，未建立应用评估反馈机制

研究表明，污染浓度低的区域其健康负担可能更严重（Zou et al.，2019），这说明空气污染防治并不能代表健康冲击的防治，不能完全促进人的健康发展。而目前针对空气污染健康冲击效应的防治，除了根源性地针对污染本身实施治理措施外，更多地集中于污染的监测预警和相关健康

冲击的防御与治疗。

环境流行病学领域学者基于风险暴露评价"四步法",强调减少污染接触、暴露水平和降低剂量反应,可减轻污染—健康的损害效应。其中减少危险接触与暴露水平的重要一步是对污染作到实时监测与预警,但我国的污染监测起步较晚且体系不健全,如空气 PM2.5 等污染实现半智能化监测主要是在 2012 年左右,且只覆盖了一些重要城市区域,尚未实现全智能化或深度智能化监测预警体系,仅停留于互联网页面"不痛不痒"的数据呈现层面。同时,我国空气污染的安全阀标准仍较低,如 2013 年,与世界卫生组织所规定的浓度相比,有 99.6% 的中国人口所面临的 PM2.5 已经超过该水平(Brauer et al., 2015)。根据亚洲发展银行报告,在中国的 500个城市中,只有不到 1% 的城市空气质量达到世界卫生组织建议的标准,而在全球十大污染城市中,中国有七个城市位列其中(Zheng and Kahn,2017)。美国驻北京大使馆发布的长时间序列的 PM2.5 数据也略高于中国环保部发布的北京短时间序列的平均 PM2.5 数据(Zheng and Kahn,2017)。但是我国自身公布的污染暴露风险较高的群体数量和污染严重的区域数以及污染的实际浓度值均低于以上公布的数据。另外,我国也没有建立起监测预警应用跟踪的评估反馈机制,并不能掌握监测预警降低风险暴露水平的效果到底如何,也不能掌握人们对监测预警系统的使用情况。

8.2.6.2　健康信息公开力度过小,导致健康问题评估研究遭遇瓶颈

剂量反应关系的识别与控制和健康经济损失的准确评估要以健康样本获取为前提,但我国健康监测体系不健全,对外公布健康信息的管理体系不完善,导致大部分健康样本信息不能正常对外公开,严重限制了相关问题的研究,阻碍了健康事业的发展。如从宏观层面来看,各区域健康样本主要从《中国卫生健康统计年鉴》中获取,有限的微观健康样本可从如 CFPS、CHFS、CHNS、CLDS、CHIP、CHARLS、CGSS 等微观数据库获取,而官方的微观样本需要申请,申请门槛较高且获得反馈较慢,这大大限制了相关问题的研究。这一根源因素在于我国缺乏隐私泄露的保护措施以及成熟的风险规避体系。

目前流动人口政策以居住、计划生育、就业和服务等管理为主,如《流动人口婚育证明管理规定》《流动人口计划生育工作管理办法》及各地区的流动人口服务、就业和居住、子女教育等管理办法,忽略了健康管理,而已研究表明,劳动力流动存在健康自选择机制,会产生健康损耗效应、健

康移民效应和三文鱼偏误效应等（尚越，2019），这严重干扰了流入地和流出地的健康管理与发展。然而，目前只涉及《流动人口疟疾管理暂行办法》《××市流动人口儿童免疫规划管理办法》[①] 的政策出台，忽略了环境健康危害的管理。如许多研究表明，空气污染严重危害孕妇、婴儿和劳动年人的生命健康（祁毓等，2014；李巍等，2016），但在计划生育管理方面，未有针对关于孕妇和婴儿的健康管理问题的相关政策出台，更未有针对流动人口按年龄等基本信息特征进行群体划分，进行分别管理、精准管理的政策措施出台。2015 年调查的流动人口在不同省份的健康档案建立占比情况如图 8 - 6 所示。从流动人口健康档案的建立情况可见一斑，2015 年调查的流动人口健康档案建立占比最高为湖北省（0.732），最低为浙江省（0.062），这与经济发达水平严重错配；流动人口在不同大污染健康冲击等级地区的档案建立情况如表 8 - 4 所示，同样与污染健康冲击水平也严重错配，低、中、高污染健康冲击地区的健康档案建立占比均值依次为：0.312、0.368、0.297，方差更是为：0.010、0.019、0.051。由此可见，污染健康冲击高的地区健康档案建立覆盖情况不容乐观，波动也较大。因此，目前来看，中国仍缺乏流动健康管理政策，这将干扰流入和流出的"两地"健康发展。

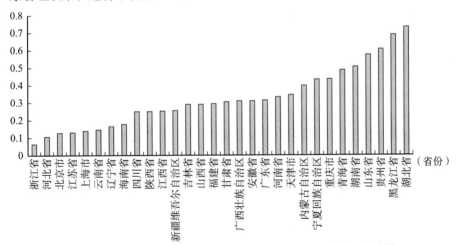

图 8 - 6　2015 年调查的流动人口在不同省份的健康档案建立占比情况

注：数据来源于 2015 年全国流动人口动态监测数据，原网址：http://www.chinaldrk.org.cn/wjw/#/home. 但流动人口数据平台网站在 2023 年 9 月 22 日，已发布《关于停止中国流动人口动态监测调查数据开放工作的公告》，在 2023 年 9 月 25 日停止对外开放。此处的数据统计笔者在 2020 年~2021 年期间研究申请获得。

———————

① 如《舟山市流动人口儿童免疫规划管理办法》《遂宁市流动人口儿童免疫规划管理办法》等。

表8-4 流动人口在不同大污染健康冲击等级地区的健康档案建立情况

污染健康冲击等级	均值	N	方差
污染健康冲击低	0.312	8	0.010
污染健康冲击中	0.368	9	0.019
污染健康冲击高	0.297	13	0.051
总计	0.322	30	0.030

注：污染健康损害为据前文测度2015年污染健康损害指数值所得，按照等级低、中、高划分的区间依次为：（1.480，1.600），（1.712，4.649），（2.771，6.185），不包括2015年流动人口调查的西藏和新疆生产建设兵团样本点区域。本表数据来源于流动人口数据平台，原网址：http://www.chinaldrk.org.cn/wjw/#/list/news? type = null. 但流动人口数据平台网站在2023年9月22日，已发布《关于停止中国流动人口动态监测调查数据开放工作的公告》，在2023年9月25日停止对外开放。此处的数据统计笔者在2020~2021年期间研究申请获得。

8.2.6.3 统计监测与信息公开未实现立体化管理，导致监测与研究受限

流动人口服务中心于2011年12月经中央编办批准成立，2014年4月正式启动筹建工作，主要负责全国流动人口计划生育信息管理系统、人口流动分布决策分析平台及流动人口公共服务平台的建设、运行和维护，实施全国流动人口监测调查项目，开展相关政策研究和国际合作交流等工作。[1] 近年，国家开始加强对流动人口信息数据进行管理与运用，但长期以来缺乏经营管理思维，且未实现环境污染监测和流动人口健康监测两个板块的对接，信息公开也只局限于申请或部分研究机构的有限的特定指标样本，导致智能化经营与深入研究受到很大的局限。因此，目前仍缺乏动态的立体监测体系、有效的信息公开制度和智能化运营管理思维。目前迫切需要建立国家环境与健康综合检测体系和建立空气污染人体健康预警机制，便于政府和人们及时对劳动供给进行管理（李佳，2014）。由此，需要建立劳动力流动引导机制，增强劳动力流动的稳定性和建立环境质量综合评价机制，降低信息不对称，避免劳动力盲目流动（楚永生等，2015）。但整体来看，目前仍未有给出具体推进方案和改善措施。

---

① 资料来源：流动人口数据平台，原网址：http://www.chinaldrk.org.cn/wjw/#/list/news? type = null. 但流动人口数据平台网站在2023年9月22日，已发布《关于停止中国流动人口动态监测调查数据开放工作的公告》，在2023年9月25日停止对外开放。此处的数据统计笔者在2020~2021年期间研究申请获得。

8.2.7　健康教育工作任重而道远

众多研究表明，提高收入和教育水平（涂正革等，2018）、加强知识宣传（Jans et al.，2018）、完善医疗救助体系和环境健康政策如补贴、医疗保险等相关制度（祁毓和卢洪友，2015；赵娜和魏培昱，2019；蔡芸等，2018）、改善贸易条件（Zhang et al.，2018a）等，均可减轻污染对健康的冲击效应。但目前现状是，涉及以上措施的社会和经济发展政策在不断地调整，相关软措施未能贯彻到相关发展政策，缺乏针对性和具体执行的目标，往往导致预期结果差强人意甚至事与愿违。例如，2015年流动人口接受健康教育调查情况如表8-5所示，调查结果显示，流动人口中接受健康教育情况不容乐观，职业病、慢性病、精神障碍疾病、结核病和其他传染病防治教育未接受比例分别为56.517%、56.260%、78.552%、60.168%、63.421%，未接受这些疾病防治教育平均占比为62.493%，而职业病、慢性病等又与空气污染紧密相关，吸烟控制和生育教育工作做得相对较好。流动人口接受健康教育方式调查情况如表8-6所示，其中接受教育的方式主要为宣传栏、手机微信和广播电视，但是严重缺乏互动式和更为专业性的教育方式，如讲座、书刊光盘等、面对面咨询、网上咨询、公众健康咨询等占比仍较小，分别为：31.970%、47.545%、28.824%、41.507%、43.866%，平均占比为38.051%。由此可见，流动人口的健康教育工作力度和成效均仍有很大提升空间。

表8-5　　　　　　　　　　　流动人口接受健康教育调查情况

是否接受	职业病防治	慢性病防治	精神障碍防治	结核病防治	其他传染病防治	控制吸烟	生殖与避孕/优生优育
是	89570	90099	44180	82049	74693	116669	129575
否	116419	115891	161810	123941	129502	89321	76415
总计	205989	205990	205990	205990	204195	205990	205990
是/占比	43.483%	43.740%	21.448%	39.832%	36.579%	56.638%	62.904%
否/占比	56.517%	56.260%	78.552%	60.168%	63.421%	43.362%	37.096%

资料来源：2015年全国流动人口动态监测数据，原网址：http://www.chinaldrk.org.cn/wjw/#/home。非比例值单位为：人。但流动人口数据平台网站在2023年9月22日，已发布《关于停止中国流动人口动态监测调查数据开放工作的公告》，在2023年9月25日停止对外开放。此处的数据统计笔者在2020~2021年期间研究申请获得。

表 8 - 6 流动人口接受健康教育方式调查情况

是否接受	讲座	书刊光盘等	面对面咨询	网上咨询	公众健康咨询	宣传栏	手机短信微信	广播电视节目
是	60534	90025	54576	78592	83058	151767	94472	139589
否	128812	99320	134769	110753	106287	37578	72889	49756
总计	189346	189345	189345	189345	189345	189345	167361	189345
是/占比	31.970%	47.545%	28.824%	41.507%	43.866%	80.154%	56.448%	73.722%
否/占比	68.030%	52.455%	71.176%	58.493%	56.134%	19.846%	43.552%	26.278%

资料来源：数据来源于 2015 年全国流动人口动态监测数据，原网址：http://www. chinaldrk. org. cn/wjw/#/home。非比例值单位为：人。但流动人口数据平台网站在 2023 年 9 月 22 日，已发布《关于停止中国流动人口动态监测调查数据开放工作的公告》，在 2023 年 9 月 25 日停止对外开放。此处的数据统计笔者在 2020 ~ 2021 年期间研究申请获得。

综上所述，目前健康投资模式主要由政府主导，不能有效满足流动人口真实需求；对劳动力流动注重市场经济政策引导，缺乏健康引导干预，扭曲了劳动力市场的资源配置；注重对流动人口的医疗服务供给建设，普适的健康权缺失，导致流动后的劳动力无法获得预期的健康收益；缺乏流动人口的健康绿色就业政策，导致劳动力供给不稳定；社会融合障碍仍较多，流动成本仍较高；公共信息服务建设滞后；对流动人口的健康教育任重而道远。这些问题的存在严重影响了环境、健康与劳动力流动供给的协调发展，影响了污染背景下流动式健康人力资本投资模式的形成。从此健康投资模式的关系看，消除空气污染是消除健康冲击效应的根本之道，属于前端防治工作范畴，而影响健康问题加重的外在因素的管理属于中间管理范畴，劳动力市场尤其是流动人口的发展与管理则属于末端范畴，但前端防治必须还要同时兼顾后期的发展与管理，否则三者存在相对脱节、政策不协调等问题，最终不利于三者的协调发展。

8.3 新型投资模式构建

本书证实，在污染背景下，劳动力愿意以流动的方式进行健康人力资本投资。但目前尚未形成系统有效的投资模式，且存在诸多问题。为实现环境、健康与劳动流动供给协调发展的目标，需要构建出新型的健康投资模式，必须从以下几个方面着手。

8.3.1　转变政府职能与角色

以往的健康投资由政府单一主导，承担投资者的角色，不能有效满足流动人口的真实需求，劳动力无健康权的保障，社会组织和个体等无法参与到投资规划之中，个人无法享受到应有的健康服务。为此，当务之急是要转变政府职能与角色。

8.3.1.1　转变健康投资方式和投资方向

对于流动式的健康人力资本投资而言，政府要注重区别流动下的被动效应和自选择效应。被动效应部分是污染产生的健康冲击导致个体健康人力资本受损，造成个人劳动技能素质与原有劳动力市场的劳动需求不匹配，导致劳动力被动发生流动行为，这过程导致劳动力会更加注重个人就业状况等，因此地区政府应采取以生产性健康人力资本投资为主，福利性健康人力资本投资为辅的投资模式。而自选择效应是污染的健康冲击导致个体健康人力资本受损，劳动力为规避损害风险而主动发生的流动行为，导致劳动力会更加注重个人健康生活质量，政府应采取以福利性健康人力资本投资为主，生产性健康人力资本投资为辅的投资模式。从前文研究结果看，东部地区和健康冲击低的行业应加大福利性健康人力资本投资，如加大医疗服务体系建设支出，降低区域医疗成本，提升特定行业企业的健康补贴；中西部和健康冲击大的行业应加大生产性健康人力资本投资，如加大大健康产业发展投资力度，提升特定行业企业的医疗服务质量，完善医保服务。此外，政府应该逐步提高公共卫生支出规模，改变现有卫生筹资模式，将公共健康资金更多地投入到具有广覆盖、低投入、高产出的初级健康服务领域（杨玲，2008）。

8.3.1.2　发挥健康权立法的引领和推动职能，赋予主体健康权，明晰健康损益各方的责任与义务

政府注重发挥健康权立法的引领和推动职能。一是立法明确个人健康权，并依托社区健康水平评估与监控体系的建立，向社区赋予集体健康权。这是社区自主组织发展模式形成和确保流动人口能够切实享受到健康收益的关键。若不赋予公众或社区健康权，公众嵌入式参与程度有限。因为隐性的不平等关系的存在会限制公众深度嵌入社区管治的空间，使得工

作难以发挥其应有的活力（罗强强，2018）。若不立法赋予个体健康权，流动人口更加难以享受到公平的健康服务机会，也会加剧流入地的环境污染，妨碍污染协同治理，难以形成社区自组织治理模式，也难以形成健康人力资本投资的自组织发展模式。因此，可在政府的引导和推动下，率先识别出空气污染影响的不同健康终点，构建较为完备的健康水平评估与监控体系，并将劳动力的管理社区化，利用社区的平均健康水平指数视为清洁空气的产出，将清洁空气的"健康产权"赋予公众和社区。健康水平下降则意味着产出下降，在政府放权治理的许可以及全面的监管之下，社区将与片区内的空气污染企业自动达成一个自筹合约补偿机制，明晰健康损益各方的责任与义务。长期来看，这将有利于环境、健康与劳动流动供给的协调发展。二是赋予片区第三方特定机构对健康权的评估权，赋予企业对健康权的有限使用权。首先，政府在向社区返还其健康权的同时，还要赋予社区污染治理权、健康的投资权，增强其发展能力和谈判能力。其次，为维护环境正义，必须赋予片区第三方特定机构对健康权的评估权，保证各方所得权力公正合理。最后，合理地赋予企业对健康权的有限使用权，为社区与企业间形成自筹资金合约创造良好条件。对于无法赋权防治的片区，政府也应通过广泛的调研和听取各子社区意见，以利益最大化代表角色行使片区社区的各项发展权。

8.3.1.3　强化监管职能，培育和发展多方嵌入、互助合作型模式

以往政府常常扮演着健康投资者的角色，再加上居民健康权没有确立，导致相关的社会组织数量和质量发展较为滞后。比如生态环保、矛盾化解、社区福利等领域发挥作用的社会组织仍相对较少，且这些社会组织也不能够按照基层社会治理现代化的要求主动谋划思考，积极参与到系统发展的规划之中（孟晓玲和冯燕梅，2021）。因此政府应强化监管职能，新型发展模式。这主要涉及三种模式：一是第三方主导型。政府向社区居民赋予健康权，社区与企业拥有有限的健康使用权，但此时必须成立健康发展监督机构，此机构的权力较大，主要是对健康发展进行监测和评估，依据评估结果，在政府中介监管下，企业与社区间展开健康补偿事宜。但是目前，我国第三方市场不成熟，不能够将居民健康信息和资源完全转包到私人机构手中，此方案与国情不符。二是多方嵌入、互助合作型。凭借公共部门力量、社会组织、公众参与等多方互相嵌入与合作，政府公共部

门发挥引导与监督职能，为社会组织建设提供资金支持，社会组织带领公众自行与企业协商健康补偿事宜。但社会组织与企业协商效率可能偏低，还需要在政府公共部门的监管下进行。三是居民自治型。此模式是以完善健康权和健康补偿相关法律为基础，居民自行与损害主体协商补偿事宜。但此模式下的居民个人力量微弱，实际操作难度大。因此，只有依靠政府强化监管职能，培育和发展多方嵌入、互助合作型模式，才能有效地改善健康人力资本投资环境，促进流动人口的健康人力资本发展。

8.3.1.4 凸显公共信息服务建设职能作用，打造立体式的健康投资监管体系

凸显公共信息服务建设职能作用，打造立体式的健康投资监管体系，可从以下几个方面着手。

一是构建要素评估制度，实现政策融合发展：合理流动引导的利器。当前中国将长期处于收入型和健康型流动并存阶段，单靠市场经济政策引导的劳动力流动必会造成地方劳动力市场资源配置的扭曲。由此，有必要将环境健康发展政策纳入市场经济发展政策之中。尽管目前我国大健康产业有所发展，据前瞻产业研究院发布的《中国大健康产业战略规划和企业战略咨询报告》显示，2017 年大健康产业规模达 6.2 万亿元，占当年 GDP 总值的 7.56%，但人均卫生支出远低于西方国家，且主要以医药产业和健康养老产业为主，健康管理服务业等占比过小，2030 年将超 16 万亿元。① 因此，建成健康经济体系尚需时日。就目前而言，当市场经济政策被纳入外生管理因素时，必将干扰自由市场的发展。由此，基于推拉理论，充分考虑环境、健康、经济等因素，建立引力要素评估制度，定期发布引力要素清单，不仅可引导区域各发展政策实现融合发展，还可成为引导劳动力合理流动的利器。

二是深入推进智能化监测与互动式预警体系建设：健康管理的突破口。目前立体监测与预警的体系未建成问题的根源在于人与监测系统或预警系统未能很好地产生互动，缺乏了第三方的应用和反馈等信息记录的生成。由此，可以将流动人口的健康管理作为突破口，以鼓励多胎生育政策制定为基础，为新生儿父母配备空气污染监测与预警智能手环，当年轻父

---

① 前瞻产业研究院. 2020 年中国大健康产业市场现状及发展趋势分析 未来线上线下融合发展乃是必然趋势 [EB/OL]. (2020 – 04 – 10). https://bg. qianzhan. com/report/detail/300/200410 – 9953f3d7. html. 其中 7.56% 数值经换算得。

母带婴儿外出时，其输入孩子年龄、外出地点、时间等参数，将给出健康管理建议。这不仅可作为智能化监测和互动式预警的重要平台，还是加强居民健康教育的重要渠道，是建设健康家庭的重要一步。

三是完善健康信息公开管理制度：问题研究的生态基础。首先，围绕不危害民众个体和社会及国家的安全前提，进一步探索合理的健康信息公开管理制度。如敏感指标可通过转换与设计，以复合、耦合、指数化、因子水平化、周期、聚类等形式的二次或多次处理后公开，消除敏感信息源。其次，完善申请使用流程，采取扁平化管理模式的垂直备案。最后，多阶段随机抽样法下样本量的控制。既保证了研究需要，也降低了公民信息泄露风险。

四是打造劳动力自动化、智能化发展管理平台：决策管理的武器库。首先，从服务个体或家庭端口视角，开发流动菜单推荐系统。识别重要指标，设置输入指标框，每个劳动家庭输入家庭或个人平均收入、家庭规模、自评健康状态等，给出可流入的目的地选择项。每个公民家庭户主身份证为账号，便于与户籍管理的衔接。其次，从服务政府、公共机构等端口视角，开发 CMR 智能决策管理系统。依据多项指标，自动生成定期报告，对于流动动态进行实时监测，各地区近期的环境健康与劳动力流动状态预测，为经济、环境、卫生、社会保障等重要发展部门提供决策参考。最后，针对不同层级设置不同的登录和应用权限，最终形成从个人或家庭到社会，再到政府的开放式管理模式和闭环式管理体系。

五是优化健康管理流程，加强战略衔接："健康中国 2030"战略目标实现的重要保证。首先，优化流动人口健康管理流程，采取特征识别，分类管理，优化保育与发展等策略，实现精准发展管理模式。健康精准管理流程如图 8-7 所示，首先识别人口性质，是否为流动人口，其次识别流动人口健康状态[1]，将不健康的流动人口划归健康发展部门进行发展维护，最后按照健康等级，分组进行重点维护，可结合疾病种类、居住等条件分配到定点医疗机构定期进行发展维护。当不健康的个体转为健康状态以后，再转移到素质发展部门，开始和健康流动人口一样，对其劳动技能、法律法规认知等素质进行重点发展维护，然后定期对该群体流动状态（可能已迁户于此）、健康状态等进行二次识别，再依次重新判定，划归对应部门进行发展维护。对于非流动人口的管理也可按照此思路进行发展维护，本书不作详述。

---

[1]　此处健康状态意指狭义的身体健康状态，区别于广义的健康人力资本内涵。

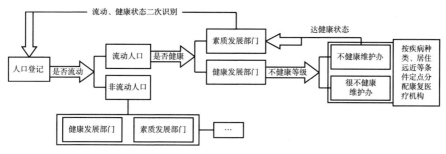

图 8 – 7　健康精准管理流程图

其次，已有研究表明，流动人口的健康可能会因流动后的健康损耗效应、流动决策的健康移民效应和回流的三文鱼偏误效应存在而存在显著差异，这必将影响流入或流出地的健康水平，加剧区域健康目标实现的不确定性，尤其对"健康中国 2030"战略的推进造成一定的障碍。因此，进一步加强环境健康与劳动力流动管理的战略与"健康中国 2030"战略的对接，将有力地切入健康事业发展之中。那么，污染、健康与劳动力流动视角下的健康战略推进安排可规划为：各智能监测、预警与管理系统及具体措施制定的准备（2020～2022 年）；早期试点区域的选择（2023～2027 年）；中期的全面推广施行（2027～2030 年）；后期则为常态化应用阶段（2030 年以后）。

综上所述，只有完善要素评估制度，深入推进智能化监测与互动式预警体系建设，完善健康信息公开管理制度，打造劳动力自动化、智能化发展管理平台，优化健康管理流程，加强战略衔接，才能够建成立体式的公共信息服务监管体系。

8.3.2　完善市场引导功能

8.3.2.1　加快大健康产业布局与发展步伐，加强健康产品消费引导

在经济新常态、产业结构亟待转型升级之际，超前部署智能医疗、康养等产业，促进大健康产业发展。同时，激励现有产业市场，合理开发智能健康产品，在满足人们的健康消费需求的同时，利用智能产品合理地引导人们养成健康的生活方式。比如健康智能手环，可预报实时天气和空气

质量以及所要前往地区的环境与健康情况等，让人们超前感知到潜在的健康威胁，并有所防范。

8.3.2.2 严控住房成本，降低流动的直接成本

住房成本是影响流动直接成本的最大因素。劳动力在遭受污染健康冲击后，其是否决定以流动方式进行健康投资，很大程度上要考虑流动后的住房成本有多大。因此，必须从以下几个方面降低流动人口住房成本：一是严控流入地房价。除了采取行政手段控制房价过度上涨以外，还应依据区域的劳动力净流入的实际需求，适时增减一定数量的商品房供给，同时采取市场限购策略，杜绝过度炒房。二是建立福利保障房供给机制。依据流动人口的教育背景、技能水平等条件设置供给优惠政策，多提供一些社会保障住房、公租房等。三是可依托二孩、三孩等生育鼓励政策，给予流入的劳动力家庭一定的购房优惠。

8.3.2.3 建立健康补偿机制，建成健康福利工资动态调整体系

建成劳动力健康工资动态调整体系是劳动力流入新的劳动力市场后所得收入的重要保障。这不仅可以防止流动过程中因健康损耗所导致的收入下降，而且还能够保证流动后健康人力资本水平提升后的预期收入的上升。然而，目前直接涉及劳动力健康冲击后的收入系统调整的主要有雾霾津贴政策的实施，其脱离了工资调整机制范畴，不能有效地降低公地悲剧发生的概率，也不能作为引导劳动力流动的直接工具。同时，公地悲剧会因劳动力的不合理流动、就业工资制度的不完善而进入恶性循环，这将不利于污染防治问题得到根本性的解决。因此，应以"利维坦"治理手段为主，以引导劳动力合理流动和稳定劳动力供给为目标，设置劳动力就业最低弹性工资，将污染补贴纳入劳动力健康工资调整机制范畴，建成劳动力健康工资动态调整体系，这不仅可丰富市场治理政策工具，进一步改善空气污染排放过度的公地悲剧现象，也能够提高劳动力健康冲击的防治能力，稳定劳动力的收入水平，还能促进空气环境、健康与劳动力流动供给的协调发展。

8.3.3 落实社区服务职责与义务

赋予个体健康权也就是赋予了社区有限的集体健康权。社区可承担以

下几个责任和义务：一是负责全面收集和统计片区内相关信息。社区应充分收集和统计本地的环境质量和流动人口的健康信息，配合健康水平评估与监控体系的建设以及健康需求等信息的反馈。二是提供初级健康服务的义务。社区应该为片区内流动人口提供基本的医疗健康服务。比如建立初级诊疗室、康养中心等。三是作为代理人的健康权益诉求义务。社区作为一个主体，可充分行使有限的健康权，代表社区内成员与片区内污染企业等单位组织就健康损害权益事宜进行谈判。在政府的监管之下，社区将与片区内的污染企业自动达成一个自筹合约补偿机制。四是开展健康教育活动。从长期来看，这有利于提升空气污染的治理绩效，有利于保障居民健康，有利于流动人口的集聚生活。

8.3.4　倡行绿色健康的生活方式

依据 2017 年，国家颁布的《关于印发全民健康生活方式行动方案（2017~2025 年）的通知》文件精神，针对居民或家庭主要提倡以下几点：一是倡导"每个人是自己健康第一责任人"的理念。二是鼓励个人、家庭使用控油壶等健康支持工具，促使群众主动减盐、减油、减糖，合理膳食。三是积极参加健身活动，积极学习传统养生健身法。深入学习控烟限酒教育，强调培养自尊、自信、自强、自立的心理品质，提升自我情绪调适能力，保持良好心态。四是建立居民健康自我管理组织，构建自我为主、人际互助、社会支持、政府指导的健康投资管理模式。① 五是提高环保意识，空气污染有所感知，大概了解空气污染与不同健康终点的反应关系。尤其对流动人口不仅要如此，还要注重评估流动前后的健康损益成本，注意流动后集聚效应对流入和流出地环境的影响，注重选择健康权清晰、治理能力强的社区。

8.4　本章小结

本章结合目前具体实践，分析当前健康人力资本投资存在的主要问

---

① 关于印发全民健康生活方式行动方案（2017–2025 年）的通知［EB/OL］. http：//www. nhc. gov. cn/jkj/s5878/201704/e73c1934c7f84c709e445f01bf832b17. shtml，2017–04–27.

题，发现：目前健康投资模式主要由政府主导，不能有效满足流动人口真实需求；对劳动力流动注重市场经济政策引导，缺乏健康引导干预，扭曲了劳动力市场的资源配置；注重对流动人口的医疗服务供给建设，普适的健康权缺失，导致流动后的劳动力无法获得预期的健康收益；缺乏流动人口的健康绿色就业政策，导致劳动力供给不稳定；社会融合障碍仍较多，流动成本仍较高；公共信息服务建设滞后和缺乏对流动人口进行健康教育。这些问题的存在严重影响了环境、健康与劳动力流动供给的协调发展，影响了污染背景下流动式健康人力资本投资模式的形成。由此，从政府 – 市场 – 社区组织和个人四个层面给出具体的解决路径，从而构建出一个能够顺利推进"美丽中国""健康中国"和"高质量发展"战略的有效的健康人力资本投资模式。污染背景下的流动式健康人力资本投资模式框架如图 8 – 8 所示。

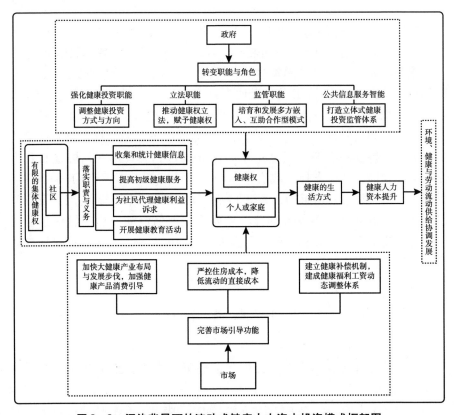

图 8 – 8　污染背景下的流动式健康人力资本投资模式框架图

第 9 章

总 结 与 展 望

本章将对前面所有章节的主要研究内容进行简要总结，提炼出主要的研究结论；并基于此，联系我国环境、健康与劳动力流动供给的发展管理实际，给出符合政策通用语境下的具体的、可执行的政策启示；最后，给出研究展望。

9.1　主　要　结　论

本书基于环境脱钩理论，分析了环境健康与劳动力流动关系的变迁根源，并识别劳动力流动的主要类型和不同阶段。由此，基于微观样本数据，利用 Logit、中介效应模型等，证实了劳动力在空气污染风险感知的背景下，会产生以流动的方式进行健康人力资本投资的动机，进一步，基于主成分 - 熵权法对空气污染的健康冲击指数的测算，运用中介效应模型、门槛模型等模型，依据区域和行业异质条件的分析，进一步找到了空气污染通过健康冲击，进而影响劳动力在区域和行业两个空间层面流动的经验证据。由此，分析当前我国污染背景下对流动人口健康人力资本投资实践存在的问题，以此找到实现环境、健康与劳动力流动供给协调发展的路径，构建出新型的健康人力资本投资模式。主要结论有以下几点。

第一，从环境健康人力资本投资分析视角出发，基于脱钩理论分析表明，技术进步是环境健康与劳动力流动关系演变的根源。这一关系的演变可将中国劳动力流动划分为生存型流动（新中国成立以前）、收入型流动（1949～2010 年）、健康型流动（2011 年至今）和享受型流动阶段或健康型流动后期阶段（21 世纪中叶左右），然而，目前中国正处于健康型流动早期阶段（收入型与健康型流动并存）。这一阶段加大了健康人力资本投资管理的难度，凸显了劳动力流动原因的复杂性。也正因如此，这更加突出了从理论和实证层面进一步探讨污染背景下劳动力是否存在以"流动"的方式进行健康人力资本投资的必要性。

第二，空气污染感知确实影响着劳动力的健康人力资本投资决策。基于罗伊研究范式，从健康人力资本投资的微观视角拓展克罗珀（Cropper，1981）空气污染损害健康人力资本的模型，并利用 2013 年中国社会综合调查数据（CGSS）实证分析表明：首先，当劳动力面临空气污染感知风险时，其愿意以"流动"这一"公共品"消费方式进行健康人力资本投资，发挥着其他商品消费投资方式的替代效应。即在空气污染感知风险加剧的背景下，劳动力可通过发生流动来规避健康损害或改善健康状况，切实提升自身健康人力资本水平。其次，从个体或家庭异质条件看，在一定空气污染感知风险下，劳动力对"流动"健康人力资本投资方式的选择充分体现了个人与家庭决策特性，年龄大、教育程度高、养老观点淡薄、家庭未成年子女多、家庭规模大等劳动力更愿意选择"流动"进行健康人力资本投资。最后，从政策需求异质视角看，政策需求中间群体会产生显著的空气污染感知风险下的流动健康人力资本投资方式的替代行为，这一群体对当前生活各方面保持着中等水平评价或认知。即阶层、公平和幸福感知以及就业环境满意、公共教育服务满意等中等水平的群体更易发生流动。因此，劳动力在空气污染风险下的流动决策是对流动成本和期望收益权衡博弈的综合结果。

第三，基于空间经济模型研究范式，利用中国省级面板样本，从健康冲击视角出发，实证检验了空气污染对劳动力跨省流动的健康投资的影响。研究发现：首先，空气污染加剧主要通过对健康冲击的影响阻碍着本地区劳动力的流入。这说明，空气污染健康冲击风险规避行为的存在也是流动劳动供给下降和流动后个体健康水平差异的重要原因。其次，东部、长江经济带、淮河以北等地区的空气污染健康冲击水平高，其对劳动力流入的负面影响更大，即不同条件区域影响差异显著，且从时间门槛来看，2010 年以后，这种影响也更为明显。这进一步佐证了中国在 2010 年以后正式进入健康型流动的论断。最后，空气污染健康冲击对劳动力流入的阻碍影响存在自身的门槛效应，但不同门槛下的影响大小取决于拉力和推力作用的相对大小，即地区稳定的高收入水平等引力作用会明显抵消其对劳动力流入的部分排斥作用。这要求对流动人口的管理必须平衡好劳动力收入与健康发展间的关系。

第四，仍然基于空间经济模型研究范式，从行业空间层面，实证检验了空气污染对劳动力跨行业就业流动的影响，研究发现：首先，劳动力在面临空气污染的时候，将显著流出工业等环境污染健康冲击高的行业。其次，在空气污染健康冲击水平低的行业的劳动力更多愿意以"流动"的方式进行健康人力资本投资，污染健康冲击水平中等的行业无明显的就业流出效应，空气污染健康冲击水平高的行业就业流出效应较小。这主要因为，就工业体系而言，空气污染健康冲击水平低的工业行业的收入水平相对较低，劳动力在感知到空气污染时，采用"流动"方式进行健康人力资本投资的机会成本较小，同时，尽管空气污染健康冲击水平高的工业行业的收入水平相对较高，流出的直接收入损失的成本较大，但空气污染健康冲击水平过高将严重危害劳动力健康人力资本发展，因此，劳动力依然更愿意流出，但流出效应要小于空气污染健康冲击水平低的工业行业。而对于空气污染健康冲击水平中等的工业行业，劳动力更加难以抉择，从而流出效应不显著。这也进一步从同等空气污染健康冲击水平的行业的异质分析中证实了这一点，即异质行业的劳动力在面临空气污染而采取是否"流动"的健康投资决策也主要取决于行业内存在推力和拉力要素的相互作用。

第五，结合污染背景下劳动力流动的现实情况，从健康人力资本投资实践视角，研究发现，目前劳动力的健康投资模式仍主要由政府主导，往往忽视了流动人口的真实需求。尽管在对劳动力流动管理方面施行了一系列市场经济政策进行引导，但仍缺乏健康人力资本投资政策的合理引导，一定程度上加剧扭曲了劳动力市场的资源配置。目前，普适的健康权的缺失更是导致了流动后的劳动力无法获得预期的健康服务或收益。同时，缺乏流动人口的健康绿色就业政策，也是导致区域的劳动力供给不稳定的重要因素。此诸多问题的存在严重影响了环境、健康与劳动力流动供给的协调发展，不利于污染背景下流动式健康人力资本投资模式的形成，阻碍了"健康中国2030"战略目标和高质量发展战略目标以及中国式现代化战略目标的实现。

9.2　政　策　启　示

2015 年 10 月，十八届五中全会首次将"美丽中国"纳入"十三五"战略规划。随后，围绕美丽中国建设，环境污染治理尤其是空气污染治理早已上升为国家战略，2016 年 10 月 25 日，中共中央、国务院印发并实施了《"健康中国 2030"规划纲要》，2017 年，十九大报告则进一步提出注重质量、效率和动力变革的高质量发展战略，2024 年 7 月 19 日，国家卫生健康委等颁布《关于印发健康中国行动——慢性呼吸系统疾病防治行动实施方案（2024～2030 年）的通知》并指出"加强环境卫生和职业卫生工作。加强大气污染治理，促进清洁能源的开发利用，持续削减大气污染物排放量，推动细颗粒物（PM2.5）浓度降低，推进厨房通风改造和炉灶改造，减少室内外空气污染。"① 因此，如何实现美丽、健康和高质量发展的中国目标已成为中国当前重要的理论和现实问题，空气污染的健康冲击导致劳动力资源错配是这一问题的重要体现。由此，基于本研究的结论，可得到如下重要政策启示。

第一，地方层面：首先，成立"精准治理"研究小组，把握好治理与发展的关系。不同条件禀赋的区域内空气污染健康冲击对劳动力的影响存在显著差异，尤其大污染健康冲击越高，越会阻碍劳动力的流入，凸显了环境健康与劳动力流动对实现高质量发展的重要性。各省应迅速成立"精准治理"研究中心，厘清实现高质量发展下的治理思路，进一步合理地加大空气污染治理投入，尤其是中部省份面临空气污染健康冲击持续上升，在未产生明显的劳动力"外逃"之前，更应率先成立研究小组，指导相关部门提前做好环境健康风险与人才流失防范工作。其次，加大流动人口公共服务支出比，建立流动人口的健康冲击防御与保障机制，深入推进智能化监测与互动式预警体系建设，完善健康信息公开管理制度，打造劳动力自动化、智能化发展管理平台，做好"健康中国 2030"的战略对接。研究表明，空气污染形势依然严峻，监测和预警体系仍较为落后，健康信息公

---

① 国家卫生健康委等. 关于印发健康中国行动——慢性呼吸系统疾病防治行动实施方案（2024—2030 年）的通知［EB/OL］.（2024-07-19）. 中华人民共和国中央人民政府网，https：//www. gov. cn/zhengce/zhengceku/202407/content_6964998. htm.

开力度仍较小，仍缺少深度自动化、智能化、专业化的发展管理平台。同时，劳动力在遭受日益严峻的空气污染健康冲击时，会产生"规避性"的流动行为。各省应积极关切这些问题，进一步加大流动人口公共服务支出比（肖挺，2016），及时建立流动人口的健康冲击防御与保障机制，将地区环境健康与保障救助力度实时挂钩，消除人才工作背后健康隐患，为长期留住和吸引人才和实现 2030 年健康中国战略目标提前做好工作部署。再其次，锚定中间诉求群体，强化流动人口健康的发展与管理。研究显示，劳动力流动是健康人力资本投资方式，尤其是中等政策需求的劳动力更易采取流动的方式进行健康人力资本投资，同时流动人口对流入地和流出地的经济也有着重要的影响，因此，中间政策诉求群体的健康管理能够强化流动人口的健康发展与管理，是实现"健康中国 2030"战略目标和高质量发展目标的关键。然后，消除"污染逃离"的偏见，创新劳动力合理流动的发展与管理思维。研究表明，劳动力在面临空气污染感知风险时，其可选择"流动"进行健康人力资本投资，这是一种合理且正当的社会发展权利，应得到充分尊重，不能因劳动力为规避污染的健康冲击逃离"北上广"而盲目颁布经济等市场引力要素补贴条件，吸引劳动力再次回流，这即便尊重了自由的市场经济精神，也没有尊重劳动力市场的健康发展。因此，有必要消除对劳动力因污染逃离"北上广"造成用工荒的偏见，而应创新劳动力合理流动的发展与管理思维，将此因素纳入到劳动力供给管理当中，围绕污染健康冲击风险治理，从产业结构调整入手，兼用环境规制手段，优化劳动力供给。接着，空气污染改善空间依然较大，劳动力的健康型流动规模越来越大，国家应采取空间中性和空间干预政策相结合的办法，积极引导劳动力合理流动，做好流动人口的健康发展与管理。如实施并加强"引力"要素评估，建立人才流入引导和工作考核衔接机制。分析表明，地区经济、医疗水平、稳定且高水平的真实收入等"引力"要素可以很好地抵消空气污染健康冲击对劳动力流动的负面影响，因此，各地政府人才办有必要牵头及时制定和定期发布人才"引力"要素评估清单，这样不仅便于衔接政府工作考核，还可引导劳动力流入。最后，面临空气环境、健康与劳动力流动供给发展与管理的不协调问题，地方政府要善于用"协同"换"力道"，要摒弃以往蛮力发展管理方式，以协同发展、精准管理思维为指导核心，选择典型区域，完善发展与管理权力的监督机制，持续深化"放管服"改革，把握好权力诉求与利用关系，加快赋权管理向赋能管理的转变，破除发展管理权分割障碍，同时应以扁平化运营管理模式迅速成立联合发展中心，加快跨区联合发展管理机制体制建设，创造合作平台，提高发展管理权使用的协同性，打造协同发展和精准管理样板，为其他地区树立可借鉴的典例经验，可有效避免不协调发展问题。

第二，行业层面：首先，长期内，持续加大推进行业清洁健康转型是根本解决路径。研究表明，污染健康风险的存在是劳动力就业流出的重要原因，这一原因也是期望收入下降、身体健康遭受损害、引起不同环境规制、阻碍行业技术发展等的重要原因，因此，长期内，持续加大推进行业清洁健康转型是根本解决路径。其次，短期内，基于因素识别，合理利用调节手段是劳动供给充足的重要保障。研究表明，空气污染健康风险对工业行业的就业流出效应的影响因行业禀赋条件不同而不同，主要原因在于作用于行业就业效应的因素众多，取决于推拉力之间相互作用的大小，因此，决不能够施行"一刀切"的行业就业政策，更没有"一招出，天下鲜"的万能政策。我们可借助此特点，合理利用拉力要素，避开或削弱推力要素作用，对行业就业增量进行合理适度地调节，这是在人口老龄化和"用工荒"等问题加剧背景下，使得劳动供给充足的重要保障。最后，污染严重的行业劳动力净流入增量在逐渐下降，鉴于就业为经济活动行为，应积极采取空间中性政策，定期评估，建立健康冲击损失与期望收益的弹性防控机制是稳定就业环境的关键一招。如同等健康冲击水平下工资水平越高的行业其就业流出效应越大，这表明劳动力面临同样污染健康冲击时，其期望工资损失会有所不同，主要原因在于工资定价机制脱离了环境健康冲击水平，将其纳入工资弹性调节之中。

第三，家庭或劳动力个体层面：首先，提高劳动力的空气污染风险感知水平，增强健康人力资本投资意识。研究表明，不同特征的劳动力空气污染风险感知水平存在显著差异，因此，必须加大劳动力的污染－健康教育培训，提高其空气污染感知的通识水平；主动构建空气污染感知指标体系，拓宽劳动力对空气污染感知维度；研发空气污染感知的生活装备或用具，增大劳动力对空气污染感知的强度，只有这样才能整体提高劳动力的空气污染风险感知水平；并基于流动健康人力资本投资是个人与家庭的决策结果，应顺势强化其健康人力资本投资意识，将有利于健康家庭建设。其次，在提高自身健康人力资本投资意识的基础上，积极主动参与社区自组织治理主体的构建，筹资设立社区集体自组织治理单位，积极参与社区健康水平评估与监控体系的建设，增强污染健康权益的谈判力和监管力，形成有效的第三方治理体系。最后，每一个家庭或个体应养成健康生活的良好理念，积极向健康型消费转型，积极参与互动式预警体系建设和健康管理流程优化的建设；同时增强发展社会健康事业的责任感、认同感，积极配合政府对流动人口的健康优化管理。

第四，各方协调发展层面：应转变政府职能与角色，调整健康投资方式和方向，推动健康权立法，培育和发展多方嵌入、互助合作型模式，打造立体式健康投资监管体系；完善市场引导功能，加快大健康产业布局与发展步伐，加强健康产品消费引导，严控住房成本，降低流动的直接成本，建立健康补偿机制，建成健康福利工资动态调整体系；落实社区职责与义务，收集和统计流动人口健康信息，提高初级医疗健康服务，为社民代理健康利益诉求，开展健康教育活动；同时，让居民养成绿色健康的生活方式。唯此，才能形成新型的健康投资模式。

9.3 研 究 展 望

本书选择劳动力流动视角，全面分析了中国污染背景下健康人力资本投资与实践，不仅从微观个体层面给出了人们在遭受空气污染时，愿意以流动的方式进行健康人力资本投资的动机，也从宏观层面，评估了这一"流动"式的健康投资行为在空间和行业层面的表现，并进一步构建了实现环境、健康与劳动力流动供给协调发展的新型健康人力资本投资模式。基于现有研究的不足，可展望几点：一是需要继续拓展研究样本。二是可进一步锁定健康冲击下的具体作用路径（如前文 4.2 章节识别出的作用路径）进行深入探究。三是空气污染对劳动力流动的影响在不同空间尺度上的表现可能不同，需要深入开展跨省、跨县等不同空间尺度的比较研究。四是研究单位可锁定家庭或企业，分别从单位供求视角（非个体供求视角）进行深入探究，这便于有限的集体健康权的评估与赋予工作的开展，便于早日建立社区自组织发展模式。五是本书中新型投资模式的构建主要侧重对流动人口而言，未严格区分专用性和普适性，即对于非流动人口的专用性的模式还需要进一步研究。

参 考 文 献

[1] 埃莉诺·奥斯特罗姆. 公共事务的治理之道 [M]. 余逊达，陈旭东，译. 上海：上海三联书店，2000.

[2] 保罗·A. 萨谬尔森. 经济学 [M]. 高鸿业，译. 北京：中国发展出版社，1992.

[3] 蔡昉. 劳动力短缺：我们是否应该未雨绸缪 [J]. 中国人口科学，2005 (6)：11 – 16.

[4] 蔡昉. 刘易斯转折点——中国经济发展新阶段 [M]. 北京：社会科学文献出版社，2008.

[5] 蔡昉. 人口转变、人口红利与刘易斯转折点 [J]. 经济研究，2010 (4)：4 – 13.

[6] 蔡芸，周梅，Julian CHOW. 空气污染对劳动力供给的影响研究——基于健康人力资本视角 [J]. 社会保障研究，2018 (6)：59 – 68.

[7] 曹伊清，吕明响. 跨行政区流域污染防治中的地方行政管辖权让渡——以巢湖流域为例 [J]. 中国人口·资源与环境，2013，23 (7)：164 – 170.

[8] 陈诗一，陈登科. 雾霾污染、政府治理与经济高质量发展 [J]. 经济研究，2018 (2)：20 – 34.

[9] 陈素梅，何凌云. 环境、健康与经济增长：最优能源税收入分配研究 [J]. 经济研究，2017 (4)：122 – 136.

[10] 陈叶烽，周业安，宋紫峰. 人们关注的是分配动机还是分配结果？——最后通牒实验视角下两种公平观的考察 [J]. 经济研究，2011 (6)：31 – 44.

[11] 陈友华，施旖旎. 雾霾与人口迁移——对社会阶层结构影响的探讨 [J]. 探索与争鸣，2017 (4)：76 – 88.

[12] 程承坪，彭欢. 人工智能影响就业的机理及中国对策 [J]. 中国软科学，2018，334 (10)：67 – 75.

［13］程名望，史清华，徐剑侠．中国农村劳动力转移动因与障碍的一种解释［J］．经济研究，2006（4）：68－78.

［14］池子华．中国流民史（近代卷）［M］．合肥：安徽人民出版社，2001.

［15］楚永生，刘杨，刘梦．环境污染效应对异质性劳动力流动的影响——基于离散选择模型的空间计量分析［J］．产经评论，2015（4）：45－56.

［16］崔亮亮，张军，吴兴彬，等.2013－2015年济南市大气重点污染物对居民呼吸系统疾病死亡风险的急性效应分析［J］．环境与健康杂志，2018（5）：425－429.

［17］大卫·皮尔斯，阿尼尔·马肯亚，爱德华·巴比尔．绿色经济的蓝图：绿色世界经济［M］．何晓军，译．北京：北京师范大学出版社，1996.

［18］邓力源，唐代盛，余驰晨．我国农村居民健康人力资本对其非农就业收入影响的实证研究［J］．人口学刊，2018，40（1）：102－112.

［19］邓曲恒，邢春冰．对空气质量的支付意愿：基于迁移决策的计量分析［J］．劳动经济研究，2018，6（6）：23－43.

［20］董夏燕，何庆红．空气污染与中老年人心理健康的关系研究［J］．中国经济问题，2019（5）：50－61.

［21］段平忠．中国省际迁移人口的受教育程度差异对经济增长及地区差距的影响分析［J］．中国地质大学学报（社会科学版），2013，13（3）：115－121.

［22］段显明，屈金娥．基于BenMAP的珠三角PM10污染健康经济影响评估［J］．环境保护与循环经济，2013，33（12）：46－51.

［23］冯贵霞．大气污染防治政策变迁与解释框架构建——基于政策网络的视角［J］．中国行政管理，2014（9）：16－20＋80.

［24］傅筑夫．中国经济史论丛［C］//殷代的游农与殷人的迁居．北京：生活·读书·新知三联书店，1980：34.

［25］干春晖，郑若谷，余典范．中国产业结构变迁对经济增长和波动的影响［J］．经济研究，2011（5）：4－16.

［26］高波，陈健，邹琳华．区域房价差异、劳动力流动与产业升级［J］．经济研究，2012（1）：67－80.

［27］高杰．中国政府R&D投入对就业的效应研究［J］．中南财经政

法大学学报，2007 (3)：24 - 27.

[28] 龚晓莺，甘梅霞. FDI 对中国工业劳动力需要量的诱发效应研究——基于投入产出法的分析视角 [J]. 上海财经大学学报，2007，9 (6)：69 - 75.

[29] 龚玉泉，袁志刚. 中国经济增长与就业增长的非一致性及其形成机理 [J]. 经济学动态，2002 (10)：39 - 43.

[30] 顾冉，蒲艳萍. 环境污染会加剧劳动力价格扭曲吗？——来自 CFPS 的微观证据 [J]. 产业经济研究，2019 (3)：101 - 113.

[31] 郭高晶. 空气污染跨域治理背景下府际空气生态补偿机制研究——以山东省空气质量生态补偿实践为例 [J]. 资源开发与市场，2016，32 (7)：832 - 837.

[32] 郭际，叶卫美，袁迎蕾. R&D 投入的综合效应测算及政策启示 [J]. 科学学研究，2014 (5)：79 - 85.

[33] 国务院. 国务院关于防止厂、矿企业中矽尘危害的决定 [J]. 中国劳动，1956 (7)：2 - 3.

[34] 郝吉明. 穿越风雨任重道远——大气污染防治 40 年回顾与展望 [J]. 环境保护，2013，41 (14)：28 - 31.

[35] 何海兵. 我国城市基层社会管理体制的变迁：从单位制、街居制到社区制 [J]. 管理世界，2003 (6)：52 - 62.

[36] 何伟，张文杰，王淑兰，等. 京津冀地区大气污染联防联控机制实施效果及完善建议 [J]. 环境科学研究，2019，32 (10)：1696 - 1703.

[37] 何雄浪. 人口集聚、工业集聚与环境污染——基于两类环境污染的研究 [J]. 西南民族大学学报（人文社会科学版），2019 (2)：87 - 97.

[38] 和红，曹桂，沈慧，谢世堂. 健康移民效应的实证研究——青年流动人口健康状况的变化趋势及影响因素 [J]. 中国卫生政策研究，2018 (2)：1 - 9.

[39] 贺曲夫，刘友金. 我国东中西部地区间产业转移的特征与趋势——基于 2000 - 2010 年统计数据的实证分析 [J]. 经济地理，2012，32 (12)：85 - 90.

[40] 胡鞍钢，王亚华，鄢一龙. "十五" 计划实施情况评估报告 [J]. 经济研究参考，2006 (2)：40 - 55.

[41] 胡焕庸. 中国人口. 上海分册 [M]. 北京：中国财政经济出版社，1987.

[42] 黄德宽. 楚简《诗·召南·驺虞》与上古虞衡制度——兼论当代中国古典学的构建 [J]. 中国社会科学，2023（12）：59 - 78 + 200 - 201.

[43] 黄茂兴，林寿富. 污染损害、环境管理与经济可持续增长——基于五部门内生经济增长模型的分析 [J]. 经济研究，2013（12）：30 - 41.

[44] 黄寿峰. 财政分权对中国雾霾影响的研究 [J]. 世界经济，2017，40（2）：127 - 152.

[45] 黄书猛. 购房入户制度和住房限购政策的有效性分析 [J]. 重庆大学学报（社会科学版），2013，19（2）：29 - 34.

[46] 黄娴静，彭丹丹. 政府健康投资与经济增长的"倒U型"关系——基于健康老龄化视角 [J]. 广西大学学报（哲学社会科学版），2020，42（6）：143 - 150.

[47] 黄增健. 流动人口健康投资及其收入互动关系的联合考察 [J]. 兰州财经大学学报，2019，35（02）：63 - 72.

[48] 纪建悦，张懿，任文菡. 环境规制强度与经济增长——基于生产性资本和健康人力资本视角 [J]. 中国管理科学，2019，27（8）：57 - 65.

[49] 加里·贝克尔. 人力资本 [M]. 梁小民，译. 北京：北京大学出版社，1987.

[50] 姜彦秋. 我国环境保护面临的主要问题及对策 [J]. 数量经济技术经济研究，2000（1）：12 - 13.

[51] 姜作培，管怀鎏. 科技进步与扩大就业的关系研究 [J]. 黑龙江社会科学，1998（4）：32 - 36.

[52] 蒋萍，田成诗，尚红云. 人口健康与中国长期经济增长关系的实证研究 [J]. 中国人口科学，2008（5）：46 - 53 + 97 - 98.

[53] 焦若静. 人口规模、城市化与环境污染的关系——基于新兴经济体国家面板数据的分析 [J]. 城市问题，2015（5）：8 - 14.

[54] 解垩. 健康对劳动力退出的影响 [J]. 世界经济文汇，2011（1）：109 - 120.

[55] 井焕. 人口对环境的负面影响探析 [J]. 数量经济技术经济研究，2001（12）：19 - 21.

[56] 景再方，陈娟娟，杨肖丽．自雇还是受雇：农村流动人口人力资本作用机理与实证检验——基于 CGSS 数据经验分析 [J]．农业经济问题，2018 (6)：87 – 97.

[57] 李斌，詹凯云，胡志高．环境规制与就业真的能实现"双重红利"吗？——基于我国"两控区"政策的实证研究 [J]．产业经济研究，2019，98 (01)：117 – 130.

[58] 李德辉．关于人口迁移规律的初探——人口迁移的历史回顾：目前状况及未来趋势 [J]．人口学刊，1981 (2)：41 – 47.

[59] 李芬．中国异质劳动力省际流动及地区收入差距研究 [M]．杭州：浙江大学出版社，2016.

[60] 李惠，赵学良，程芳，等．雾霾天气对荨麻疹就诊量和病情的影响 [J]．皮肤性病诊疗学杂志，2017，24 (2)：112 – 115.

[61] 李慧华，袁健红，冯吉芳．中国区域人类福利与自然消耗脱钩关系及其影响因素研究 [J]．中国科技论坛，2018 (3)：135 – 142.

[62] 李佳．空气污染对劳动力供给的影响研究来自中国的经验研究 [J]．中国经济问题，2014 (5)：67 – 77.

[63] 李猛．财政分权与环境污染——对环境库兹涅茨假说的修正 [J]．经济评论，2009 (5)：54 – 59.

[64] 李梦洁．环境治理、行业异质性与就业效应——基于工业行业面板数据的经验分析 [J]．人口与经济，2016 (1)：23 – 27.

[65] 李萍，王军，杨秀华．中国工业行业最优环境规制强度分析——一个分类评价的视角 [J]．河北经贸大学学报，2017，38 (3)：80 – 87.

[66] 李琴，谭娜．健康与老年人劳动供给关系研究综述 [J]．电子科技大学学报（社科版），2019，21 (03)：38 – 47.

[67] 李泉，马黄龙．人口集聚及外商直接投资对环境污染的影响——以中国 39 个城市为例 [J]．城市问题，2017 (12)：56 – 64.

[68] 李珊珊．环境治理对异质性劳动力就业的影响——基于省级动态面板数据的分析 [J]．中国人口资源与环境，2015 (8)：12 – 16.

[69] 李巍，谢元博，陈娟．战略环境评价中环境空气污染居民健康风险评价方法及应用 [M]．北京：科学出版社，2016.

[70] 李卫兵，张凯霞．空气污染对企业生产率的影响——来自中国工业企业的证据 [J]．管理世界，2019 (10)：95 – 119.

[71] 李小平, 李小克. 中国工业环境规制强度的行业差异及收敛性研究 [J]. 中国人口·资源与环境, 2017 (10): 1-9.

[72] 李晓春, 伍云云, 梁梦宇. 江浙沪地区最低工资对环境污染的影响探究 [J]. 中共南京市委党校学报, 2019 (2): 78-106.

[73] 李晓春. 劳动力转移和工业污染——在现行户籍制度下的经济分析 [J]. 管理世界, 2005 (6): 27-33.

[74] 李艳芳. 公众参与和完善大气污染防治法律制度 [J]. 中国行政管理, 2005 (3): 52-54.

[75] 李怡涵. 中国省际人口迁移的空间区域分布特征及相关问题研究 [M]. 北京: 中国社会科学出版社, 2017.

[76] 李友平, 唐娅, 范忠雨, 等. 成都市大气环境 VOCs 污染特征及其健康风险评价 [J]. 环境科学, 2018, 39 (2): 576-584.

[77] 梁海兵, 卢海阳. 健康投资、性别差异与流动人口医疗补贴 [J]. 改革, 2014 (10): 65-73.

[78] 梁鸿. 论健康投资 [J]. 中国卫生经济, 1994 (5): 10-12.

[79] 梁琦, 李建成, 陈建隆. 异质性劳动力区位选择研究进展 [J]. 经济学动态, 2018 (4): 122-137.

[80] 廖永丰, 王五一, 张莉. 城市 NOx 人体健康风险评估的 GIS 应用研究 [J]. 地理科学进展, 2007, 26 (4): 44-50.

[81] 林理升, 王晔倩. 运输成本、劳动力流动与制造业区域分布 [J]. 经济研究, 2006 (3): 115-125.

[82] 林宪生, 王钦. 中国古代北人南迁高潮的成因变化——基于推拉理论的分析 [J]. 地理教学, 2012 (10): 4-6.

[83] 林毅夫. 要素禀赋比较优势与经济发展 [J]. 中国改革, 1999 (8): 11-13.

[84] 刘华军, 雷名雨. 中国雾霾污染区域协同治理困境及其破解思路 [J]. 中国人口·资源与环境, 2018, 28 (10): 91-98.

[85] 刘娟娟. 健康风险对农村劳动力迁移影响的实证分析 [J]. 呼伦贝尔学院学报, 2013, 21 (05): 10-14.

[86] 刘君, 刘尚俊, 田宝龙. 环境污染水平与经济发展水平对就业的影响研究——基于就业规模和就业结构视角 [J]. 生态经济, 2018, 34 (6): 79-83.

[87] 刘生龙. 健康对农村居民劳动力参与的影响 [J]. 中国农村经

济，2008（8）：25 - 33.

[88] 刘筱红，柳发根. 乡村自主治理中的集体搭便车与志愿惩罚：合约、规则、群体规范——以江西 Y 乡修路事件为例 [J]. 人文杂志，2015（5）：123 - 133.

[89] 刘修岩，李松林. 房价、迁移摩擦与中国城市的规模分布——理论模型与结构式估计 [J]. 经济研究，2017（07）：67 - 80.

[90] 刘宗明，李春琦. 劳动交易成本、选择性路径依赖与劳动就业动态 [J]. 管理世界，2013（02）：26 - 39 + 195.

[91] 龙海明，陶冶. 健康投资对中国经济发展的影响研究——基于省级面板数据的空间计量检验 [J]. 湖南大学学报（社会科学版），2017，31（4）：79 - 84.

[92] 卢福财，马绍雄，徐斌. 新中国工业化70年：从起飞到走向成熟 [J]. 当代财经，2019（10）：3 - 14.

[93] 吕忠梅. 生态环境法典编纂与优秀传统生态文化的传承 [J/OL]. 法律科学（西北政法大学学报），2024（03）：32 - 44.

[94] 罗福周，李静. 农村生态环境多主体协同治理的演化博弈研究 [J]. 生态经济，2019，35（10）：171 - 176 + 199.

[95] 罗强强. "嵌入式"发展中的"内卷化"——社会工作参与基层社会治理的个案分析 [J]. 江西师范大学学报（哲学社会科学版），2018，51（4）：49 - 56.

[96] 罗勇根，杨金玉，陈世强. 空气污染、人力资本流动与创新活力——基于个体专利发明的经验证据 [J]. 中国工业经济，2019（10）：99 - 117.

[97] 罗知，李浩然. "大气十条"政策的实施对空气质量的影响 [J]. 中国工业经济，2018（9）：136 - 154.

[98] 马成俊，刘子平. 先秦时期生态文化述论 [J]. 湖北民族大学学报（哲学社会科学版），2024，42（1）：56 - 67.

[99] 马海涛，师玉朋. 三级分权、支出偏好与雾霾治理的机理——基于中国式财政分权的博弈分析 [J]. 当代财经，2016（8）：24 - 32.

[100] 马海涛，师玉朋. 政府主导工业化与雾霾污染的交互影响及空间外溢效应 [J]. 新疆财经大学学报，2017（1）：5 - 15.

[101] 马骥涛，郭文. 环境规制对就业规模和就业结构的影响——基于异质性视角 [J]. 财经问题研究，2018，419（10）：60 - 67.

［102］马丽媛，王增武，樊静，等．《中国心血管健康与疾病报告2021》要点解读［J］．中国全科医学，2022，25（27）：3331-3346.

［103］马亮．绩效排名、政府响应与环境治理：中国城市空气污染控制的实证研究［J］．南京社会科学，2016（8）：66-73.

［104］马歇尔．经济学原理［M］．朱志泰，译．北京：商务印书馆，1964.

［105］马忠东．改革开放40年中国人口迁移变动趋势——基于人口普查和1%抽样调查数据的分析［J］中国人口科学，2019（3）：16-28.

［106］毛日昇．出口、外商直接投资与中国制造业就业［J］．经济研究，2009（11）：105-117.

［107］梅雪芹．工业革命以来西方主要国家环境污染与治理的历史考察［J］．世界历史，2000（6）：20-29.

［108］孟晓玲，冯燕梅．我国社会组织参与社区治理的模式、困境与路径［J］．西安财经大学学报，2021，34（03）：109-118.

［109］孟紫强．环境毒理学［M］．北京：中国科学出版社，2000.

［110］苗艳青，陈文晶．空气污染和健康需求：Grossman模型的应用［J］．世界经济，2010（6）：140-160.

［111］宁光杰．自选择与农村剩余劳动力非农就业的地区收入差异——兼论刘易斯转折点是否到来［J］．经济研究，2012（s2）：42-55.

［112］牛建林，郑真真，张玲华，曾序春．城市外来务工人员的工作和居住环境及其健康效应——以深圳为例［J］．人口研究，2011，35（3）：64-75.

［113］牛建林．人口流动对中国城乡居民健康差异的影响［J］．中国社会科学，2013（2）：46-63.

［114］欧阳艳艳，陈浪南，高洁．产业结构演变对工业和服务业就业的影响——基于58个国家的实证检验［J］．系统工程理论与实践，2016（10）：2514-2524.

［115］齐亚强，牛建林，威廉·梅森，唐纳德·特雷曼．我国人口流动中的健康选择机制研究［J］．人口研究，2012，36（1）：102-112.

［116］祁毓，卢洪友，杜亦譞．环境健康经济学研究进展［J］．经济学动态，2014（3）：124-137.

［117］祁毓，卢洪友．污染、健康与不平等——跨越"环境健康贫困"陷阱［J］．管理世界，2015（9）：32-51.

[118] 钱文荣,谢长青.从农民工供求关系看"刘易斯拐点"[J].人口研究,2009,33(2):37-40.

[119] 秦立建,陈波,余康.农村劳动力转移的健康选择机制研究[J].南方人口,2014,29(2):62-71.

[120] 秦立建,程杰,潘杰.健康对农民工劳动供给时间的影响[J].统计与信息论坛,2015(3):103-108.

[121] 秦立建,苏春江.健康与农村劳动力外出务工[J].农业技术经济,2014(12):94-102.

[122] 秦楠,刘李华,孙早.环境规制对就业的影响研究——基于中国工业行业异质性的视角[J].经济评论,2018(1):106-119.

[123] 秦雪征,郑直.新农合对农村劳动力迁移的影响:基于全国性面板数据的分析[J].中国农村经济,2011(10):52-63.

[124] 尚越,丁士军,石智雷.是健康选择还是迁移影响?——不同迁移类型农村劳动力健康差异分析[J].南方人口,2019,34(3):13-24.

[125] 邵帅,李欣,曹建华,等.中国雾霾污染治理的经济政策选择——基于空间溢出效应的视角[J].经济研究,2016(9):73-88.

[126] 沈永建,于双丽,蒋德权.空气质量改善能降低企业劳动力成本吗?[J].管理世界,2019,35(6):161-178+195-196.

[127] 盛鹏飞.环境污染与城乡收入差距:作用机制与基于中国经济事实的检验[J].中国人口·资源与环境,2017(10):56-63.

[128] 石文霞.城乡家庭人力资本投资研究综述[J].当代经济,2018(16):38-40.

[129] 史耀波,任勇.收入差距、流动成本与地区环境治理[J].生态经济,2007(9):145-157.

[130] 孙猛,李晓巍.空气污染与公共健康:基于省际面板数据的实证研究[J].人口学刊,2017,39(5):5-13.

[131] 孙三百,黄薇,洪俊杰.劳动力自由迁移为何如此重要?——基于代际收入流动的视角[J].经济研究,2012,47(5):147-159.

[132] 孙三百.机会不平等、劳动力流动及其空间优化[D].北京:对外经济贸易大学,2014.

[133] 孙薇薇,朱晓宇.地位、相对剥夺与归因:教育年限对分配公平感的影响机制[J].社会学评论,2018,6(3):67-77.

[134] 孙伟增,张晓楠,郑思齐.空气污染与劳动力的空间流动——

基于流动人口就业选址行为的研究 [J]. 经济研究, 2019 (11): 102 - 117.

[135] 孙晓芳. 异质性劳动力与中国劳动力流动——基于新经济地理学的分析 [J]. 中国人口科学, 2013 (3): 36 - 45.

[136] 孙中伟, 孙承琳. 警惕空气污染诱发 "逆城市化": 基于流动人口城市居留意愿的经验分析 [J]. 华南师范大学学报 (社会科学版), 2018, 235 (5): 135 - 142 + 193.

[137] 涂正革, 张茂榆, 许章杰, 等. 收入增长、大气污染与公众健康——基于 CHNS 的微观证据 [J]. 中国人口·资源与环境, 2018, 214 (6): 133 - 142.

[138] 王兵, 吴福象. 行业工资率差异、就业份额偏离与产业结构升级——基于省级面板数据的 GMM 分析 [J]. 山西财经大学学报, 2019, 41 (5): 40 - 53.

[139] 王弟海, 龚六堂, 李宏毅. 健康人力资本、健康投资和经济增长——以中国跨省数据为例 [J]. 管理世界, 2008 (3): 27 - 39.

[140] 王弟海, 李夏伟, 黄亮. 健康投资如何影响经济增长: 来自跨国面板数据的研究 [J]. 经济科学, 2019 (1): 5 - 17.

[141] 王弟海. 健康人力资本、经济增长和贫困陷阱 [J]. 经济研究, 2012, 47 (6): 143 - 155.

[142] 王建国. 中国居民健康对劳动参与的影响——基于多维健康指标的实证分析 [J]. 北京科技大学学报 (社会科学版), 2011 (1): 108 - 114 + 123.

[143] 王金杰, 王庆芳, 刘建国, 等. 协同视角下京津冀制造业转移及区域间合作 [J]. 经济地理, 2018 (7): 90 - 99.

[144] 王君斌, 王文甫. 非完全竞争市场、技术冲击和中国劳动就业——动态新凯恩斯主义视角 [J]. 管理世界, 2010 (1): 23 - 35.

[145] 王丽萍, 夏文静. 中国污染产业强度划分与区际转移路径 [J]. 经济地理, 2019, 39 (3): 152 - 161.

[146] 王伶鑫, 周皓. 流动人口的健康选择性 [J]. 西北人口, 2018, 39 (6): 13 - 22 + 31.

[147] 王琼, 董小艳, 杨璐璐, 等. 基于北京市大气 PM2.5 中 9 种元素的环境健康风险评价 [J]. 环境卫生学杂志, 2018, 8 (3): 197 - 203.

[148] 王勇, 李建民. 环境规制强度衡量的主要方法、潜在问题及其

修正 [J]. 财经论丛, 2015 (5): 98 - 106.

[149] 王勇, 施美程, 李建民. 环境规制对就业的影响——基于中国工业行业面板数据的分析 [J]. 中国人口科学, 2013 (3): 54 - 64.

[150] 王玉泽, 罗能生. 空气污染、健康折旧与医疗成本——基于生理、心理及社会适应能力三重视角的研究 [J]. 经济研究, 2020, 55 (12): 80 - 97.

[151] 王智强, 刘超. 中国农村劳动力迁移影响因素研究——基于 Probit 模型的实证分析 [J]. 当代经济科学, 2011, 33 (1): 56 - 61.

[152] 王子今. 秦汉农人流动对都市生存空间的压抑 [J]. 学术月刊, 2010, 42 (8): 126 - 133.

[153] 魏霄. 人力资本还是职业流动?——农民工工资增长机制的一个实证研究 [J]. 社会发展研究, 2015 (3): 68 - 84.

[154] 魏众. 健康对非农就业及其工资决定的影响 [J]. 经济研究, 2004 (2): 64 - 74.

[155] 温忠麟, 张雷, 侯杰泰. 中介效应检验程序及其应用 [J]. 心理学报, 2004, 36 (5): 614 - 620.

[156] 吴传俭. 健康资源跨期错配问题研究进展 [J]. 经济学动态, 2016 (7): 109 - 125.

[157] 吴斐丹, 芮品轩, 郑桂珍. 试论我国当前的人口问题及解决途径 [J]. 复旦学报 (社会科学版), 1980 (4): 11 - 15.

[158] 吴红宇. 基于人力资本投资的劳动力迁移模型 [J]. 南方人口, 2004, 19 (4): 39 - 44.

[159] 吴蒙. 我国区域大气环境治理绩效的空间网络结构特征 [J]. 环境经济研究, 2019 (3): 127 - 141.

[160] 吴勋, 王杰. 财政分权、环境保护支出与雾霾污染 [J]. 资源科学, 2018, 40 (4): 851 - 861.

[161] 吴芸, 赵新峰. 京津冀区域大气污染治理政策工具变迁研究——基于 2004 - 2017 年政策文本数据 [J]. 中国行政管理, 2018, 400 (10): 80 - 87.

[162] 武汉大学董辅礽经济社会发展研究院. 第二届中国健康经济发展论坛学者观点综述 [J]. 经济评论, 2018, 214 (6): 167 - 168.

[163] 武建国, 张锦鹏. 宋代江南地区农村劳动力的利用与流动分析 [J]. 中国经济史研究, 2011 (2): 17 - 26.

［164］西奥多·W·舒尔茨.人力资本投资——教育和研究的作用［M］.蒋斌,张衡,译.北京:商务印书馆,1990.

［165］席鹏辉,梁若冰.城市空气质量与环境移民——基于模糊断点模型的经验研究［J］.经济科学,2015,37(4):30-43.

［166］夏怡然,陆铭.城市间的"孟母三迁"——公共服务影响劳动力流向的经验研究［J］.管理世界,2015(10):78-90.

［167］向华丽.外力冲击、社会脆弱性与人口迁移［M］.北京:中国社会科学出版社,2018.

［168］肖六亿.劳动力流动的原驱力:技术进步［M］.成都:四川大学出版社,2008.

［169］肖挺,刘华.产业结构调整与节能减排问题的实证研究［J］.经济学家,2014,9(9):58-68.

［170］肖挺.财政分权体制对劳动力转移影响的实证分析［J］.管理科学,2014,27(5):120-132.

［171］肖挺.环境质量是劳动人口流动的主导因素吗?——"逃离北上广"现象的一种解读［J］.经济评论,2016(2):3-17.

［172］徐鸿翔,张文彬.空气污染对劳动力供给的影响效应研究——理论分析与实证检验［J］.软科学,2017,31(3):99-102+144.

［173］徐辉,杨烨.人口和产业集聚对环境污染的影响——以中国的100个城市为例［J］.城市问题,2017(1):53-60.

［174］徐淑丹.中国城市的资本存量估算和技术进步率:1992～2014年［J］.管理世界,2017(1):17-29.

［175］许和连,钱愈嘉,邓玉萍.环境污染与劳动力迁移——基于CGSS调查数据的经验研究［J］.湖南大学学报(社会科学版),2019,33(2):68-76.

［176］薛钢,潘孝珍.财政分权对中国环境污染影响程度的实证分析［J］.中国人口·资源与环境,2012,22(1):83-89.

［177］亚当·斯密.国富论［M］.郭大力,王亚南,译.北京:商务印书馆,1972.

［178］严惠麒.论我国环境弱势群体的社会排斥危机及其政策支持［J］.中南大学学报(社会科学版),2018,24(1):136-142.

［179］阳晓伟,庞磊,闭明雄."反公地悲剧"问题研究进展［J］.经济学动态,2016(9):101-114.

[180] 阳晓伟. 公共产权资源治理理论的演进与进展 [J]. 首都经济贸易大学学报, 2015 (1): 114 – 123.

[181] 杨俊, 张婷皮美, 向华丽. 人口环境迁移的国内外研究进展 [J]. 西北人口, 2017 (3): 1 – 10.

[182] 杨克敌. 环境卫生学 [M]. 北京: 人民卫生出版社, 2007.

[183] 杨利春. 从 "人口红利" 到 "健康红利" [N]. 中国人口报, 2018 – 04 – 18: 003.

[184] 杨玲. 论提高健康投资效率的最优选择 [J]. 中国人口·资源与环境, 2008 (2): 166 – 170.

[185] 杨晓军. 城市环境质量对人口流迁的影响——基于中国 237 个城市的面板数据的分析 [J]. 城市问题, 2019 (3): 23 – 31.

[186] 杨晓军. 中国劳动力流动就业与政策变迁研究 [M]. 北京: 经济科学出版社, 2014.

[187] 姚遂, 雷钰婷. 偏向性技术进步与劳动力就业——基于自主创新、对外开放视角的分析 [J]. 商业研究, 2018, 494 (6): 176 – 182.

[188] 姚瑶, 刘斌, 刘国恩. 健康投资的产业结构效应: 来自 OECD 等国家的宏观证据 [J]. 财经研究, 2017, 43 (5): 102 – 116.

[189] 姚战琪, 夏杰长. 资本深化、技术进步对中国就业效应的经验分析 [J]. 世界经济, 2005 (1): 58 – 67 + 80.

[190] 易龙飞, 亓迪. 流动人口健康移民现象再检验: 基于 2006 – 2011 年 CHNS 数据的分析 [J]. 西北人口, 2014 (6): 36 – 42.

[191] 雍际春, 李伟. 西汉 "罢安定呼池苑以为安民县" 属地新考 [J]. 陕西师范大学学报 (哲学社会科学版), 1998 (4): 77 – 82.

[192] 余静文, 苗艳青. 健康人力资本与中国区域经济增长 [J]. 武汉大学学报 (哲学社会科学版), 2019, 72 (5): 161 – 175.

[193] 俞雅乖. 我国财政分权与环境质量的关系及其地区特性分析 [J]. 经济学家, 2013, 9 (9): 60 – 67.

[194] 翟振武, 杨凡. 民工荒: 是刘易斯拐点还是伊斯特林人口波谷 [J]. 经济理论与经济管理, 2011 (8): 5 – 13.

[195] 詹长智. 中国人口·海南分册 [M]. 北京: 中国财政经济出版社, 1993.

[196] 张车伟, 赵文, 程杰. 中国大健康产业: 属性范围与规模测算 [J]. 中国人口科学, 2018 (5): 17 – 29.

［197］张东敏，金成晓．污染税、健康人力资本积累与长期经济增长［J］．财经科学，2014（12）：79－87．

［198］张广胜，田洲宇．改革开放四十年中国农村劳动力流动：变迁、贡献与展望［J］．农业经济问题，2018（7）：23－35．

［199］张海峰，林细细，梁若冰，蓝嘉俊．城市生态文明建设与新一代劳动力流动——劳动力资源竞争的新视角［J］．中国工业经济，2019（4）：81－97．

［200］张华．环境污染对劳动力就业的影响——来自环保问责制的证据［J］．财经研究，2019，45（6）：42－56．

［201］张继宏，金荷．雾霾对不同技能员工劳动生产率影响的差异性研究——基于CEES数据的实证分析［J］．宏观质量研究，2017，5（3）：101－118．

［202］张健华，王鹏．中国全要素生产率：基于分省份资本折旧率的再估计［J］．管理世界，2012（10）：18－30．

［203］张军，吴桂英，张吉鹏．中国省际物质资本存量估算：1952—2000［J］．经济研究，2004（10）：35－44．

［204］张抗私，周晓蒙．大学毕业生就业的省际流动特征及其影响因素［J］．人口与经济，2018（1）：69－78．

［205］张莉，何晶，马润泓．房价如何影响劳动力流动？［J］．经济研究，2017，52（8）：155－170．

［206］张利庠，王录安，刘晓鸥．基于医疗保障差异的健康冲击与劳动力供给——以中国2011－2013年劳动力市场为对象［J］．中国软科学，2017（7）：55－65．

［207］张微微．全要素生产率的提高对农民工就业的影响［J］．城市问题，2019，282（1）：42－49．

［208］张文晓，穆怀中，范洪敏．空气污染暴露风险的社会结构地位差异分析——基于辽宁省的实证调查［J］．环境污染与防治，2017，39（4）：444－450．

［209］张樨樨．多维视域下中国劳动力流动拓展研究［M］．北京：人民出版社，2015．

［210］张义，王爱君，黄寰．权力协同对中国雾霾防治的影响研究［J］．经济与管理研究，2019，40（12）：96－113．

［211］张义，王爱君．空气污染健康损害、劳动力流动与经济增长

[J]. 山西财经大学学报，2020，42（3）：17 –30.

[212] 张义. 大气污染对经济增长的影响路径研究 [J]. 今日科苑，2019（12）：72 –83.

[213] 张义. 空气污染风险感知对劳动力流迁的影响——健康人力资本投资视角 [J]. 人口与发展，2021，27（4）：51 –64.

[214] 张永安，邬龙. 政策梳理视角下我国大气污染治理特点及政策完善方向探析 [J]. 环境保护，2015，43（5）：48 –50.

[215] 张玉华，赵媛媛. 健康对个人收入和城乡收入差距的影响 [J]. 财经问题研究，2015（8）：11 –16.

[216] 张治国. 古代河西走廊民族结构中的人口转移 [J]. 贵州民族研究，2018（2）：195 –198.

[217] 赵德昭，许和连. 外商直接投资、适度财政分权与农村剩余劳动力转移——基于经济因素和体制变革的双重合力视角 [J]. 金融研究，2013（5）：198 –210.

[218] 赵利，王振兴，李欣. R&D 活动的就业效应：基于中国数据的实证分析 [J]. 东岳论丛，2011（11）：161 –167.

[219] 赵明，米海杰，王晓军. 中国人口死亡率变动趋势与长寿风险度量研究 [J]. 中国人口科学，2019（3）：67 –79.

[220] 赵细康. 环境保护与产业国际竞争力 [M]. 北京：中国社会科学出版社，2003.

[221] 赵新峰，袁宗威. 区域大气污染治理中的政策工具：我国的实践历程与优化选择 [J]. 中国行政管理，2016（7）：107 –114.

[222] 赵忠，侯振刚. 我国城镇居民的健康需求与 Grossman 模型——来自截面数据的证据 [J]. 经济研究，2005（10）：79 –90.

[223] 郑畅，孙浩. 收入、社会地位流动预期与民众社会公平认知——采用 CGSS（2010、2013）数据的实证检验 [J]. 西部论坛，2016，26（5）：100 –108.

[224] 郑韵婷，纪颖，常春. 我国流动人口健康促进政策发展与特点 [J]. 中国卫生事业管理，2017，34（4）：310 –312 +318.

[225] 中国工程院，环境保护部. 中国环境宏观战略研究（综合报告卷）[M]. 北京：中国环境科学出版社，2011.

[226] 钟太洋，黄贤金，韩立，王柏源. 资源环境领域脱钩分析研究进展 [J]. 自然资源学报，2010（8）：1400 –1412.

［227］周小刚，陆铭. 移民的健康：中国的成就还是遗憾？［J］. 经济学报，2016，3（3）：79 – 98.

［228］朱礼华. 心理健康对劳动参与和生产率的影响——以中老年群体为分析对象［J］. 广东社会科学，2017（2）：37 – 44.

［229］朱农. 离土还是离乡？——中国农村劳动力地域流动和职业流动的关系分析［J］. 世界经济文汇，2004（1）：53 – 63.

［230］朱志胜. 劳动供给对城市空气污染敏感吗？——基于2012年全国流动人口动态监测数据的实证检验［J］. 经济与管理研究，2015，36（11）：47 – 57.

［231］朱智洺，张伟. 碳排放规制下中国主要工业行业全要素生产率研究——基于方向性距离函数与GML指数模型［J］. 资源科学，2015，37（12）：35 – 43.

［232］祝伟，张旭东. 人口集聚、经济增长与城市空气质量——基于274个地级市数据的空间计量分析［J］. 西北人口，2021，42（2）：37 – 50.

［233］Abraido-Lanza A F, Dohrenwend B P, Ng-Mak D S, et al. The Latino mortality paradox：a test of the "salmon bias" and healthy migrant hypotheses［J］. American journal of public health, 1999, 89（10）：1543 – 1548.

［234］Adhvaryu A, Nyshadham A. Health, enterprise, and labor complementarity in the household［J］. Journal of Development Economics, 2017, 126：91 – 111.

［235］Aghion P, Howitt P. Growth and unemployment［J］. The Review of Economic Studies, 1994, 61（3）：477 – 494.

［236］Agyemang C. Comfy zone hypotheses in migrant health research：time for a paradigm shift［J］. Public Health, 2019, 172：108 – 115.

［237］Allen J G, MacNaughton P, Satish U, et al. Associations ofcognitive function scores with carbon dioxide, ventilation, and volatile organic compound exposures in office workers：A controlled exposure study of green and conventional office environments［J］. Environ Health Perspect, 2016, 124（6）：805 – 812.

［238］Andersson G, Drefahl S. Long-distance migration and mortality in Sweden：Testing the salmon bias and healthy migrant hypotheses［J］. Population, Space and Place, 2017, 23 (4): e2032.

[239] Arceo-Gomez E O, Hanna R, Oliva P. Does the effect of pollution on infant mortality differ between developing and developed countries? Evidence from Mexico city [R]. National Bureau of Economic Research, Working paper No. 18349, 2012: 1 – 22.

[240] Ashtari F, Esmaeil N, Mansourian M, et al. An 8-year study of people with multiple sclerosis in Isfahan, Iran: Association between environmental air pollutants and severity of disease [J]. Journal of Neuroimmunology, 2018, 319: 106 – 111.

[241] Baland J M, Platteau J P. Co-management as a new approach to regulation of common property resources [M]. London: Oxford University Press, 2014.

[242] Bank World. Cost of pollution in China: economic estimates of physical damages [M]. Washington, DC: World Bank, 2007.

[243] Banzhaf H S, Walsh R P. Do people vote with their feet? An empirical test of Tiebout [J]. American Economic Review, 2008, 98 (3): 843 – 863.

[244] Baron R, Kenny D. The Moderator-Mediator Variable Distinction in Social Psychological Research: Conceptual, Strategic and Statistical Considerations [J]. Journal of Personality and Social Psychology, 1996, 51 (6): 1173 – 1182.

[245] Beamish L A, Osornio-Vargas A R, Wine E. Air pollution: An environmental factor contributing to intestinal disease [J]. Journal of Crohn's and Colitis, 2011, 5 (4): 279 – 286.

[246] Beladi H, Frasca R. Pollutioncontrol under an urban binding minimum wage [J]. The Annals of Regional Science, 1999, 33 (4): 523 – 533.

[247] Beladi H, Rapp J. Urban unemployment and the backward incidence of pollution control [J]. The Annals of Regional Science, 1993, 27 (2): 153 – 163.

[248] Berger M C. Labor supply and spouse's health: The effects of illness, disability, and mortality [J]. Social Science Quarterly, 1983, 64 (3): 494 – 509.

[249] Bhagia G S, Stoevener H H. Impact ofair pollution on the consump-

tion of medical services-cost of hospitalization in the Portland metropolitan area [J]. Journal of Infectious Diseases, 1978, 189 (8): 1482 – 1486.

[250] Blair A H, Schneeberg A. Changes in the 'healthy migrant effect' in Canada: are recent immigrants healthier than they were a decade ago? [J]. Journal of Immigrant and Minority Health, 2014, 16 (1): 136 – 142.

[251] Blundell R W, Britton J, Costa Dias M, French E. The impact of health on labor supply near retirement [R]. University of Michigan Retirement Research Center (MRRC) Working Paper, WP 2017 – 364. Ann Arbor, MI, 2017: 1 – 45.

[252] Borjas G J. Immigration and globalization: A review essay [J]. Journal of Economic Literature, 2015, 53 (4): 961 – 974.

[253] Bostean G. Does selective migration explain the Hispanic paradox? A comparative analysis of Mexicans in the US and Mexico [J]. Journal of immigrant and minority health, 2013, 15 (3): 624 – 635.

[254] Brandt S, Dickinson B, Ghosh R, et al. Costs of coronary heart disease and mortality associated with near-roadway air pollution [J]. Science of the Total Environment, 2017, 601: 391 – 396.

[255] Brauer, Michael, et al. Ambient Air Pollution Exposure Estimation for the Global Burden of Disease 2013 [J]. Environmental Science & Technology, 2015, 50 (1): 79 – 88.

[256] Buchanan J M. Aneconomic theory of clubs [J]. Economica (New Series), 1965, 32 (125): 1 – 14.

[257] Cai L, Kalb G. Health status and labour force participation: evidence from Australia [J]. Health economics, 2006, 15 (3): 241 – 261.

[258] Cao Z, Zheng X, Liu Y, et al. Exploring the changing patterns of China's migration and its determinants using census data of 2000 and 2010 [J]. Habitat International, 2018, 82: 72 – 82.

[259] Carson R. Silent spring [M]. Boston: Houghton Mifflin Company, 1963.

[260] Cebula R J, Vedder R K. A note on migration, economic opportunity, and the quality of life [J]. Journal of Regional Science, 1973, 13 (2): 205 – 211.

[261] Cesur R, Tekin E, Ulker A. Airpollution and infant mortality: Ev-

idence from the expansion of natural gas infrastructure ［J］. National Bureau of Economic Research, Working paper No. 18736, 2013: 1 –54.

［262］ Chang T, Zivin J G, Gross T, et al. Particulate Pollution and the Productivity of Pear Packers ［R］. National Bureau of Economic Research, Working Papers No. 19944, 2014: 1 –40.

［263］ Chao C C, Ee M S, Laffargue J P, et al. Environmental migration and capital mobility ［J］. International Review of Economics & Finance, 2016, 42: 430 –441.

［264］ Chay K Y, Greenstone M. Doesair quality matter? Evidence from the housing market? ［J］. Journal of Political Economy, 2005, 113 （2）: 376 – 424.

［265］ Chay K Y, Greenstone M. The impact of air pollution on infant mortality ［J］. Quarterly Journal of Economics, 2003, 118 （3）: 1121 –1167.

［266］ Chen S, Oliva P, Zhang P. Theeffect of air pollution on migration: Evidence from China ［J］. National Bureau of Economic Research, Working Paper No. 24036, 2017: 1 –67.

［267］ Chen Y, Ebenstein A, Greenstone M, et al. Evidence on the impact of sustained exposure to air pollution on life expectancy from China's Huai River policy ［J］. Proceedings of the National Academy of Sciences, 2013, 110 （32）: 12936 –12941.

［268］ Clark X, Hatton T J, Williamson J G. Explaining US immigration, 1971 –1998 ［J］. The Review of Economics and Statistics, 2007, 89 （2）: 359 –373.

［269］ Cohen A J, Brauer M, Burnett R, et al. Estimates and 25-year trends of the global burden of disease attributable to ambient air pollution: an analysis of data from the Global Burden of Diseases Study 2015 ［J］. TheLancet, 2017, 389 （10082）: 1907 –1918.

［270］ Combes P P, Duranton G, Gobillon L, et al. Sorting and local wage and skill distributions in France ［J］. Regional Science and Urban Economics, 2012, 42 （6）: 913 –930.

［271］ Constant K. Environmental policy and human capital inequality: A matter of life and death ［J］. Journal of Environmental Economics and Management, 2019, 97: 134 –157.

[272] Cooper A, Levin B, Campbell C. The growing (but still limited) importance of evidence in education policy and practice [J]. Journal of educational change, 2009, 10 (2): 159 – 171.

[273] Cropper M L. Measuring the benefits from reduced morbidity [J]. American Economic Review, 1981, 71 (2): 235 – 240.

[274] Curtis S, Pearce J, Cherrie M, et al. Changing labour market conditions during the 'great recession' and mental health in Scotland 2007 – 2011: an example using the Scottish Longitudinal Study and data for local areas in Scotland [J]. Social Science & Medicine, 2019, 227: 1 – 9.

[275] Daly H. Steady-state Economics: The political economy of bio-physical equilibrium and moral growth [M]. San Francisco: W. H. Freeman and Co, 1977.

[276] De Bruyn S M, Opschoor J B. Developments in the throughput-income relationship: theoretical and empirical observations [J]. Ecological Economics, 1997, 20 (3): 255 – 268.

[277] De Jong G F, Sell R R. Population redistribution, migration, and residential preferences [J]. The Annals of the American Academy of Political and Social Science, 1977, 429 (1): 130 – 144.

[278] Deschenes O. Environmental regulations and labor markets [J]. IZA World of Labor, 2014, 22: 1 – 10.

[279] Dias D, Tchepel O, Carvalho A, et al. Particulate matter and health risk under a changing climate: Assessment for Portugal [J]. The Scientific World Journal, 2012 (1): 1 – 10.

[280] Ding D, Zhu Y, Jang C, et al. Evaluation of health benefit using BenMAP – CE with an integrated scheme of model and monitor data during Guangzhou Asian Games [J]. Journal of Environmental Sciences, 2016, 42 (4): 9 – 18.

[281] Dominici F, Daniels M J, Zeger S L, et al. Airpollution and mortality: estimating regional and national Dose-Response relationships [J]. Journal of the American Statistical Association, 2002, 97 (457): 100 – 111.

[282] Dunn J R, Dyck I. Social determinants of health in Canada's immigrant population: results from the National Population Health Survey [J]. Social science & medicine, 2000, 51 (11): 1573 – 1593.

[283] Evans-Lacko S, Knapp M. Global patterns of workplace productivity for people with depression: absenteeism and presenteeism costs across eight diverse countries [J]. Social psychiatry and psychiatric epidemiology, 2016, 51 (11): 1525 - 1537.

[284] Feng S, Krueger A B, Oppenheimer M. Linkages among climate change, crop yields and Mexico-US cross-border migration [J]. Proceedings of the National Academy of Sciences, 2010, 107 (32): 14257 - 14262.

[285] Fogel R W. Economic and social structure for an ageing population [J]. Philosophical Transactions of the Royal Society of London, 1997, 352 (1363): 1905 - 1917.

[286] Fogel R W. Economic Growth, Population Theory, and Physiology: The Bearing of Long-term Processes on the Making of Economic Policy [J]. American Economic Review, 1994, 84 (3): 369 - 395.

[287] Fredriksson P, Millimet D. Is there a California effect in US environmental policy making? [J]. Regional Science and Urban Economics, 2002, 32 (6): 737 - 764.

[288] Fuller-Thomson E, Brennenstuhl S, Cooper R, et al. An investigation of the healthy migrant hypothesis: pre-emigration characteristics of those in the British 1946 birth cohort study [J]. Canadian Journal of Public Health, 2015, 106 (8): e502 - e508.

[289] Färe R, Grosskopf S, Pasurka Jr C A. Environmental production functions and environmental directional distance functions [J]. Energy, 2007, 32 (7): 1055 - 1066.

[290] Gali J, Rabanal P. Technology shocks and aggregate fluctuations: How well does the real business cycle model fit postwar US data? [J]. NBER-Macroeconomics Annual, 2004, 19: 225 - 288.

[291] Gauderman W J, Urman R, Avol E, et al. Association of Improved Air Quality with Lung Development in Children [J]. New England Journal of Medicine, 2015, 372 (10): 905 - 913.

[292] Gerking S, Stanley L R. An economic analysis of air pollution and health: the case of St. Louis [J]. The review of economics and statistics, 1986, 68 (1): 115 - 121.

[293] Ghosh R, Lurmann F, Perez L, et al. Near - Roadway Air Pollu-

tion and Coronary Heart Disease: Burden of Disease and Potential Impact of a Greenhouse Gas Reduction Strategy in Southern California [J]. Environmental Health Perspectives, 2016, 124 (2): 193 - 200.

[294] Grimaud A, Rougé L. Polluting non-renewable resources, innovation and growth: welfare and environmental policy [J]. Resource & Energy Economics, 2005, 27 (2): 109 - 129.

[295] Grossman G M, Krueger A B. Economic Growth and the Environment [J]. The Quarterly Journal of Economics, 1995, 110 (2): 353 - 377.

[296] Grossman G M, Krueger A B. Environmental Impacts of a North American Free Trade Agreement [J]. NBER, No. W3914, 1991: 1 - 39.

[297] Grossman M. On the concept of health capital and the demand for health [J]. Journal of Political economy, 1972, 80 (2): 223 - 255.

[298] Guo S, Lu J. Jurisdictional air pollution regulation in China: A tragedy of the regulatory anti-commons [J]. Journal of Cleaner Production, 2019, 212: 1054 - 1061.

[299] Hall B H, Mairesse J. Exploring the Relationship Between R&D and Productivity in French Manufacturing Firms [J]. Journal of Econometrics, 1995, 65 (1): 263 - 293.

[300] Hanna R, Oliva P. The effect of pollution on labor supply: Evidence from a natural experiment in Mexico City [J]. Journal of Public Economics, 2015, 122: 68 - 79.

[301] Hardin G. The tragedy of the commons [J]. Science, 1968, 162 (5364): 1243 - 1248.

[302] Harris J R, Todaro M P. Migration, Unemployment and Development: A Two-sector Analysis [J]. American Economic Review, 1970, 60 (1): 126 - 141.

[303] Hayward M D, Heron M. Racial inequality in active life among adult Americans [J]. Demography, 1999, 36 (1): 77 - 91.

[304] He C, Han L, Zhang R Q. More than 500 million Chinese urban residents (14% of the global urban population) are imperiled by fine particulate hazard [J]. Environmental Pollution, 2016, 218: 558 - 562.

[305] He Q. Fiscal decentralization and environmental pollution: Evidence from Chinese Panel Data [J]. China Economic Review, 2015, 36: 86 - 100.

[306] Heck T, Hirschberg S. China: Economic Impacts of Air Pollution in the Country [J]. Encyclopedia of Environmental Health, 2011: 625 – 640.

[307] Heller M A. The tragedy of the anti-commons: Property in the transition from Marx to markets [J]. Harvard Law Review, 1998, 111 (3): 621 – 688.

[308] Hill T D, Jorgenson A K, Ore P, et al. Air quality and life expectancy in the United States: An analysis of the moderating effect of income inequality [J]. SSM-population health, 2019, 7: 100346.

[309] Ho H C, Wong M S, Man H Y, et al. Neighborhood-based subjective environmental vulnerability index for community health assessment: Development, validation and evaluation [J]. Science of The Total Environment, 2019, 654: 1082 – 1090.

[310] Holmstrom B, Milgrom P. Multi-task Principal-agent Analyses: Incentive Contracts, Asset Ownership and Job Design [J]. Journal of Law, Economics and Organization, 1991, 7: 24 – 52.

[311] Hou Q, An X, Wang Y, et al. An assessment of China's PM10 – related health economic losses in 2009 [J]. Science of the Total Environment, 2012, (435 – 436): 61 – 65.

[312] Hsieh C T, Liu B C. The pursuance of better quality of life: in the long run, better quality of social life is the most important factor in migration [J]. American Journal of Economics and Sociology, 1983, 42 (4): 431 – 440.

[313] Hummer R A, Powers D A, Pullum S G, et al. Paradox found (again): Infant mortality among the Mexican-origin population in the United States [J]. Demography, 2007, 44 (3): 441 – 457.

[314] Hunter L M. The association between environmental risk and internal migration flows [J]. Population and Environment, 1998, 19 (3): 247 – 277.

[315] IHME, Global Burden of Disease 2015 [R]. University of Washington. Online. Institute for Health Metrics and Evaluation. http://vizhub. healthdata. org/gbd-compare/, 2017.

[316] Jans J, Johansson P, Nilsson J P. Economic status, air quality, and child health: Evidence from inversion episodes [J]. Journal of Health Economics, 2018, 61: 220 – 232.

[317] Jasso G, Massey D S, Rosenzweig M R, Smith J P. Immigrant health: selectivity and acculturation. In N. B. , Anderson, R. A. , Bulatao, & B. Cohen (Eds), Critical perspectives on racial and ethnic differences in health in late life [M]. National Research Council, 2004: 227 – 266.

[318] Jessoe K, Manning D T, Taylor J E. Climate change and labour allocation in rural Mexico: Evidence from annual fluctuations in weather [J]. The Economic Journal, 2017, 128 (608): 230 – 261.

[319] Jha R, Whalley J. The Environmental Regime in Developing Countries [M]. Chicago: University of Chicago Press, 2001.

[320] Jouvet P, Pestieau P, Ponthiere G. Longevity and environmental quality in an OLG model [J]. Journal of Economics, 2010, 100 (3): 191 – 216.

[321] Jung S J, Mehta J S, Tong L. Effects of environment pollution on the ocular surface [J]. The Ocular Surface, 2018, 16 (2): 198 – 205.

[322] Kahn, M E, Mansur E T. Do local energy prices and regulation affect the geographic concentration of employment? [J]. Journal of Public Economics, 2013, 101: 105 – 114.

[323] Krutmann J, Liu W, Li L, et al. Pollution and skin: From epidemiological and mechanistic studies to clinical implications [J]. Journal of Dermatological Science, 2014, 76 (3): 163 – 168.

[324] Kwan, F, Wu Y, Zhuo S. Surplus agricultural labour and China's Lewis turning point. China [J]. Economic Review, 2018, 48: 244 – 257.

[325] Laroche M. Health status and health services utilization of Canada's immigrant and non-immigrant populations [J]. Canadian Public Policy-Analyse de Politiques, 2000, XXVI (1): 51 – 75.

[326] Lau A S, Tsai W, Shih J, et al. The immigrant paradox among Asian American women: are disparities in the burden of depression and anxiety paradoxical or explicable? [J]. Journal of Consulting and Clinical Psychology, 2013, 81 (5): 901 – 911.

[327] Lavaine M, Neidell J. Energy production and health externalities: Evidence from oil refinery strikes in France [J]. NBER Working Paper, No. 18974, 2013.

[328] Lee E S. A theory of migration [J]. Demography, 1966, 3 (1):

47 – 57.

[329] Lee Y L, Su H J, Sheu H M, et al. Traffic-Related Air Pollution, Climate, and Prevalence of Eczema in Taiwanese School Children [J]. Journal of Invest Dermatol, 2008, 128 (10): 2412 – 2420.

[330] Levinson A. Environmental regulatory competition: a status report and some new evidence [J]. National Tax Journal, 2003, 56 (1): 91 – 106.

[331] Levy T, Yagil J. Air pollution and stock returns in the US [J]. Journal of Economic Psychology, 2011, 32 (3): 374 – 383.

[332] Li C, Jian M, Mengshuang S, et al. Estimating short-term mortality and economic benefit attributable to PM10 exposure in China based on Ben-MAP [J]. Environmental Science and Pollution Research, 2018, 25 (28): 28367 – 28377.

[333] Li D, Zhang Y, Ma S. Would smog lead to outflow of labor force? Empirical evidence from China [J]. Emerging Markets Finance and Trade, 2017b, 53 (5): 1122 – 1134.

[334] Li W. The Effect of Air Pollution on China's Internal Migration [D]. USA Indiana: University of Notre Dame, 2019.

[335] Li X, Chen H, Li Y. The effect of air pollution on children's migration with parents: evidence from China [J]. Environmental Science and Pollution Research, 2020, 27 (11): 12499 – 12513.

[336] Li X, Xiao J, Lin H, et al. The construction and validity analysis of AQHI based on mortality risk: A case study in Guangzhou, China [J]. Environmental Pollution, 2017a, 220 (PtA): 487 – 494.

[337] Liang F, Xiao Q, Huang K, et al. The 17 – y spatiotemporal trend of PM2.5 and its mortality burden in China [J]. Proceedings of the National Academy of Sciences, 2020, 117 (41): 25601 – 25608.

[338] Liu M, Shadbegian R, Zhang B. Does environmental regulation affect labor demand in China? Evidence from the textile printing and dyeing industry [J]. Journal of environmental economics & management, 2017, 86: 277 – 294.

[339] Liu X, Mu R. Public environmental concern in China: Determinants and variations [J]. Global environmental change, 2016, 37: 116 – 127.

[340] Lu H, Yue A, Chen H, et al. Could smog pollution lead to the mi-

gration of local skilled workers? Evidence from the Jing-Jin-Ji region in China [J]. Resources, Conservation and Recycling, 2018, 130: 177 – 187.

[341] Lu I J, Lin S J, Lewis C. Decomposition and decoupling effects of carbon dioxide emission from highway transportation in Taiwan, Germany, Japan and South Korea [J]. Energy policy, 2007, 35 (6): 3226 – 3235.

[342] Lu Y, Qin L. Healthy migrant and salmon bias hypotheses: a study of health and internal migration in China [J]. Social science & medicine, 2014, 102: 41 – 48.

[343] Lu Y. Rural-urban migration and health: Evidence from longitudinal data in Indonesia [J]. Social science & medicine, 2010, 70 (3): 412 – 419.

[344] Lu Y. Test of the 'healthy migrant hypothesis': a longitudinal analysis of health selectivity of internal migration in Indonesia [J]. Social science & medicine, 2008, 67 (8): 1331 – 1339.

[345] MacKinnon D P, Warsi G, Dwyer J H. A simulation study of mediated effect measures [J]. Multivariate Behavioral Research, 1995, 30 (1): 41 – 62.

[346] Mcguire M. Group size, group homogeneity, and the aggregate provision of a pure public good under cournot behavior [J]. Public Choice, 1974, 18 (1): 107 – 126.

[347] Meadows D, Randers J, Meadows D, Behrens W. The Limits to Growth [M]. London: Potomac Associates, 1972.

[348] Minor T, Macewan J P. A comparison of diagnosed and undiagnosed diabetes patients and labor supply [J]. Economics & Human Biology, 2016, 20: 14 – 25.

[349] Mitsakou C, Dimitroulopoulou S, et al. Environmental public health risks in European metropol itan areas within the EURO – HEALTHY project [J]. Science of The Total Environment, 2019, 658: 1630 – 1639.

[350] Myers, N. Environmental refugees: a growing phenomenon of the 21st century [J]. Philosophical Transactions of the Royal Society of London. Series B: Biological Sciences, 2002, 357 (1420): 609 – 613.

[351] Narayan P K, Narayan S. Does environmental quality influence health expenditures? Empirical evidence from a panel of selected OECD countries [J]. Ecological Economics, 2008, 65 (2): 367 – 374.

［352］Newbold K B, Danforth J. Health status and Canada's immigrant population ［J］. SocialScience & Medicine, 2003, 57 (10): 1981 – 1995.

［353］Norredam M, Hansen O H, Petersen J H, et al. Remigration of migrants with severe disease: myth or reality? —A register-based cohort study ［J］. The European Journal of Public Health, 2014, 25 (1): 84 – 89.

［354］Ostro, B. D. The Effects of Air Pollution on Work Loss and Morbidity ［J］. Journal of Environmental Economics and Management, 1983, 10 (4): 371 – 382.

［355］Palivos T, Varvarigos D. Pollution abatement as a source of stabilization and long-run growth ［J］. Macroeconomic Dynamics, 2017, 21 (3): 644 – 676.

［356］Palloni A, Arias E. Paradox lost: explaining the Hispanic adult mortality advantage ［J］. Demography, 2004, 41 (3): 385 – 415.

［357］Palloni A, Arias E. The Hispanic Paradox of Adult Mortality ［M］. Wisconsin: University of Wisconsin Press, 2003.

［358］Parey M, et al. The selection of high-skilled emigrants ［J］. Review of Economics and Statistics, 2017, 99 (5): 776 – 792.

［359］Pascal M, Corso M, Chanel O, et al. Assessing the public health impacts of urban air pollution in 25 European cities: results of the Aphekom project ［J］. Science of the Total Environment, 2013, 449 (2): 390 – 400.

［360］Patankar A M, Trivedi P L. Monetary burden of health impacts of air pollution in Mumbai, India: implications for public health policy ［J］. Public Health, 2011, 125 (3): 157 – 164.

［361］Pautrel X. Pollution and life expectancy: How environmental policy can promote growth ［J］. Ecological Economics, 2009, 68 (4): 1040 – 1051.

［362］Pautrel X. Reconsidering the Impact of the Environment on Long-run Growth when Pollution Influences Health and Agents have a Finite-lifetime ［J］. Environmental & Resource Economics, 2008, 40 (1): 37 – 52.

［363］Pedersen M, Andersen Z J, Stafoggia M, et al. Ambient air pollution and primary liver cancer incidence in four European cohorts within the ESCAPE project ［J］. Environmental research, 2017, 154: 226 – 233.

［364］Pedersen P J, Pytlikova M, Smith N. Selection and network effects—Migration flows into OECD countries 1990 – 2000 ［J］. European Economic Review, 2008, 52 (7): 1160 – 1186.

[365] Perera F P, Tang D, Wang S, et al. Prenatal Polycyclic Aromatic Hydrocarbon (PAH) Exposure and Child Behavior at Age 6 – 7 Years [J]. Environmental Health Perspectives, 2012, 120 (6): 921 – 926.

[366] Perera F P. Multiple Threats to Child Health from Fossil Fuel Combustion: Impacts of Air Pollution and Climate Change [J]. Environmental Health Perspectives, 2017, 125 (2): 141 – 148.

[367] Pi J, Shi S. Public pollution abatement and wage inequality [J]. The Journal of International Trade & Economic Development, 2019, 28 (2): 257 – 275.

[368] Pönkä A. Absenteeism and respiratory disease among children and adults in Helsinki in relation to low-level air pollution and temperature [J]. Environmental Research, 1990, 52 (1): 34 – 46.

[369] Qin Y, Zhu H. Run away? Air pollution and emigration interests in China [J]. Journal of Population Economics, 2018, 31 (1): 235 – 266.

[370] Raaschou-Nielsen O, Andersen Z J, Beelen R, et al. Air pollution and lung cancer incidence in 17 European cohorts: prospective analyses from the European Study of Cohorts for Air Pollution Effects (ESCAPE) [J]. The lancet oncology, 2013, 14 (9): 813 – 822.

[371] Raffin N, Seegmuller T. Longevity, pollution and growth [J]. Mathematical Social Sciences, 2014, 69: 22 – 33.

[372] Raffin N, Seegmuller T. The cost of pollution on longevity, welfare and economic stability [J]. Environmental and Resource Economics, 2017, 68 (3): 683 – 704.

[373] Raghbendra J, John W. The Environmental Regime in Developing Countries [M]. Chicago: University of Chicago Press, 2001.

[374] Ravenstein E G. The Laws of Migration [J]. Journal of the Statistical Society of London, 1885, 48 (2): 167 – 235.

[375] Roy A D. Some thoughts on the distribution of earnings [J]. Oxford Economic Papers, 1951, 3 (2): 135 – 146.

[376] Rubalcava L N, Teruel G M, Thomas D, et al. The healthy migrant effect: new findings from the Mexican Family Life Survey [J]. American Journal of Public Health, 2008, 98 (1): 78 – 84.

［377］Salas-Wright C P, Vaughn M G, Goings T C, et al. Immigrants and mental disorders in the United States: New evidence on the healthy migrant hypothesis ［J］. Psychiatry research, 2018, 267: 438 –445.

［378］Samuelson P A. The pure theory of public expenditure ［J］. TheReview of Economics and Statistics, 1954, 36 (4): 387 –389.

［379］Schleicher N, Norra S, Chen Y, et al. Efficiency of mitigation measures to reduce particulate air pollution—a case study during the Olympic Summer Games 2008 in Beijing, China ［J］. Science of theTotal Environment, 2012, 427 –428: 146 –158.

［380］Schultz T W. Investment in human capital ［J］. The AmericanEconomic Review, 1961, 51 (1): 1 –17.

［381］Shekarrizfard M, Valois M F, Weichenthal S, et al. Investigating the effects of multiple exposure measures to traffic-related air pollution on the risk of breast and prostate cancer ［J］. Journal of Transport & Health, 2018, 11: 34 –46.

［382］Smulders S, Bretschger L, Egli H. Economic Growth and the Diffusion of Clean Technologies: Explaining Environmental Kuznets Curves ［J］. Environmental and Resource Economics, 2011, 49 (1): 79 –99.

［383］Smulders S. Gradus R. Pollution abatement and long-term growth ［J］. European Journal of Political Economy, 1996, 12 (3): 505 –532.

［384］Song J, Lu M, Lu J, et al. Acute effect of ambient air pollution on hospitalization in patients with hypertension: A time-series study in Shijiazhuang, China ［J］. Ecotoxicology and environmental safety, 2019, 170: 286 –292.

［385］Stigler G J. Perfect competition, historically contemplated ［J］. Journal of Political Economy, 1957, 65 (1): 1 –17.

［386］Stroupe K T, Kinney E D, Kniesner J J. Chronic illness and health in surance-related job lock ［J］. Journal of Public Policy Analysis and Management, 2001, 20 (3): 525 –544.

［387］Sullivan D M. Residential sorting and the incidence of local public goods: Theory and evidence from air pollution ［R］. Resources for the Future Working Paper, 2017: 1 –42.

［388］Tagaris E, Liao K J, Delucia A J, et al. Potential Impact of Climate Change on Air Pollution-Related Human Health Effects ［J］. Environmental Science & Technology, 2009, 43 (13): 4979 – 4988.

[389] Thomas D, Frankenberg E, Friedman J, et al. Causal effect of health on labor market outcomes: Experimental evidence [R]. California Center for Population Research Working Paper, CCPR – 070 – 06, 2006: 1 – 30.

[390] Tiebout C M. A pure theory of local expenditures [J]. Journal of political economy, 1956, 64 (5): 416 – 424.

[391] Tong Y, Piotrowski M. Migration and health selectivity in the context of internal migration in China, 1997 – 2009 [J]. Population Research and Policy Review, 2012, 31 (4): 497 – 543.

[392] Torricelli-André A M, Novaes P, Matsuda M, et al. Correlation between signs and symptoms of ocular surface dysfunction and tear osmolarity with ambient levels of air pollution in a large metropolitan area [J]. Cornea, 2013, 32 (4): e11 – e15.

[393] Tran H, Kim J, Kim D, et al. Impact of air pollution on cause-specific mortality in Korea: Results from Bayesian Model Averaging and Principle Component Regression approaches [J]. Science of The Total Environment, 2018, 636: 1020 – 1031.

[394] Turra C M, Elo I T. The impact of salmon bias on the Hispanic mortality advantage: New evidence from social security data [J]. Population research and policy review, 2008, 27 (5): 515 – 530.

[395] Ullmann S H, Goldman N, Massey D S. Healthier before they migrate, less healthy when they return? The health of returned migrants in Mexico [J]. Social science & medicine, 2011, 73 (3): 421 – 428.

[396] UNEP. Decoupling: natural resource use and environmental impacts from economic growth [M]. United Nations Environment Programme, 2011.

[397] Van Ewijk C, Van Wijnbergen S. Can abatement overcome the conflict between environment and economic growth? [J]. De Economist, 1995, 143 (2): 197 – 216.

[398] Van Zon A H, Muysken J. Health and endogenous growth [J]. Journal of Health Economics, 2001, 20 (2): 169 – 185.

[399] Venables A J. Productivity in cities: Self-selection and sorting [J]. Journal of Economic Geography, 2011, 11 (2): 241 – 251.

[400] Vishnevetsky J, Tang D, Chang H W, et al. Combined effects of

prenatal polycyclic aromatic hydrocarbons and material hardship on child IQ [J]. Neurotoxicology and Teratology, 2015, 49: 74 – 80.

[401] Vivarelli M, Pianta M. (Eds.). The employment impact of innovation: evidence and policy [M]. London: Routledge, 2000.

[402] Voorhees A S, Wang J, Wang C, et al. Public health benefits of reducing air pollution in Shanghai: a proof-of-concept methodology with application to BenMAP [J]. Science of the Total Environment, 2014, 485: 396 – 405.

[403] Walker, W R. Environmental regulation and labor reallocation: Evidence from the Clean Air Act [J]. American Economic Review, 2011, 101 (3): 442 – 447.

[404] Walsh J R. Capital Concept Applied to Man [J]. Quarterly Journal of Economics, 1935, 49 (2): 255 – 285.

[405] Wang C, Zhou X, Chen R, et al. Estimation of the effects of ambient air pollution on life expectancy of urban residents in China [J]. Atmospheric Environment, 2013, 80: 347 – 351.

[406] Wang P, Dai X G. "APEC Blue" association with emission control and meteorological conditions detected by multi-scale statistics [J]. Atmospheric research, 2016, 178: 497 – 505.

[407] Wang Z, Bao Y, Wen Z, Tan Q. Analysis of relationship between Beijing's environment and development based on Environmental Kuznets Curve [J]. Ecological Indicators, 2016, 67: 474 – 483.

[408] Wei S, Aadland D. Physical capital, human capital, and the health effects of pollution in an OLG model [J]. Macroeconomic Dynamics, 2022, 26 (6): 1522 – 1563.

[409] Wildasin D. Nash Equilibrium in Models of Fiscal Competition [J]. Journal of Public Economics, 1988, 35 (2): 229 – 240.

[410] Withagen C, Vellinga N. Endogenous growth and environmental policy [J]. Growth & Change, 2001, 32 (1): 92 – 109.

[411] Wolpert J. Migration as an adjustment to environmental stress [J]. Journal of social issues, 1966, 22 (4): 92 – 102.

[412] Wong, T W., Tam W W S., Yu I T S., et al. Developing a risk-based air quality health index [J]. Atmospheric Environment, 2013, 76: 52 – 58.

［413］Wu Q, Hao Y, Lu J. Air pollution, stock returns, and trading activities in China ［J］. Pacific-Basin Finance Journal, 2018, 51: 342 – 365.

［414］Xiao C, McCright A M. Explaining Gender Differences in Concern about Environmental Problems in the United States ［J］. Society & Natural Resources, 2012, 25: 1067 – 1084.

［415］Xu X, Sylwester K. Environmental Quality and International Migration ［J］. Kyklos, 2016, 69 (1): 157 – 180.

［416］Yang J, Zhang B. Air pollution and healthcare expenditure: Implication for the benefit of air pollution control in China ［J］. Environment International, 2018, 120: 443 – 455.

［417］Yi Y, Liao Y, Zheng L, et al. Health Selectivity and Rural-Urban Migration in China: A Nationwide Multiple Cross-Sectional Study in 2012, 2014, 2016 ［J］. International journal of environmental research and public health, 2019, 16 (9): 1596. doi: 10. 3390/ijerph16091596.

［418］Yu X J, Yang M J, Zhou B, et al. Characterization of Somatic Mutations in Air Pollution-Related Lung Cancer ［J］. EBioMedicine, 2015, 2 (6): 583 – 590.

［419］Zhang M, Song Y, Cai X. A health-based assessment of particulate air pollution in urban areas of Beijing in 2000 – 2004 ［J］. Science of the Total Environment, 2007, 376 (1 – 3): 100 – 108.

［420］Zhang Y J, Jin Y L, Zhu T T. The health effects of individual characteristics and environmental factors in China: Evidence from the hierarchical linear model ［J］. Journal of Cleaner Production, 2018, 194: 554 – 563.

［421］Zhang Y, Qu S, Zhao J, et al. Quantifying regional consumption-based health impacts attributable to ambient air pollution in China ［J］. Environment International, 2018a, 112: 100 – 106.

［422］Zhang Y, Shao T, Dong Q. Reassessing the Lewis turning point in China: Evidence from 70, 000 rural households ［J］. China & World Economy, 2018c, 26 (1): 4 – 17.

［423］Zhang Z, Hao Y, Lu Z N. Does environmental pollution affect labor supply? An empirical analysis based on 112 cities in China ［J］. Journal of Cleaner Production, 2018b, 190: 378 – 387.

［424］Zheng S, Kahn M E. A new era of pollution progress in urban China? [J]. Journal of Economic Perspectives, 2017, 31 (1): 71 –92.

[425] Zivin J G, Neidell M. The Impact of Pollution on Worker Productivity [J]. American Economic Review, 2012, 102 (7): 3652 –3673.

[426] Zou B, You J, Lin Y, et al. Air pollution intervention and life-saving effect in China [J]. Environment International, 2019, 125: 529 –541.

后　记

　　中国环境和居民健康的良好发展及与劳动力合理流动三者协同发展是实现社会高质量发展，推进中国式现代化发展的重要保障。以往研究热衷于探究环境或污染与劳动供给的关系，尤其是对环境对劳动力迁移或流动关系进行了深入探究，但均忽视了健康作用路径的研究，这是现实发展情况决定的。以往在环境污染尤其是空气污染不严重时，其对健康冲击的影响较小，甚至可以忽略不计，人们一味地为提升收入，改善物质生活而奔波劳碌，忽视了自身的健康发展。当环境污染尤其是空气污染更加严重时，其对健康冲击影响愈加严峻，人们的健康严重受损，社会开始关心人民的健康发展，这必然要求突出健康作用路径的研究。因此，本书将劳动力流动的行为决策视为一种健康人力资本投资行为决策，结合中国国情，从理论和实践层面，分析了空气污染、健康与劳动力流动之间的关系。首先，对中国劳动力流动的不同阶段进行识别与划分，分析当前处于何种阶段，为后文探究做好铺垫。其次，结合劳动力区位选择的罗伊研究范式思想，证明了当劳动力面临空气污染时，其存在健康人力资本投资的动机，更愿意发生流动行为。再次，基于空间经济模型研究范式思想，分别从跨区和跨行业两个空间层面证明空气污染的健康冲击对劳动力流动的影响。然后，实证探究理论分析的结论与异质性表现。最后，结合公地与反公地悲剧理论分析空气污染治理、健康发展与劳动力流动供给共同发展过程中存在的主要问题，并以此给出实现三者协同发展的路径。这些为突出加快健康产业快速发展的重要性，调整中国现代经济发展体系，尤其是将健康发展要素纳入国民经济发展体系和如何制定空气污染、健康发展与劳动力流动供给协同发展的对策提供了良好的参考。完成此研究虽历经辛苦，但很有意义。本书的部分相关成果已分别成功发表在了《人口与发展》《西北人口》等部分核心期刊。在此，感谢在研究过程中给予帮助过的良师益友！我们必将坚定信念，投身科研工作之中，为国家社会发展贡献自己的绵薄之力！共勉！

张义

2025 年 2 月 27 日